JN123070

三訂 図解でわかる

不動産担保評価額算出マニュアル

神山大典 著

経済法令研究会

三 訂 は し が き

世界的な新型コロナウイルス感染症の拡大は、日本の不動産にも大きな影響を与えています。

東京圏では、リモートワークの進展により郊外での戸建住宅需要が強まり、住宅価格は上昇を続けています。さらに、ウクライナ紛争などの影響で木材価格が上昇し、物流の停滞による建築資材の調達難、人手不足による人件費の上昇などが住宅価格の上昇に拍車をかけています。

一方、都心のオフィスでは空室率が上昇、また、インバウンドの消滅や、緊急事態宣言等の行動制限により飲食業・宿泊業等は大きなダメージを受け、それらを背景とした需要の減退により、都心の商業地の地価は下落しました。その後、コロナ禍が落ち着くにつれ、商業地の地価も落ち着きをみせつつあります。

このように、不動産はさまざまな事象の影響を受け、その価格が変動しています。

また、不動産はリスク・アセットともいわれ、所有関係、公法規制、その立地固有の問題など、いろいろなリスクが複雑に絡み合い、また、上述のようなことが起こり得るため、一筋縄ではいかないものです。しかしながら、不動産担保は日常的に発生するものであり。融資業務を行う上では最低限の知識は必要となるでしょう。

不動産は、一般の財や株式・債券などと異なり、個別性があり、担保設定にあたっては詳細な調査が欠かせません。いい加減な調査で不動産に担保設定を行い、その後に物件価値を毀損させるようなマイナス要因が発見されると、債権回収額は大きく目減りすることになります。

今回の改訂では、担保評価の基本的論点をベースとし、2017年の改訂版発売以降の、建築基準法等の改正を反映した内容と致しました。

不動産は千差万別であり、本書のみで不動産の全てがカバーできるとは思いませんが、不動産担保についての基本的な考え方は身に付けることができると思います。そして、本書が読者の方々の業務の一助となれば幸いです。

なお、出版にあたりましては、経済法令研究会出版事業部の船田雄氏、そして経済法令研究会の方々に大変なご助力をいただき、ここに感謝の意を表します。

2022年７月

不動産鑑定士　神山大典

改訂はしがき

十数年前のある朝、新聞をぼんやり読んでいると、ある企業の破綻記事とともに某金融機関の特別損失計上の記事が書かれていました。「取引先の金融機関じゃないか！しかも損失額に見覚えが……」　一気に目が覚めました。前日提出した鑑定評価書が引き金となって、その企業は破綻、金融機関は特別損失を計上することとなったのです。特別損失額は鑑定評価額に近い金額であり、きちんと評価しておいてよかったとホッとすると同時に、背筋が寒くなる思いをしました。

このように、担保評価は金融機関にとっては決算内容にまで影響を与える重要なものであり、融資先企業にも波及する（両者とも上場していれば証券市場、投資家にも影響が出る）重要なものです。

不動産は、一般の財や株式・債券などと異なり、個別性があり、担保設定にあたっては詳細な調査が欠かせません。いい加減な調査で不動産に担保設定を行い、その後に物件価値を毀損させるようなマイナス要因が発見されると、債権回収額は大きく目減りすることになり、上述のように決算内容に悪影響を及ぼす可能性も出てきます。

本書は、「新版 図解でわかる 不動産担保評価額算出マニュアル（2013年５月１日発行）」をベースに、不動産担保評価の基礎知識として、担保適格性や不動産公法規制、不動産の評価方法などの概要を、解説編として新たに付け加えたものです。

従来は、ある程度知識と経験をもった金融機関の評価担当者がすぐに実務で使えるよう、具体的な評価事例を中心に掲載しておりました。しかし、本書を用いた研修などを通して、金融機関の職員の方が、不動産担保に関する基礎知識がやや不足しているのではないかと感じるようになりました。その頃にちょうど改訂版のお話をいただいたため、解説編を加筆することとした次第です。

不動産はリスク・アセットともいわれ、所有関係、公法規制、その立地固有の問題など、さまざまなリスクが複雑に絡み合い、一筋縄ではいかないものです。しかしながら、不動産担保は日常的に発生するものであり、融資業務を行ううえでは最低限の知識は必要となるでしょう。

不動産は千差万別であり、本書のみで不動産のすべてがカバーできるとは思いませんが、不動産担保についての基本的な考え方は身に付けることができると思います。そして、本書が読者の方々の業務の一助となれば幸いです。

なお、出版にあたりましては、経済法令研究会出版事業部の地切修氏、そして経済法令研究会の方々に大変なご助力をいただき、ここに感謝の意を表します。

2017年５月

不動産鑑定士　神山大典

新版はしがき

本書は「図解でわかる　不動産担保評価額算出マニュアル（2007年７月10日発行）」に全体的な見直しを加え、新たに出版したものです。

元々の著者である松田佳久先生は不動産鑑定士として、特に担保評価業務における大先輩であり、現在は民法学者として大変なご活躍をされております。

今回の見直しにおいては、松田先生の基本的な考え方を尊重しつつ、担保評価業務において時代を問わず根幹となるものを中心とし、考え方の変化や新たな論点などの修正追加を行い、また、時代の変化の中、あまり重要でなくなった論点などを整理いたしました。

筆者の勤務する株式会社三友システムアプレイザルは、創業以来、金融機関を主な顧客としておりますが、筆者が入社した頃は、不良債権処理真っ盛りの時代であり、従来からの担保評価に加え、バルクセールにおける大量一括評価等が求められた時代でした。一方で、不良債権処理を背景とした不動産流動化の必要性から不動産の証券化が始まり、投資用不動産の評価のためのDCF法などを用いた収益還元法による評価が主流となっていきます。その後、ファンドバブルを経てリーマンショックにより状況は一変、不動産は冬の時代を迎えます。

このような時代の変化の影響を受けつつ、金融機関の担保評価業務も少しずつ変化してきており、それらの要請に対応すべく筆者も積極的に取り組んできました。また、並行して地価公示、固定資産税評価業務等の公的評価にも携わり、さらに最近では企業の再生支援業務、事業譲渡等のお手伝いもさせていただいており、それらで得たノウハウを担保評価業務に還元できればと考えていたところ今回のお話をいただき、多少でも貢献できればと思い改訂作業に取り組ませていただきました。

不動産は千差万別で、必ずしもすべての不動産が本書記載の内容と一致するものではありませんが、本書には担保評価の基本的な考え方は書かれています。したがって、担保評価担当者のみならず、それ以外の金融機関職員も業務に活用できるものと思います。

なお、筆者の勤務先である三友システムアプレイザル大阪支店の不動産鑑定士・串畑圭一氏には、業務で多忙な中、本書の全体的なアドバイスを頂き大変感謝しております。

また、出版にあたりましては、経済法令研究会出版事業部の地切修氏、そして経済法令研究会の方々に大変なご助力をいただき、ここに感謝の意を表します。

2013年４月

不動産鑑定士　神山大典

はしがき

本書は，1997年11月20日発行「ケース別　不動産担保と評価補正の仕方」をベースにより内容をわかりやすくし，評価担当者がすぐに利用できるように使い勝手をよくしました。

私は，静岡銀行にて12年間，行内唯一の不動産鑑定士として担保評価を担当し，行員出身の多くの評価担当者といっしょに仕事をしてきました。

また，他行の評価担当者からも話を聞く機会が何度もあり，そこで口をそろえて述べられることは，「対象不動産の存する地域の時価は路線価や公示価格等からすぐに求めることができるのに，そこから対象不動産の価格を算出するために，その時価に何％マイナスあるいはプラスして算出すべきなのか，といった補正のやり方がわからない」ということです。

不動産は不整形であったり，角地であったり，規模が大きかったりなどさまざまです。

周辺地域の時価を算出したところで，その時価は地域の適正規模の，標準な状態にある土地の時価であって，対象地の価格ではありません。

任意処分にしても競売にしても評価担当者が適正に評価をしていない場合は，実際の回収可能額が把握できず，現実に競売されたら，回収額が予想以上に少なかったなど，損失を被ることになってしまいます。

「ケース別　不動産担保と評価補正の仕方」は担保不動産の評価補正のやり方について細かく解説した本であり，個別補正の仕方を知りたいという評価担当者の意に沿う内容の本であると自負しておりますが，発行からすでに10年を経過しておりますので，内容を一新したい旨考えていたところ，今回，当該書籍をベースに作り直す機会を得ることができました。

そこで，新たに現在問題となっている文化財包蔵地，土壌汚染なども項目として取り入れ，また，項目ごとに評価ポイント，評価算式，具体例を記載し，金融機関の担保評価担当者がより親しみやすい内容のものとして作り変えました。

本書は評価担当者のみならず，それ以外の金融機関行職員も業務用に使えるようにしたつもりです。何卒，ご活用いただければと思います。

なお，出版にあたりまして，経済法令研究会出版事業部の地切修氏，そして経済法令研究会の方々に大変なご助力をいただきました。ここに感謝の意を表します。

2007年５月

大阪経済大学准教授（現・創価大学法学部教授）・法学博士　　松田佳久

CONTENTS

解 説 編〔不動産担保評価の概要〕

第１　不動産担保の基礎知識

第２　担保の適格性

第３　対象不動産の確定と法定地上権

第４　必要書類の収集と各種調査

第５　価格水準の調査

第6　不動産公法規制－①都市計画法

第7　不動産公法規制－②建築基準法

第8　不動産公法規制－③土地区画整理法

第9　不動産公法規制－④農地法

第10　不動産公法規制－⑤土砂災害防止法

第11　不動産の評価方法

事例編〔ケース別評価額の算出〕

case　第1　立地，形状，自然的状況

case 第２　公法的規制

case 第３ 私法的規制

case 第４ 収益還元法

用 語 解 説

- 60条適合証明（33）
- 建築許可（市街化調整区域内での建築制限）（33）
- 分家住宅（34）
- 耐火建築物（49）
- 同一需給圏（60）
- 類似地域（60）
- 近隣地域（61）
- 切土・盛土（75）
- 里道・水路（77）
- レンタブル比・階層別効用比率（87）
- 準角地（95）
- 商業の地域区分（129）
- 囲繞地通行権（136）
- 布基礎・べた基礎・バイブロフローテーション工法・サンドドレーン工法・ペーパードレーン工法（167）
- 限定宅地（199）

不動産担保評価の概要

第１　不動産担保の基礎知識

1　不動産とは

不動産について，民法86条１項に「土地及びその定着物は，不動産とする」と規定されており，不動産とは「土地」と「建物」と考えてよいでしょう。

「土地」と一口にいってもさまざまな形態がありますが，宅地・農地・林地などと分けることができます。そして，宅地は，住宅地・商業地・工業地等に，さらに，住宅地は，高級住宅地・普通住宅地・混在住宅地などと細分化してとらえることができます。

「建物」についても，オフィスビル・マンション・戸建住宅などと分けることができ，構造別にも木造・鉄骨造・鉄筋コンクリート造などと分けることができます。

また,「上地」については，所有権以外の権利として借地権（賃借権，地上権）や区分地上権といったものが存在します。加えて，たとえば，マンションでは，同じ面積で同じ棟にあったとしても，階層やバルコニーの方位，角部屋か中間戸かなどによって価格が異なってきます。不動産はこれらの組み合わせにより構成され，その経済価値が価格や賃料として表示されるわけです。

このように，不動産は千差万別，１つとして同じものはなく，そこが面白くもあり，また難しいところでもあるのです。

不動産は，前述のように１つひとつとしてとらえると同時に，地域で考える必要もあります。

たとえば，もともと小工場が建ち並んでいた地域が，工場の閉鎖や移転に伴い徐々に住宅地域へと変化していくような場合，工場地域としてとらえるのか，住宅地域としてとらえるのかによって想定される需要層も変わってきますし，価格も変わってくることが考えられます。

また，その時代の社会情勢や人々の価値観によっても，不動産の利用形態は変化する可能性を含んでいます。東日本大震災以降，未利用地や閉鎖されたゴルフ場に太陽光パネルが設置され始めたことなどは，その典型的なケースといえるでしょう。

2　融資と担保

金融機関は，企業や個人から余剰資金を集め，それを原資として資金が不足している

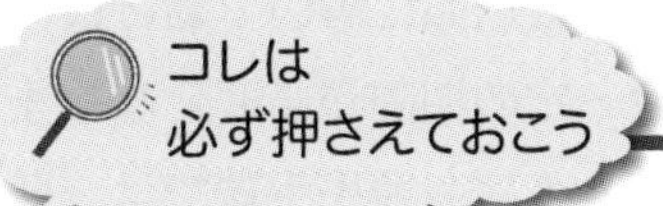

不動産の単位あれこれ

▶　土地の表示方法には「住居表示」と「地番」があり，評価実務では「地番」を用います。

「住居表示」は，対象不動産を探すとき大変便利で，一般的に広く使われています。インターネットの地図検索サービス（Googleマップなど）にも「住居表示」を入力すればすぐその場所を表示してくれます。しかし，評価実務では「地番」を使います。「住居表示」と「地番」は，ほとんどの場合，場所が異なっていますので注意が必要です。ちなみに，全部事項証明書や固定資産税課税明細も「地番」表示です。

▶　建物の表示は，「家屋番号」でなされます。一般的に建物を探すときは，その建物のある場所を探すことになるので上述のように「住居表示」を使うことが多く，日常生活では「家屋番号」はほとんど登場しないでしょう。しかし，評価実務では「家屋番号」を使います。土地と同様，全部事項証明書や固定資産税課税明細も「家屋番号」表示です。

▶　土地の数え方は，地番ごとに「筆（ひつ・ふで）」を，建物は「棟（とう・むね）」を使います。

▶　面積は，「㎡（平方メートル・平米＝へいべい）」，「坪（つぼ）」で表します。一坪は約3.3㎡です。

不動産業界では，「坪」を不動産の単位として使うことが多いのですが，評価実務では「㎡」を用いるのが一般的です。不動産業者は「坪」を省略して話すことが多いので，土地単価などについては「坪」単価なのか「㎡」単価なのかをよく確認したほうがよいでしょう。

・「㎡」と「坪」の換算には「0.3025」という数値を使います。
・「㎡」→「坪」は，3.3㎡×0.3025≒1坪
・「坪」→「㎡」は，1坪÷0.3025≒3.3㎡

企業や個人に融資を行います。融資時には安全性や合法性等の観点から審査し，融資を実行するわけですが，企業であれば売上不振，個人であれば失職等により返済が滞る場合があります。

金融機関は，このような場合でも融資債権を確実に回収できるようにするための債権の保全を図るわけですが，この債権保全手段として担保があるわけです。

3　担保としての不動産

不動産担保は，債務者が破綻したときにその不動産を換価処分し，債権の回収を図るためのものです。したがって，担保にとる不動産は「すぐ売れるもの」が望ましいでしょう。処分に時間がかかれば不動産の価値が毀損し，価格が下がってしまう（すなわち，債権の十分な回収が図れなくなってしまう）可能性があるからです。しかし，肉や野菜

のように店頭に置いておけばすぐ売れるようなものではないため，手続等も含めて処分には一定の期間が必要となります。

たとえば，競売手続では，競売の申立から入札，物件の引渡しまで約1年近くの期間を要します。

また，同じ不動産でも，戸建住宅や居住用のマンションであれば比較的容易に売却できますが，工場などのように用途が限定される不動産や，ホテル・旅館などのような事業用不動産はなかなか買手がつかないため売却が容易ではなく，場合によっては当初の担保価値を大幅に下回る価格で処分せざるを得ないこともあります。このように，「すぐ売れるもの」といっても，その見極めは難しいことではありますが，不動産の価値を判断するときは，まず「もし自分が買うのならば，いくらで買うか」という視点で考えるとよいでしょう。

そのためには，普段から不動産に関する新聞広告，折込みチラシなどを見ておくことが役に立ちます。1度や2度ではなかなか不動産の相場感はつかめませんが，継続して見ながらいろいろな場所の分譲価格などに関心をもっておくと，徐々に「このあたりの土地は坪いくらくらいだな」「この売り物件は妙に安い。何か原因があるのかな」といったように，「不動産アンテナ」が働くようになってきます。

また，担保不動産は必ず「自分の目で見る」ことが必要です。筆者の経験でも，地図上のイメージと実際の不動産は異なっていることがほとんどです。特に，今では，インターネットを通じて提供されている地図サイトのサービス「Googleストリートビュー」を利用して，事前に場所のイメージをつかむこともできますので，事前のイメージと実際の現場との違いを体感してみるとよいでしょう。

4　抵当権

抵当権とは，融資の担保にとった不動産をそのまま持ち主（債務者や担保提供した第三者）に使わせておき，融資金の返済が滞ったときにその不動産を金銭に換え，そこから他の債権者に優先して債権回収ができるという権利です。

抵当権の存在を第三者に対抗する（主張する）ためには，不動産登記法による登記がなされていることが要件となります（民法177条）。

なお，借地権のうち賃借権は登記されていないことがほとんどですが，建物に設定された抵当権の効力は借地権（賃借権）にも及ぶことが認められています。

また，複数の債権の担保のために同じ不動産について複数の抵当権を設定したときは，優先弁済を受ける順序は登記の時期の前後により決まります。

5　共同抵当権と根抵当権

抵当権を設定する場合，よく利用されているのが，共同抵当権と根抵当権です。

⑴　共同抵当権

共同抵当権とは，債権者が同一債権の担保として数個の不動産を設定する抵当権のことをいいます。共同抵当権は，複数の不動産が同一債権の担保となっているため，担保価値の集積と危険分散を図る（不動産価値の下落時にも，複数の不動産により担保価値の毀損を最小限にとどめる）ことができます。

わが国の法制が，土地と建物を別個の不動産としていることもあり，多くの場合，共同抵当権が設定されています。共同抵当権が設定されると，個々の目的不動産の登記に，これと共同抵当関係に立つ他の不動産が存する旨が記載されるとともに，共同担保目録が作成されます。

⑵　根抵当権

根抵当権とは，極度額の範囲内で不特定の債権を担保する抵当権のことをいいます。当事者は設定契約において，被担保債権の範囲，債務者および極度額は必ず定めなければならず，登記においても必ず記載しなければならない事項となっています。

第２　担保の適格性

１　担保の適格性と不適格性

⑴　３つの原則

担保適格性には，「安全性」「市場性（流動性）」「確実性」の３つの原則があります。

①　安全性の原則

担保不動産は，融資期間中にその価値が減少するものであっては，債権が回収できなくなるおそれが生じます。そのため，担保不動産は，価格が安定して低下しないものが望ましいと考えられます。

安全性の内容として，「物的安全性」と「私的権利の安全性」が挙げられます。

「物的安全性」とは，土地や建物が現実に存在し，かつ合法的な状態にあるということです。

東日本大震災では，地震による地盤沈下で土地が水没してしまうケースがありました。また，建物が倒壊していても登記は残っているというケースもあります。このような場合，実際に現地で確認すればトラブルを未然に防ぐことができます。また，現実に存在しているものの公法上の規制に反するものや，権利移転に許可が必要な不動産は，担保不適格といえるでしょう。

一方，不動産には，所有権や賃借権など多数の私法上の権利が成立し，これらの権利の内容により担保権そのものが否定されたり，換価処分が困難になったりします。担保不動産にはこれら私法上の権利にも安全性が求められ，これを「私的権利の安全性」といいます。

②　市場性（流動性）の原則

担保不動産は，できるだけ換価処分が容易なものが望ましいとされており，筆者は，この市場性が最も重要であると考えます。安全性や確実性についても，広い意味で市場性のなかに包括されるものでしょう。したがって，市場性がなく処分が困難と考えられる物件は，担保不適格といえます。

市場性の内容としては，郊外型ショッピングモールの開業により衰退化してしまった駅前商店街など地域の状況によるもの，無道路地や崖地など物件の個別的な状況によるもの，神社，病院など不動産の用途によるものが挙げられます。

また，建築資材に凝った豪奢な建物など，建築コストが極端に高い建物がまれにあります。これらは担保不適格とはいい切れませんが，換価処分時に建築コストに見合った価格で売れることはまずありませんので，このような物件を担保にとる場合，担保評価は保守的に考えたほうがよいでしょう。

さらに，不良債権化した担保不動産はなかなか売れないことが多く，時間の経過とともに物件の価値が毀損していきます。特に，旅館・ホテルなどの事業用不動産の場合は毀損が大きくなることが多く，このような物件の市場性については十分な検討が必要です。

③ 確実性の原則

一般的に融資期間は長期にわたるため，担保不動産は，長期にわたって価格や収益・権利が変動しない確実なものであることが望まれます。

たとえば，老朽化した木造アパートや，大規模工場の閉鎖により入居者が激減する可能性のある賃貸マンションなど，物件そのものだけでなく地域の状況などについても注意しておく必要があります。

④ その他

前述した３つの原則以外に，「管理の容易性」という原則も必要です。一般的に金融機関では，その営業区域内に担保不動産があることが原則です。担保不動産が営業区域外や遠隔地にあると，担保建物が取り壊されるなどというような担保価値を減少させる行為が行われたとしても，目が届かないために，そのまま放置される危険性があるからです。

また，反社会的勢力が関連する物件，公序良俗に反する用途の物件などは，コンプライアンス要件に違反するといえるでしょう。コンプライアンス要件は債務者属性の問題ではありますが，これに違反する物件は担保不適格といえるでしょう。

⑵ 融資の際の考え方

現実的には担保適格性にやや難のある物件を担保にとらざるを得ないというケースも多いでしょう。むしろ，ややリスクのある物件にも積極的に融資していくという姿勢も考えられます。また，前述の内容は，いわば伝統的な担保適格性に関する考え方であり，今後は考え方が変化する部分もあるかもしれません。以下に，２つの例をとりあげます。

【例１：底地（借地権が付いた土地の所有権）】

処分の困難性等から，市場性に劣り，担保不適格と考えられていますが，別の見方をすると，長期にわたって安定的に地代収入が得られるという見方もあり，底地がポートフォリオに組み入れられているＪ‐REITの銘柄もあります。また，事業用定期借地権が設定されていると，一般的に地代は比較的高額になるので，地主にとっては有利な土地

【図表１】担保適格性一覧表

適格要件	不適格要件	内　容	具　体　例
①安全性	非永続性	物的安全性（法令違反、譲渡制限等）	・建築基準法違反建築物 ・農業振興区域内の農用地 ・保安林 ・市街化調整区域内の土地
		私的権利の安全性	・訴訟中の物件 ・差押え登記のある物件 ・底地 ・共有地
②市場性（流動性）	処分困難性（非流動性）	地域要因	・企業城下町における基幹産業の撤退 ・郊外型ショッピングモールの影響で衰退する駅前商店街 ・質の劣る新興別荘地域
		個別的要因	・無道路地、崖地 ・道路敷地 ・極端な不整形地
		用　途	・神社、寺院、墓地 ・病院 ・建築資材等に凝った建物 （担保としての評価は建築コストよりはるかに低くなる）
③確実性	不確実性	物的安全維持の側面	・経過年数の長い木造建物 ・市街化調整区域への逆線引き予定地
		市場性維持の側面	・老朽化した木造アパート ・大工場閉鎖後の従業員向け賃貸マンション ・レジャー施設
（管理容易性）	（管理困難）		（金融機関からみて遠隔地にある物件）

コンプライアンス要件（法令＋社会規範・企業倫理の遵守）	金融機関の社会性・公共性に反するもの	反社会的勢力関連物件、公序良俗違反の用途に供する物件、またはそれらから提供を受ける物件

の運用方法ともいえます。

【例２：郊外型ショッピングモールの影響で衰退する駅前商店街】

商業収益が落ち，いわゆるシャッター商店街になってしまう可能性もあり，厳しい見方をしてしまうのもやむを得ません。しかし，一方で，駅前という立地に着目すると，土地価格が相応の水準であればマンションを建設しても採算が取れるわけで，駅近のマンション用地として注目度は上がります。そのようなケースであれば，むしろ積極的に融資をするのではないでしょうか。

2 実務における適格性のチェック

⑴ チェックする点

具体的に実務においてどのような点をチェックすればよいのか，主なものをみていきます。

① 謄本（全部事項証明）や公図

買戻特約の（仮）登記の有無，所有権移転請求権の仮登記の有無，借地権・地上権・地役権等の権利設定の有無，土地や建物の所有権者と融資申込人が同一か，土地の地目が「田」「畑」ではないか，第三者の土地の介在の有無などをチェックします。

② 法令制限等

接道義務，建ぺい率・容積率など建築基準法上の制限を満たしているか，市街化調整区域に存する場合に将来第三者による再建築が可能かどうか，用途地域や開発許可など都市計画法上の制限を満たしているか，自治体の条例等の各種法令制限を満たしているか，などをチェックします。

③ 現地調査

未登記建物や未登記増築の有無，担保提供以外の登記建物の有無，第三者の利用の有無，テナントの入居状況，反社会的勢力・風俗店・宗教団体等の存在の有無，墓地・汚水処理場等嫌悪施設の存在の有無，などをチェックします。

⑵ リスク要因の認識

適格性のチェックは事前にすべてできるわけではなく，また適格性にやや難があったとしても担保として取得するかどうかは別の問題です。むしろ，すべてにおいて何の問題もない物件というのは少ないかもしれません。適格性や担保取得の可否は各金融機関でルールがあると思いますので，実務ではそれに沿うとして，一方で「この物件はどのようなリスクが潜んでいるのか」というリスク感覚を養うことが大切です。

第３ 対象不動産の確定と法定地上権

1 担保調査の手順

担保調査は，主に，①対象不動産を確定する，②必要資料の収集と各種調査を行う，③価格水準を把握する，④現地調査に赴くという手順で行います。

これらについて，順次，解説していきます。

2 対象不動産の確定

対象不動産の確定は，担保調査の手順のなかでも特に重要であり，これを疎かにすると後々問題が生じる可能性がありますので，要点を押さえておく必要があります。

⑴ 担保提供意思・不動産の所有権の確認

担保調査を始める前に，融資申込人に，まず，どの不動産（土地や建物）について担保提供意思があるのかということを確認する必要があります。そして，その不動産を本当に所有しているのかどうか，すなわち対象不動産の所有権を確認することが必要です。確認方法は「登記済証（権利証・登記識別情報）」「登記情報」「課税明細書」などにより行います。

また，物上保証人がいる場合は，物上保証人本人の担保提供意思確認と所有権の確認が必要となります。物上保証人とは，他人の債務を保証するために，不動産などの自分の財産に抵当権等を設定した者のことをいいます。

⑵ 確認の際の注意点

① 建物に関する注意点

土地上に建物があると，その建物に権利が発生し，土地の価値が下がってしまう場合があります。したがって，対象の土地上に建物がある場合は，必ず土地と一緒に担保徴求をするようにします。なぜなら，後述するように，法定地上権などの問題が発生する可能性があるからです。

また，建物が登記されていない場合もあるので，担保設定をする際は，登記をしてもらう必要があります。

② 所有者などに意思確認をする際の注意点

融資申込人に「土地をもっている」といわれても，実は貸地になっていたり，借地であったりすることもあります。また，「建物はボロボロだから価値がない」といわれても，前述のようにその建物に権利が発生することがあります。

人間は往々にして勘違いや記憶違いをしており，また，物事を勝手に決めつける傾向があります。したがって，必ず担当者自身で確認作業をし，1つひとつ裏づけをとっていくことが必要でしょう。これは，所有者を信用しないということではなく，事実関係をしっかり確認し，どの不動産に抵当権を設定するかということをお互いに確認し合い，後々の無用なトラブルを防ぐために必要なことです。そして，調査する金融機関においても，勝手な思い込みがないか，あるいはよく確認せずに「〜だろう」とか「〜に違いない」などと曖昧にしていることはないか，注意することが必要です。

このような作業は，相手の財産の状況を細かく聞き出すことにもなるので，お互いにあまり喜んでできるようなことではないのですが，後々，債務者区分が悪化し，さらに債務者との関係も悪化したりすると，担保不動産に関する資料の徴求等が困難になってしまいます。そのようなことにならないよう，当初の段階でしっかりと実行しておくことが大切です。

3 法定地上権

Aが土地とその土地上の建物を所有していて，土地だけに抵当権が設定された後，競売によりBがその土地の所有者になったとすると，Bの土地上にAの建物があるという状態になります。このような場合に，AはBの土地上に何の権利ももっていない状態となってしまいます。

そこで，競売によってこのような状態が生じた場合には，その建物について，その土地に地上権が設定されているものとみなすこととし，競売によって生じるトラブルを避けるようにしています。こうして認められる地上権を「法定地上権」といいます（民法388条）。これは，建物の存続と建物の利用権の保護という社会的要請であり，法定地上権は，土地の利用権と抵当権とを調整する機能を有しています。

このケースでいえば，土地を取得したBは，地上権が設定されている土地を購入したことになります。

法定地上権の成立要件は，次のとおりです。

① 抵当権設定当時，土地の上に建物が存在していること
② 抵当権設定当時，同一人が土地・建物を所有していること
③ 土地・建物の一方，または双方に抵当権が設定されていること

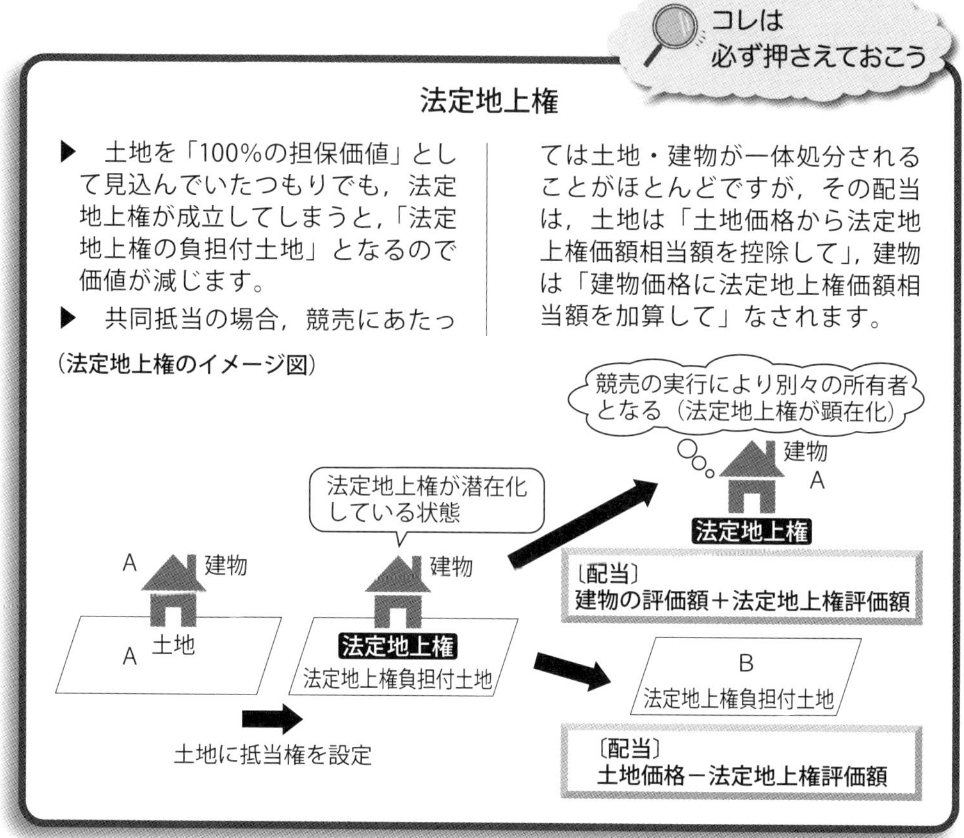

コレは
必ず押さえておこう
法定地上権
▶ 土地を「100%の担保価値」として見込んでいたつもりでも，法定地上権が成立してしまうと，「法定地上権の負担付土地」となるので価値が減じます。
▶ 共同抵当の場合，競売にあたっては土地・建物が一体処分されることがほとんどですが，その配当は，土地は「土地価格から法定地上権価額相当額を控除して」，建物は「建物価格に法定地上権価額相当額を加算して」なされます。
（法定地上権のイメージ図）
A
建物
A
土地
土地に抵当権を設定
法定地上権が潜在化している状態
建物
法定地上権
法定地上権負担付土地
競売の実行により別々の所有者となる（法定地上権が顕在化）
建物
A
法定地上権
〔配当〕
建物の評価額＋法定地上権評価額
B
法定地上権負担付土地
〔配当〕
土地価格－法定地上権評価額

④　競売の結果，別々の所有者に属することになったこと

法定地上権の成立要件のうち，①～③までの要件がすでに備わっている場合，これは「法定地上権が潜在化している状態」であり，これに④の要件が加わると法定地上権が顕在化することになります。

法定地上権は，土地・建物の双方に抵当権が設定されている場合，すなわち共同抵当権の場合でも要件を満たせば成立します。

担保にとろうとしている土地上に建物がある場合は，土地・建物双方に抵当権を設定する，可能であれば同順位の抵当権を設定するということが債権保全上重要になります。

なお，法定地上権は，建物が登記されていることを要件としないため，未登記建物であっても法定地上権は成立します。未登記建物がある場合は，固定資産税の課税明細書に建物の建築年が記載されています。所有者から課税明細書の提示を受けて，確認するようにしましょう。

【図表2】土地・建物の全部事項証明書

■土地の全部事項証明書例（一部省略）

権利部（甲区）（所有権に関する事項）			
順位番号	登記の目的	受付年月日・受付番号	権利者その他の事項
1	所有権移転	平成２年２月２日	原因：平成２年２月２日売買 所有者：千代田区平河町○番 神山　大典

権利部（乙区）（所有権以外の権利に関する事項）			
順位番号	登記の目的	受付年月日・受付番号	権利者その他の事項
1	抵当権設定	平成５年５月５日 第555号	原因：平成５年５月５日設定 債権額　金5,500万円
2	抵当権設定	平成７年７月７日 第777号	原因：平成７年７月７日設定 債権額　金7,700万円

■建物の全部事項証明書例（一部省略）

表題部（主たる建物の表示）	調整　余白		不動産番号	12345678
所在	千代田区平河町○番地			
家屋番号	○○番			
①種類	②構造	③床面積　㎡	原因及びその日付（登記の日付）	
居宅	木造瓦葺２階建	１階　50.50 ２階　40.40	平成３年３月３日新築 （平成３年３月８日）	
所有者	千代田区平河町○番　神山大典			

権利部（甲区）（所有権に関する事項）			
順位番号	登記の目的	受付年月日・受付番号	権利者その他の事項
1	所有権保存	平成３年３月12日 第1234号	所有者：千代田区平河町○番 神山　大典

権利部（乙区）（所有権以外の権利に関する事項）			
順位番号	登記の目的	受付年月日・受付番号	権利者その他の事項
1	抵当権設定	平成７年７月７日 第777号	原因：平成７年７月７日設定 債権額　金7,700万円

4　法定地上権潜在化の判断

法定地上権が潜在化しているかどうかの判断の手順について，図表２を用いて解説します。

①　まず，土地・建物それぞれの全部事項証明書の乙区欄を比較し，抵当権設定年月日が最も早いものを第１順位の抵当権とします。図表２では，土地に平成５年５月５日

に設定された抵当権が第1順位の抵当権となります。

② 次に，第1順位抵当権設定当時の土地・建物双方の所有者が同一人であることを，それぞれの全部事項証明書より確認します。図表2では，平成5年5月5日時点の所有者は土地・建物とも同一人です。

③ 建物の新築年月日と，第1順位抵当権設定年月日を比較します。

ⓐ 第1順位の抵当権が土地に設定されている場合

建物の新築年月日が土地の抵当権設定年月日より早いことを確認します（建物は土地への抵当権設定以前から存在した，すなわち，土地への抵当権設定時には建物が存在していたということになる）。

図表2において，平成2年2月2日に土地を取得し所有権の登記をしています。その後，平成3年3月3日に建物を新築し，同月12日に所有権保存の登記をしています。この段階ではまだ土地にも建物にも抵当権の設定はされていません。

そして，平成5年5月5日に第1順位の抵当権の設定がされました。建物はこの土地への抵当権設定以前から存在していますので，法定地上権が潜在化していることになります。

ⓑ 第1順位の抵当権が建物に設定されている場合

これは当然ですが，第1順位抵当権設定当時に土地上に建物が存在していることになりますので，法定地上権が潜在化していることになります。

第4　必要書類の収集と各種調査

1　事前調査の必要性

不動産の調査にあたっては，現地に行く前に，対象不動産について，事前に入手可能な資料を用いてさまざまな角度から調査します。事前調査により対象不動産のイメージをつかむとともに，現地調査をスムーズに行うことができます。また，現地に行ったときの実際の感覚と，事前にもっていたイメージとの違い，すなわち，現地でなければ感じとれない情報がよりはっきりと認識できるようになります。

事前調査には，主に，①法務局調査，②役所調査，③所有者から入手する資料による調査があります。

2　各事前調査の内容

⑴　法務局調査

法務局調査では，権利関係等の調査を行います。現在はインターネットで全部事項証明書や公図等を取得できるので，それで済む場合もありますが，実際に法務局に赴き，公図等を確認しながら調査する場合もあります。

法務局調査で収集する資料には，主に次のものがあります。

①　不動産登記情報（全部事項証明書）

②　地図情報（地図，または地図に準ずる図面）

③　図面情報（土地所在図・地積測量図，建物図面／各階平面図，地役権図面）

これらの資料はインターネットで取得が可能で，PDFにて閲覧・ダウンロードすることができます。ダウンロードした全部事項証明書は「ネット謄本」とも呼ばれており，費用も安くて済みます。

①　不動産登記情報（全部事項証明書）

不動産登記情報（全部事項証明書）について，土地の表題部では「所在」「地番」「地目」「地積」を，建物の表題部では「家屋番号」「種類」「構造」「床面積」「建築年月日」「付属建物」を確認することができます。

全部事項証明書に記載されている住所の表記は「住居表示」ではなく「地番」で表記

されています。インターネット上の地図や市販の地図などは，一般的に「住居表示」で表記されていますので，「地番」と異なることに注意してください。住居表示未実施区域でも，地図上の「地番」と登記上の「地番」の位置が異なっていることがあるため，対象不動産の物理的位置の特定は慎重に行います。

権利部（甲区）では，所有者を確認します。現在の所有者だけでなく，過去からの所有者の経緯（権利移転の状況）も確認できます。権利部（乙区）では，抵当権，根抵当権，賃借権等の所有権以外の権利を確認します。

【図表3】全部事項証明書（例）

表題部（土地の表示）	調整	平成○年○月○日	不動産番号	1234567890123
地図番号	余白	筆界特定	余白	
所在			余白	
①地番	②地目	③地積	原因及びその日付（登記の日付）	
10番	田	㊐ 400：	余白	
10番1	余白	300： ：	①③10番1、10番2に分筆 〔平成○年○月○日〕	
余白	宅地	300：00 ：	②③平成○年○月○日地目変更 〔平成○年○月○日〕	
余白	余白	250：00	③10番1、10番3に分筆	

権利部（甲区）（所有権に関する事項）			
順位番号	登記の目的	受付年月日・受付番号	権利者その他の事項
1	所有権移転		原因　平成○年○月○日売買

権利部（乙区）（所有権以外の権利に関する事項）			
順位番号	登記の目的	受付年月日・受付番号	権利者その他の事項
1	抵当権設定	平成○年○月○日 第619号	原因　平成○年○月○日設定 極度額　金1億5,000万円 共同担保　目録（あ）第123号
付記1号	1番根抵当権変更	平成○年○月○日 第750号	原因　平成○年○月○日設定 極度額　金2億5,000万円

共同担保目録			
記号及び番号	（あ）第123号	調整	平成○年○月○日
番号	担保の目的である権利の表示	順位番号	予備
1	○○市○○丁目10番1の土地	1	余白
9	○○市○○丁目10番地1　家屋番号	1	余白

※下線のあるものは抹消時効であることを示す

また，共同抵当権が設定されている場合，個々の目的不動産の登記に，これと共同抵当関係に立つ他の不動産が存在する旨が記載されるとともに，共同担保目録（以下「共担」という）が作成されます。共担は，対象不動産の確定や担保徴求漏れをチェックするときにも使います。

図表３は，土地の全部事項証明書の見本です。表題部に「所在」「①地番」「②地目」等の記載がされています。「原因及びその日付」の欄には，分筆の経緯，地目変更の経緯が記載されています。記載内容が変更されると，従前の内容は下線が引かれ，新たな内容がその下の欄に記載されます。この見本では，地積が分筆により300.00㎡から250.00㎡に変更されていることがわかります。

②　地図情報（地図，または地図に準ずる図面）

不動産登記法14条の図面（以下「法14条地図」という）では，対象地の位置，形状等が確認できます。公図は「地図に準ずる図面」として扱われており，法14条地図と比べて正確性に劣るため，概ねの確認ということになります。

法14条地図は，地籍調査の結果が反映されているので正確ですが，公図は地域によっては「公図錯綜地区」といい，現況とまったく異なる状況が記載されている場合もあります。

③　図面情報（地積測量図，建物図面／各階平面図等）

地積測量図は，対象地の実測図であり，形状や面積の確認ができます。ただし，すべての地番に地積測量図があるわけではありません。また，稀に登記面積と異なっていることがあるので，地積測量図がある場合は，必ず登記面積との照合を行います。

建物図面／各階平面図は，土地上の建物の配置，建物全体の形状，各階の形状が確認でき，未登記の増改築や未登記建物の確認にも使います。事前に入手した建物図面で対象建物の形状をしっかりとつかみ，現地調査に臨みます。

⑵　役所調査

役所調査については，市役所，町役場等の窓口に赴き，都市計画法や建築基準法等の公法規制や上下水道，埋蔵文化財などについての調査を行います。

役所調査での注意点は，当たり前のことですが，事前に調べた調査内容を必ず確認するということです。また，役所調査時に，事前調査では判明しなかった法規制等について対象不動産に影響が及ぶことが判明した場合は，その内容が記載されている資料の提示をお願いし，確認することが必要です。

役所では担当者の異動も多く，まったく異なる部署から異動してきたばかりの職員が担当となっている場合などは，法規制の内容についてまだ把握しきれていないこともあるので，お互いの勘違いや間違いを防ぐため，必ず確認することが必要です。

役所での主な調査部署（代表的なもの）には，主に次のものがあります。

① 都市計画課

役所の「都市計画課」や「まちづくり課」といった部署で都市計画法を調査します。また，インターネットで対象市町村の都市計画図が閲覧できたり，担当部署の窓口でも自由に閲覧できたりします。

都市計画図では，用途地域，容積率，建ぺい率，都市計画道路，高度規制等を調査確認しますが，担当部署で現在の内容に間違いないか，他に規制はないか，法規制が変更される予定はないか，などを確認します。

② 道路管理課

道路管理課では，市町村道としての認定の有無，認定幅員，私道かどうかの確認などを行います。なお，国道の場合は国道工事事務所，都道府県道の場合は都道府県の出先機関でないと認定幅員等はわかりません。

これら出先機関は市役所などと離れた場所にあることが多いため，事前にどこにあるか調べておき，調査行程の段取りをしておくとよいでしょう。

③ 建築指導課

建築指導課では，建築基準法上の道路か否か，どの種別の道路に該当するか等を確認します。道路の種別としては，建築基準法42条１項１号，２項道路などがあります（詳細については後述）。

建築基準法上の道路に接しているか否かは建物の建築について大きな影響を及ぼしますので，役所調査のなかでも特に重要な調査といえます。

④ その他

対象物件により，その他，次のような調査部署と内容が考えられます。

・開発指導課：開発指導要綱の内容調査や開発登録簿の閲覧
・教育委員会：埋蔵文化財包蔵地への該当の有無，試掘調査の要件等の調査
・環境保全課：土壌汚染対策法関連の調査
・資産税課：固定資産税路線価の閲覧や地番図の閲覧
・水道局：上水道，下水道埋設管の調査
・ガス会社：都市ガスかプロパンガスかなどの調査

⑶ 所有者から入手する資料による調査

法務局調査や役所調査のほかに，所有者から入手する資料があります。それらの例としては，次のようなものがあります。

・オフィス，マンション等の賃貸物件の場合：賃貸借契約一覧表（レントロール），建物賃貸借契約書

・借地，底地の場合：土地賃貸借契約書，事業用定期借地権設定契約書
・土地区画整理地内の場合：仮換地証明書，仮換地指定図写し
・課税関係資料：固定資産税・都市計画税明細，評価証明
・その他：建築確認申請書写し，売買契約書，重要事項説明書

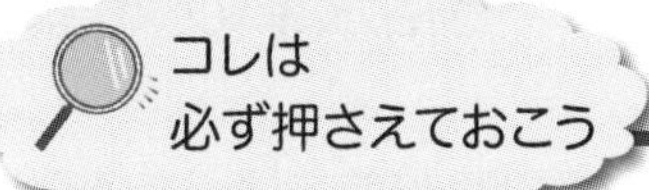

役所調査は段取り勝負！

▶ 役所調査の窓口は必ずしもすべて1ヵ所に行けば済むというものではありません。したがって，調査すべき部署等とそれらがどこにあるのかを事前に調べておき，当日の移動スケジュールを立てましょう。特に遠方の場合は，それらの部署等に事前に電話を入れ，調査内容の確認をしておき，場合によってはアポイントをとっておくこともよいでしょう。

▶ 図表は東京都台東区役所で作成しているチェックリストの一部です。たとえば，「28.区道の幅員や境界等」では都道や国道の場合の担当窓口の記載があります。「26.埋蔵文化財」や「35.上水道・下水道」についても区役所とは異なる窓口の記載があります。

▶ 調査にはこのようなチェックリストも活用し，役所調査の段取りを組むとよいでしょう。しっかり準備をしておけば，調査漏れや二度手間などを防ぐことができます。

【図表】東京都台東区役所で作成しているチェックリスト（一部抜粋）

建築計画をされる方へ

（チェックリスト及び問い合わせ先一覧表） ※必要と思われるところをチェックすると便利です。

◆都市計画課（5F ⑤番窓口） 台東区役所 代表 03(5246)1111

1. 用途地域 ●内線:3912 チェック欄

5. 景観まちづくり協定 ●内線:3914

26. 埋蔵文化財 〔文化財保護法〕 チェック欄

埋蔵文化財の保護のため、建設工事等の計画・実施をされる方にご協力をお願いしています。敷地が「周知の埋蔵文化財包蔵地」（周知の遺跡）にかかるかどうかをご照会ください。なお、建築課建築・構造担当のカウンターにも「周知の埋蔵文化財包蔵地」の遺跡地図があります。

●照会先：教育委員会生涯学習課
台東区西浅草3−25−16 生涯学習センター内
TEL 5246−5852 FAX 5246−5814
受付 月曜～金曜日 午前9時～午後5時

◆道路管理課（5F ①番窓口）

28. 区道の幅員や境界等 チェック欄

区道の幅員や境界等について調査する場合。
※幅員については窓口で直接ご確認下さい。
●道路台帳担当（内線:3452）

都道や国道の幅員等は下記にお問い合わせ下さい。
都道：東京都 第六建設事務所 管理課 道路台帳担当係
足立区千住東2−10−10 TEL 3882-1293
国道：国土交通省 東京国道工事事務所 亀有出張所
葛飾区新宿4−21−1 TEL 3600−5541

※このような資料を活用すると，区役所と異なる窓口を設けていることがわかる。

◆その他のチェック項目

35. 上水道・下水道 チェック欄

上水道・下水道の地下埋設物台帳図を閲覧する場合。
●上水道（給水管のみ）：水道局 文京給水管工事事務所
文京区西片2−16−23 1F
TEL 3816−1428
（本管のみ）：水道局 中央支所配水課
千代田区内神田2−1−12 3F TEL 3256−6176
●下水道：下水道局 都庁第二本庁舎5階南側 台帳閲覧室
新宿区西新宿2−8−1 TEL 5320−6618
URL（ホームページ） http://www.gesui.metro.tokyo.jp

（出所）東京都台東区ホームページ「事前協議等問合せ先一覧」より一部抜粋

第５　価格水準の調査

1　価格水準の調査の必要性

現地調査の前には，ある程度担保不動産とその属する地域や周辺地域の価格水準を調べておくことが必要です。そうすることにより，住宅街においては町名や街区による価格水準の違いを，商業地においては表通りと裏通りでの価格水準の違いを知ることができますし，現地調査時に不動産業者にヒアリングをする場合にも，ある程度価格水準を把握していれば，より具体的な情報を聞くことができるかもしれません。

価格水準を調べるには，公表されていて入手が簡単な地価公示や相続税路線価などを使うのが最もよいでしょう。

2　公表されている不動産の価格

公表されている不動産の価格で代表的なものには，①地価公示，②地価調査，③相続税路線価，④固定資産税評価額の４つがあります。

(1)　地価公示

地価公示は，地価公示法にもとづき，国土交通省土地鑑定委員会が，適正な地価の形成に寄与するために，毎年１月１日時点における標準地の正常な価格を３月に公示しているもので（後述の地価調査と合わせて一般的に「公示価格」といわれる。図表４），社会・経済活動についての制度インフラとなっています。平成29年地価公示では，２万6,000地点で実施されています。

地価公示の特徴は，原則として都市計画区域内のみに標準地が設定されていることです。

主な役割として，次のようなものが掲げられます（国土交通省ホームページ土地総合ライブラリーより抜粋）。

・一般の土地の取引に対して指標を与えること
・不動産鑑定の規準となること
・公共事業用地の取得価格算定の規準となること
・土地の相続評価および固定資産税評価についての基準となること

【図表4】地価公示の例

標準地番号	足利-1
所在及び地番	栃木県足利市小俣町字白髭１０２４番２
住居表示	
調査基準日	平成29年１月１日
価格(円/m^2)	23,600(円/m^2)
地積(m^2)	265(m^2)
形状(間口：奥行き)	(1.0:1.5)
利用区分、構造	建物などの敷地、W（木造）1F
利用現況	住宅
周辺の土地の利用現況	中規模一般住宅にアパート等の見られる住宅地域
前面道路の状況	西　6.5m　市道
その他の接面道路	
給排水等状況	水道　・　下水
交通施設、距離	小俣、1,600m
用途区分、高度地区、防火・準防火	第一種住居地域
森林法、公園法、自然環境等	
建ぺい率(%)、容積率(%)	60(%)200(%)
都市計画区域区分	市街化区域

【図表5】地価調査の例

標準地番号	足利5-1
所在及び地番	栃木県足利市通２丁目１２番１６外
住居表示	
調査基準日	平成28年７月１日
価格(円/m^2)	59,700(円/m^2)
地積(m^2)	480(m^2)
形状(間口：奥行き)	(1.0:3.5)
利用区分、構造	建物などの敷地、S（鉄骨造）5F
利用現況	店舗
周辺の土地の利用現況	中層の店舗ビル等が建ち並ぶ中心的商業地域
前面道路の状況	北　18.0m　県道
その他の接面道路	三方路
給排水等状況	ガス　・　水道　・　下水
交通施設、距離	足利、600m
用途区分、高度地区、防火・準防火	商業地域、防火地域
森林法、公園法、自然環境等	
建ぺい率(%)、容積率(%)	80(%)400(%)
都市計画区域区分	市街化区域

（出所）国土交通省ホームページより作成

・国土利用計画法による土地の価格審査の規準となること　等

(2) 地価調査

地価調査は，国土利用計画法施行令９条にもとづき，都道府県知事が毎年７月１日における標準価格を判定し，９月中旬頃に発表しているものです（図表５）。平成28年地価調査では，２万1,675地点で実施されました。土地取引規制に際しての価格審査や地方公共団体等による買収価格の算定の規準となることにより，適正な地価の形成を図ることを目的としています。

地価公示と異なり，都市計画区域外でも実施されており，地価公示と補完関係にあるといえます。地価公示，地価調査ともに国土交通省のホームページ（土地総合情報ライブラリー）でみることができます。

また，地価公示価格決定の根拠となる鑑定評価書も閲覧・ダウンロードできますので，周辺の状況や不動産市況の動向などをより詳しく知りたい場合に大変便利です。

「標準地番号」の欄においては，用途別に数字を付し，次のように表示しています。

・住宅地：１，２，３……
・商業地：５—１，５—２，５—３……
・工業地：９—１，９—２，９—３……

⑶　相続税路線価

相続税路線価，正式には「財産評価基準書『路線価図・評価倍率表』」といい，本来は，相続，遺贈または贈与により取得した財産に係る相続税および贈与税の財産を評価する場合に用いられるものです。しかし，全国の都市部ほぼすべての道路に付設されており，価格水準を調べるのに大変便利なことから，公表されている資料のなかでは最も活用される不動産価格といえるでしょう。

不動産鑑定士の評価実務においても，土地の価格を検討するときに，路線価に対して評価額がどの程度の水準なのか，という一種の物差し代わりに活用しています。

バブル崩壊後，不良債権処理全盛期の頃やリーマンショック後は「相続税路線価の８掛け（８割）」など，路線価を下回る水準で土地が取引された時代もありましたが，現在は不動産業界が活況を呈していることから，東京都心の一等地では路線価の数倍で取引されるというようなこともあります。

相続税路線価の概要は次のとおりです。

・価格時点：毎年１月１日
・発表時期：毎年７月１日
・発表主体：国税庁，国税局長
・特徴：公示価格（地価公示，地価調査）の水準の８割程度

⑷　固定資産税評価額（標準宅地・路線価）

固定資産税課税のための評価額です。

個別の不動産については，固定資産税課税明細に固定資産税評価額が記載され，それ

は基本的に所有者しかみることができません。しかし，その個別の不動産の固定資産税評価額を決めるに際して用いた固定資産税標準宅地の価格や固定資産税路線価は，役所の資産税課で閲覧が可能です。また，「全国地価マップ」でもみることができます。

前述の相続税路線価は，付設されていない地域（倍率地域という）もありますので，倍率地域の場合は，固定資産税標準宅地の価格等を参考に，価格水準を把握するとよい

コレは必ず押さえておこう

現地調査で大事なこと

▶ 現地調査では，実際に現地で対象不動産を調査することによって，事前調査で得た情報の確認，相違点のチェック等を行います。土地については，その位置，形状，高低差等の土地そのものの状況の確認，前面道路や側道との関係や幅員の確認，建物については，形状，階数，増改築，未登記建物等の確認を行います。

▶ また，現地調査で大事なことは，実際に駅から歩いてみたり，周辺地域を車で走ってみて回ったりするなどして，対象不動産そのものだけでなく，対象不動産がどのような地域にあるのかを自分の目や耳を使って確かめることが必要です。

▶ そして，事前調査ではわからない対象不動産や対象不動産の存する地域の雰囲気を感じることも大切です。地域も含めた不動産は，各々固有の歴史をもち，その過程のなかで価格形成がされてきていますので，それを自分がどう感じるか，ということがとても重要なことなのです。

①目（視覚） どのような建物か，どのような場所にあるのか，周りに何があるのか，人や車の流れはどうか，などをみる。 →周辺に墓地等の嫌悪施設があれば減価要因となる。 	**②耳（聴覚）** 自動車の騒音，工場の騒音などがあるか，静かな住環境か，などを聴く。 →対象不動産が工場であれば騒音は減価要因とならないが，住宅地における騒音は減価要因となる。 
③口（味覚） 飲食店であれば，どのような料理を出しているのか，食べてみる。 →料理が美味しく，いつも混んでいるような店であれば退去リスクは小さい。反対に味もサービスもいまひとつで，閑散とした店であれば退去リスクが大きい。	**④鼻（臭覚）** 薬品や塗装剤などの臭気がしてこないか，確かめる。 →臭気は，住宅地であれば減価要因となる。 

でしょう。

固定資産税評価額の概要は次のとおりです。

・価格時点：毎年１月１日
・発表時期：３年に１度評価替
・発表主体：総務省，市町村長
・特徴：公示価格の水準の７割程度

このように，公示価格に対して，相続税路線価は８割，固定資産税評価は７割の水準となっています。したがって，相続税路線価であれば，その価格を80％で割り戻すことにより，地価公示水準の価格を知ることができます。

たとえば，路線価が８万円のところでは，８万円÷0.8＝10万円となり，10万円が公示価格の水準ということになります。

地価公示や地価調査は，どうしても地点数が限られますので，このような方法を使えば，地価公示等がない場所でも公示価格の水準を把握することができます。

現実の土地価格は，さまざまな条件が重なることで高くなったり安くなったりするため，一律に収まるものではありませんが，このような価格水準をつかむことにより，担保不動産やその属する地域の価格動向が今どういう状況にあるのかを知ることができるわけです。

第6　不動産公法規制—①都市計画法

不動産に関連する公法規制で中心となるものは，まず都市計画法と建築基準法が挙げられます。この２つの法律は密接に関連しており，不動産公法規制の根幹をなすものです。

1　都市計画法

都市計画法には，都市計画の目的と基本理念について次のように規定されています。

> **第１条（目的）**
> この法律は，都市計画の内容及びその決定手続，都市計画制限，都市計画事業その他都市計画に関し必要な事項を定めることにより，都市の健全な発展と秩序ある整備を図り，もつて国土の均衡ある発展と公共の福祉の増進に寄与することを目的とする。
> **第２条（都市計画の基本理念）**
> 都市計画は，農林漁業との健全な調和を図りつつ，健康で文化的な都市生活及び機能的な都市活動を確保すべきこと並びにこのためには適正な制限のもとに土地の合理的な利用が図られるべきことを基本理念として定めるものとする。

都市は多くの人々の生活や活動の場となっており，また，人々は都市に集中する傾向があります。このような都市で土地の利用について何も制限を加えず，そのまま放置しておくと，無秩序な都市化が進行してしまうおそれがあり，そのため，都市計画法によりさまざまな規制を設け，都市環境の保全と機能の向上を図っているわけです。

2　都市計画区域と準都市計画区域

都市計画法では，都市計画区域と準都市計画区域を定めています。
イメージを表すと，図表６のようになります。

3　市街化区域と市街化調整区域

都市計画区域について，無秩序な市街化を防止し，計画的な市街化を図る必要があるときには，都市計画に市街化区域と市街化調整区域との区分を定めることができるとさ

【図表6】都市計画区域と準都市計画区域の区分イメージ

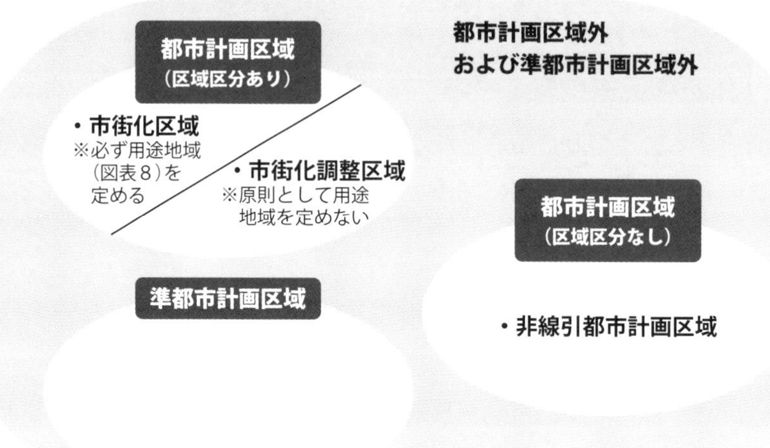

【図表7】市街化区域と市街化調整区域

	市街化区域	市街化調整区域
定　義	・すでに市街地となっている区域 ・概ね10年以内に優先的計画的に市街化を図る区域	・市街化を抑制すべき区域（禁止ではないことに注意）
開発許可	・都市計画法33条の要件が必要	・都市計画法33条と34条の要件が必要
建物の建築（建築基準法）	・建築確認のみ	・建築確認と都市計画法上の許可が必要

れています（都市計画法７条１項）。

また，三大都市圏（首都圏，近畿圏，中京圏）の一定の区域等では，必ず区域区分を定めることとされています。この区域区分は「線引き」とも呼ばれるものです。

図表７のように，市街化調整区域は市街化を「抑制すべき」区域であり，そのため開発許可の要件や建物の建築についての要件が市街化区域より厳しいものとなっています。逆にいえば，禁止ではありませんので，一定の要件を満たせば開発も建物の建築も可能ということになります。

4　用途地域

市街化区域については，必ず用途地域を定めるものとし，市街化調整区域については，原則として用途地域を定めないものとされています。

用途地域とは，住居，商業，工業など市街地の大枠として土地利用を定めるもので，

【図表８】用途地域のそれぞれの内容と地域のイメージ

用途地域の種類	内　容	地域のイメージ
①第一種低層住居専用地域	低層住宅のための地域。小規模な店舗や事務所を兼ねた住宅や，小中学校なども建てられる。	閑静な高級住宅街
②第二種低層住居専用地域	主に低層住宅のための地域。小中学校などのほか，150㎡までの一定の店舗なども建てられる。	コンビニなどが地域内にある戸建住宅街
③第一種中高層住居専用地域	中高層住宅のための地域。病院，大学，500㎡までの一定の店舗なども建てられる。	マンションや戸建住宅が混在する地域
④第二種中高層住居専用地域	主に中高層住宅のための地域。病院，大学などのほか，1,500㎡までの一定の店舗や事務所など，必要な利便施設も建てられる。	マンション街の中にファミレスなどが点在する地域
⑤第一種住居地域	住居の環境を守るための地域。3,000㎡までの店舗，事務所，ホテルなども建てられる。	戸建住宅，マンション，店舗などが混在する地域
⑥第二種住居地域	主に住居の環境を守るための地域。店舗，事務所，ホテル，カラオケボックス，パチンコ店なども建てられる。	住宅，店舗，事務所が混在し，娯楽施設なども存する地域
⑦準住居地域	道路の沿道において，自動車関連施設などの立地と，これと調和した住居の環境を保護するための地域。	幹線道路沿いに自動車販売店等が建ち並ぶ地域。幹線道路背後には住宅がある
⑧田園住居地域	農業の利便の増進を図りつつ，これと調和した低層住宅に係る良好な住居の環境を保護するために定める地域。	戸建住宅と農地が混在する地域
⑨近隣商業地域	まわりの住民が日用品の買い物などをするための地域。住宅や店舗のほかに小規模な工場も建てられる。	駅前の商店街
⑩商業地域	オフィス，銀行，飲食店，百貨店などが集まる地域。住宅や小規模な工場も建てられる。	店舗が集積する地域や，オフィスが集積する地域
⑪準工業地域	主に軽工業の工場やサービス施設等が立地する地域。危険性，環境悪化が大きい工場の他はほとんど建てられる。	工場と住宅や大型スーパーなどが混在する地域
⑫工業地域	どんな工場でも建てられる地域。住宅や店舗は建てられるが，学校，病院などは建てられない。	中小工業団地，または工場やマンションが混在する地域
⑬工業専用地域	工場のための地域。どんな工場でも建てられるが，住宅，店舗，学校などは建てられない。	大規模な工場（石油コンビナート，製鉄所など）

13種類あります。用途地域が指定されると，それぞれの目的に応じて建てられる建物の種類が決められます。これによって地域の目指すべき土地利用の方向が示されるわけです。

用途地域の種類と内容は，図表８のとおりです。

①第一種低層住居専用地域は，居住環境が最も良好になるように定められていますが，これはすなわち，住宅以外の用途（店舗や工場など）が厳しく制限されていることを意味します。

【図表９】用途地域以外の主な地域地区とその内容

地域地区	内　容
特別用途地区	用途地域内の一定の地区における当該地区の特性にふさわしい土地利用の増進等の特別の目的を実現するために用途地域の指定を補完して定める。
高層住居誘導地区	利便性の高い高層住宅の建設を誘導するため、斜線制限（建築物の高さに関する制限）等が緩和になる。
高度地区	市街地の環境を維持または土地利用の増進を図るため、建築物の高さの最高限度または最低限度を定める。
高度利用地区	市街地における土地の合理的かつ健全な高度利用と都市機能の更新を図るため、容積率の最高限度および最低限度、建ぺい率の最高限度、建築面積の最低限度等を定める。
特定街区	市街地の整備改善を図るため、容積率、建築物の高さの最高限度、壁面の位置の制限を定める。
防火地域 準防火地域	市街地における火災の危険を防除するために定める地域で、建築物の構造等について建築基準法で規制する。
風致地区	都市の風致（自然の景観、環境など）を維持するために定める地区で、建築物の建築、宅地の造成等について、地方公共団体の条例で規制する。

③④の中高層住居専用地域，⑤⑥の住居地域，⑦の準住居地域となるに従い，規制の内容は徐々に緩やかとなっていきます。

⑬工業専用地域は住宅の建築は認められていません。一方で，⑩商業地域や⑫工業地域では住宅の建築も認められているため，店舗や工場の跡地にマンションが建築されるケースもあります。

5　用途地域以外の主な地域地区

用途地域以外の主な地域地区とその内容は，図表９のとおりです。

この表以外にも，「臨港地区」「歴史的風土保存地区」「特別緑地保全地区」「生産緑地地区」「駐車場整備地区」などがあります。

6　都市計画施設

都市計画施設とは，都市計画法11条１項で定められている都市施設のうち，都市計画で定められたものをいいます。都市施設には，道路，公園，河川，学校等がありますが，最も代表的なものとして「都市計画道路」が挙げられます。

都市計画道路の予定地内では建築制限があります。その都市計画道路が計画決定の段階では，「容易に移転除去でき，階数２以下で地階がなく，主要構造部が木造，鉄骨造等」であれば建物の建築は許可されます。

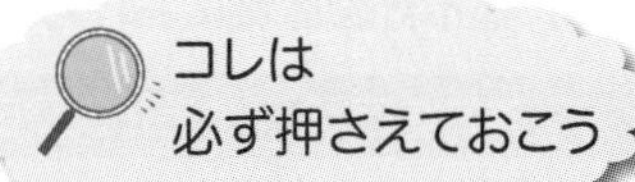

地域分析の重要性

▶ 不動産の評価においては，まず対象不動産がどのような地域に存しているかを分析します。この作業のことを地域分析といいます。

▶ 地域分析において，たとえば，商業用の不動産（オフィス，店舗など）で構成されている地域であれば，鑑定評価上は，①高度商業地域，②準高度商業地域，③普通商業地域，④近隣商業地域，⑤郊外路線商業地域の５つに分類されます。

▶ このうち，①高度商業地域はさらに，
  a．一般高度商業地域：東京の銀座，大阪の心斎橋，福岡の天神などのように店舗が高度に集積している地域
  b．業務高度商業地域：東京の大手町・丸の内，大阪の淀屋橋・北浜などのように企業や金融機関等のオフィスが高度に集積している地域
  c．複合高度商業地域：東京の新宿，大阪の梅田などのように店舗とオフィスが複合的かつ高度に集積している地域

に分類されます。

▶ このように，鑑定評価上の商業地域は，その地域を構成する不動産の用途により細かく区分されており，その地域区分に基づいて需要層の分析や価格の判定が行われます。仮に都市計画法上の用途地域が「商業地域」と指定されていても，その地域に店舗が集積しているのか，オフィスが集積しているのかにより需要層や価格の判定根拠が異なってくるわけです。また，最近ではインバウンドに対する宿泊需要の高まりから，ホテルが新築されるケースも目立ってきています。

▶ 担保不動産を見るときは，１つの視点として公法規制を，もう１つの視点としてその地域の過去からの推移や将来動向を推察しながら，担保不動産の存する地域を分析するとよいでしょう。

しかし，商業地域で中高層建築物が建てられるような地域の場合，前述のような建物しか建築できないため，土地の有効利用が阻害される要因となります。

また，計画は決定しているものの事業認可は未定といった場合，長期にわたって建築制限を受けるので，担保価値を阻害する要因の１つとなります。一方，都市計画事業認可を受けている場合は，一定の場合を除き，施行者に対して時価で買取請求ができますし，いずれ時価で買収されるため，特に減価の要因とはなりません。

7　都市計画法における開発許可制度

都市計画区域と準都市計画区域では，開発許可制度の適用があります。

都市計画法29条には，都市計画区域または準都市計画区域において開発行為をしようとする者は，あらかじめ，国土交通省令で定めるところにより，都道府県知事（指定都市，中核市または特例市においては市長）の許可を受けなければならないと定められています。

【図表10】都市計画区域における開発許可が不要な行為

	市街化区域	市街化調整区域	非線引都市計画区域	準都市計画区域	左記以外
①	原則1,000㎡未満（注1）、（注2）	－	原則3,000㎡未満		1ha未満
②	－	・農林漁業用の一定の建築物用の開発行為 ・農林漁業者の住居の用に供する建築物用の開発行為			
③	駅舎等の鉄道施設、図書館、公民館、変電所等、公益上必要な施設を建築するための開発行為				
④	都市計画事業（の施行として行う行為）				
⑤	土地区画整理事業、市街地再開発事業、防災街区整備事業 →都市計画事業とならない場合でも開発許可は不要			－	
⑥	住宅街区整備事業	－			
⑦	公有水面埋立法の免許を受けた埋立地で竣工認可の告示前において行う行為				
⑧	非常災害のための応急措置として行う行為				
⑨	通常の管理行為、軽易な行為等				

＊国、都道府県等が行う開発行為は、都道府県知事との協議の成立をもって許可とみなされる。
（注１）一定の場合は都道府県の条例で、区域を限り、300㎡以上の範囲で、その規模を別に定めることができる。
（注２）三大都市圏（首都圏、近畿圏、中京圏）の一定の区域は500㎡未満。

ここでいう「開発行為」とは，主として建築物の建築または特定工作物（アスファルトプラント等の周辺地域の環境悪化をもたらすおそれのある大規模工作物やゴルフコース等の大規模工作物）の建設の用に供する目的で行う土地の区画形質の変更をいいます（都市計画法４条12項）。

また，「区画の変更」とは，建築の目的のため，土地の区画を物理的に変更することをいいます。よって，単なる分筆や合筆は区画の変更には該当しません。そして，「形質の変更」とは，建築物の建築のための切土・盛土・整地のことをいいます。

開発行為について，許可が不要な行為は図表10のとおりです。

都市圏の市街化区域では面積要件が厳しく，また，市街化調整区域では面積要件がありません（すなわち，市街化区域より規制が厳しい）。開発行為は都市計画法33条の要件を満たす必要があり，手続も面倒なため，開発許可手続を得ない，いわゆる「ミニ開発」も行われています。通常は，位置指定道路（後掲図表12）を入れることで住宅分譲を行います。

都市計画法33条の許可基準は，開発行為の目的，用途の別により適用される項目が異なります。また，市街化調整区域の場合には立地できるものを限定するための基準（同法34条）が加わります。

開発許可に関連して，地方公共団体は独自の開発指導要綱にもとづき，法の基準の最低値より厳しくかつ詳細な要求をすることが多いので，開発予定地の開発指導担当部署で内容をよく確認する必要があります。

宅地開発指導要領が設けられる理由は２つあります。

１つは，都市計画法における開発行為の開発許可基準を補うもので，開発行為の開発基準をより厳しく，また地域の実状に合致するものにするためであったり，都市計画区域が指定されていない町村では都市計画法の開発許可が不要のため，乱開発を防止する意味から，開発行為の基準としての役割を担わせるためです。

もう１つは，開発許可を受ける前の事前審査の役割をもたせるというものです。

8　市街化調整区域

(1)　市街化調整区域とは

担保評価において重要なことは，債務の弁済が滞ったときに換価処分ができるかどうかということです。これはすなわち，第三者市場で流通性があるかどうかということでもあります。

市街化調整区域は市街化を抑制すべき区域であり，その趣旨からすると，農林漁業用の建築物等一定の例外を除き，原則として建築物の新築，開発行為は禁止されています。よって，市街化調整区域内の物件は基本的には担保不適格といえるでしょう。

しかし，合法的に建築された既存建物があれば，第三者でも同用途・同規模の建替えが可能な場合があり，一定の要件を満たした物件は市街化区域には劣りますが，一定の市場性があるといえます。

市街化調整区域については地方自治体によってさまざまなルールがあり，建物が現存していなくても再建築できる場合もあります。しかし，市街化調整区域内の建物の建築に関するルールは非常に複雑であり，また，地方自治体によって規制の内容に差異があるため，かなり詳細な調査が必要となります。

特に，建築時の経緯には十分に注意する必要があり，既存建物がない場合は，さらによく調べる必要があります。地目が宅地だと建築できる場合もありますが，地目が宅地以外であれば，建物の敷地としての利用はほぼ困難でしょう。

(2)　市街化調整区域の分類

市街化調整区域内でも開発許可の手続や建築許可の手続を経れば建物の建築は可能ですが，担保としての観点から考えると，市街化調整区域の物件は大きく，

① 建築不可

② 同用途・同規模であれば第三者でも再建築可能

③ 条件次第によっては第三者でも再建築可能

の３つに分類されるでしょう。

しかし，③は再建築できないリスクも多分に含んでいるため，市場性にはやや難ありといえます。よって，保守的な見方にはなりますが，担保適格性を有するといえるのは②のみということになるでしょう。ただし，②の場合でも再建築は同用途・同規模という条件がつきます。

市街化調整区域内での担保評価における基本的な考え方は，次のとおりです。

① 建築不可の場合

ⓐ 建物がなく，地目が宅地以外で，建物の建築が不可の場合

資材置場や駐車場としての利用しかできませんので，マイナス50％以上の補正が必要です。

ⓑ 建物が非合法に建築されており，再建築も不可の場合

マイナス50％以上の補正に加え，建物の撤去費用等も控除する必要があります。

なお，どちらのケースも，そもそも担保不適格物件といえますので，「ゼロ評価」としてしまう考え方もあるでしょう。

② 第三者でも再建築可能な場合（合法的に建物が建築されていることが確認できていて，かつ，第三者による再建築等が可能な場合）

基本的には建築制限にかかる補正は特に必要ないと考えられます。

ただし，同用途・同規模でしか建替えができない（既存建物が住宅であれば，店舗など住宅以外の用途の建物は建築できない）ことに留意する必要があります。

たとえば，担保不動産が市街化調整区域内に開発された分譲住宅地域にある場合，同じ住宅団地内で価格検討をする場合は特に問題はありませんが，市街化区域内の土地と比較する場合は，その（市街化区域内の土地の）用途地域に留意する必要があります。

なぜならば，担保不動産はあくまで開発許可を得て造成されていますので，宅地の用途は住宅に限定されています。一方で，市街化区域内の土地は用途地域によって住宅以外の用途でも利用できる場合が多いため，それが価格差となって現れていることがあるからです。

③ 条件次第によっては第三者でも再建築可能な場合

後述の事例Ｄ，事例Ｅがこれに該当します。

⑶ 過去の事例

市街化調整区域内での物件における第三者による建替えの事例を紹介します。

① 第三者でも再建築が可能なケース

【事例A】 担保不動産は線引き以前からの宅地・建物であり，許可不要にて建築確認のみで建築された。

第三者による建替え：属人性はなく，同用途・同規模（1.5倍まで）であれば，許可不要にて建築確認のみ可能。

【事例B】 旧都市計画法43条1項6号ロによる既存宅地の確認（平成○年○月○日・第○○号，敷地面積400㎡，地番：1番1，申請・許可者：神山大典）を受け，許可不要にて建築確認のみで建築された。

第三者による建替え：既存宅地の確認を受けており，60条適合証明（後述）を受け，同用途・規模であれば，許可不要にて建築確認のみで可能。

【事例C】 都市計画法34条11号および都市計画法に基づく開発許可等の基準に関する条例第○条○号により建築許可（後述）を受けて建築された。

第三者による建替え：同じように都市計画法34条11号および都市計画法に基づく開発許可等の基準に関する条例第○条○号により，建築許可にて可能。

② 原則として再建築が不可能なケース

【事例D】 都市計画法29条1項2号により，農家住宅として許可不要で建築された。

第三者による建替え：属人性があり，第三者による再建築は不可。

【事例E】 都市計画法34条14号および同施行令36条1項3号ホによる開発審査基準○号〈分家住宅（後述）〉にて建築許可を受けて建築された。

第三者による建替え：同基準は属人性があり，第三者による再建築は不可。

なお，事例D，事例Eは，ともに，都市計画法34条14号および開発審査会基準に該当する場合は，やむを得ない用途変更が認められ，第三者による建替えが認められるという事例です。しかし，担保評価的観点からはリスクが大きいため，担保適格性には難ありということになるでしょう。

＜用語説明＞

・60条適合証明

「60条適合証明」とは，都市計画法施行規則60条の適合証明のことであり，市街化調整区域内で建築物を建築しようとしている計画が都市計画法の規定に適合していることを証明する書面です。

建築許可不要の場合でも，60条適合証明の提出が必要な場合があります。

・建築許可（市街化調整区域内での建築制限）

市街化区域は特に市街化を抑制する区域ではないので，開発許可制度で十分であり，建築物の建築まで規制をかける必要はありません。しかし，市街化調整区域は「市街化を抑制すべき区域」であるので，開発行為（土地の区画形質の変更）を行わないからといって次々に家を建てられると，市街化調整区域の趣旨にそぐわないことになってしまいます。したがって，「建築許可」のルールによって，市街化調整区域内での「開発行為なしでの建築」を制限しているわけです（都市計画法43条）。

・分家住宅

分家住宅とは，農家の二男三男が分家する場合の住宅をいい，分家した者のみが当該地を居宅として利用できます。したがって，原則として第三者がこの分家住宅を購入しても，これを当該第三者の居宅として利用することはできません。しかし，分家した者に，倒産，破産，その他やむを得ない事情がある場合には，申請により開発審査会の承認を得ることによって，他への用途変更が認められます。

たとえば，一般住宅への用途変更により，購入した第三者の居宅として使用できることになります。

また，地域によっては，分家住宅が適法な状態で一定期間（５年や10年など）以上経過していれば，専用住宅への切替えが可能となる場合もありますので，役所での調査が重要となります。

ただし，分家住宅は，第三者の利用が可能かどうか，その物件の個別的な状況に左右されますので，担保評価としては保守的見地から「ゼロ評価」としておくことが無難ではないかと思われます。

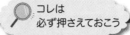

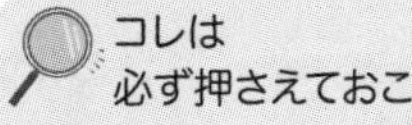
コレは
必ず押さえておこう

市街化調整区域内での建築可否の調査方法

市街化調整区域における建築の可否は，許可不要のケースから，開発許可，建築許可等，さまざまなパターンがあり，調査の難易度が高いといえます。筆者の勤務先においても市街化調整区域内の建築可否の調査を行っており，調査方法を一部抜粋して掲載します。

「法」……都市計画法、「施行令」……都市計画法施行令
・法29条：開発行為の許可および許可不要の開発行為
・法34条：開発行為における市街化調整区域の立地基準
・法43条：開発許可を受けていない土地の建築制限（建築許可）および建築許可不要の行為
・施行令36条：法43条「建築許可」の基準

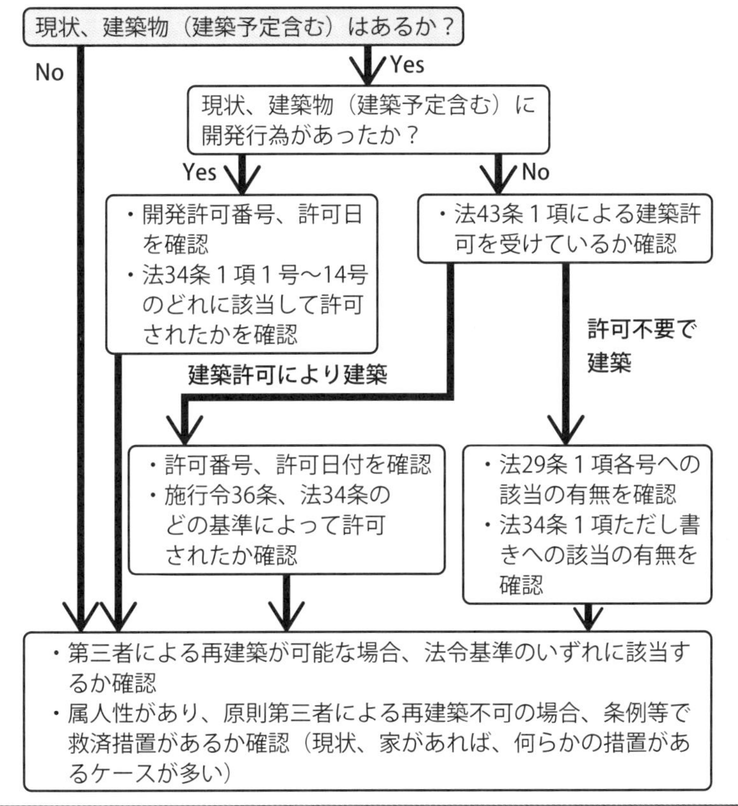
現状、建築物（建築予定含む）はあるか？
No
Yes
現状、建築物（建築予定含む）に開発行為があったか？
Yes
No
・開発許可番号、許可日を確認
・法34条１項１号～14号のどれに該当して許可されたかを確認
・法43条１項による建築許可を受けているか確認
建築許可により建築
許可不要で建築
・許可番号、許可日付を確認
・施行令36条、法34条のどの基準によって許可されたか確認
・法29条１項各号への該当の有無を確認
・法34条１項ただし書きへの該当の有無を確認
・第三者による再建築が可能な場合、法令基準のいずれに該当するか確認
・属人性があり、原則第三者による再建築不可の場合、条例等で救済措置があるか確認（現状、家があれば、何らかの措置があるケースが多い）

第７　不動産公法規制―②建築基準法

建築基準法は,「建築物の敷地，構造，設備及び用途に関する最低の基準を定めて，国民の生命，健康及び財産の保護を図り，もつて公共の福祉に資すること」（建築基準法１条）を目的としており，都市計画法と補完関係にある重要な法律です。

１　建築確認

一定の建築物の新築・改築等を行う場合には，建築確認申請書を提出して，建築主事等の確認を受けなければなりません。建築確認から使用開始までの流れは，次のようになっています。

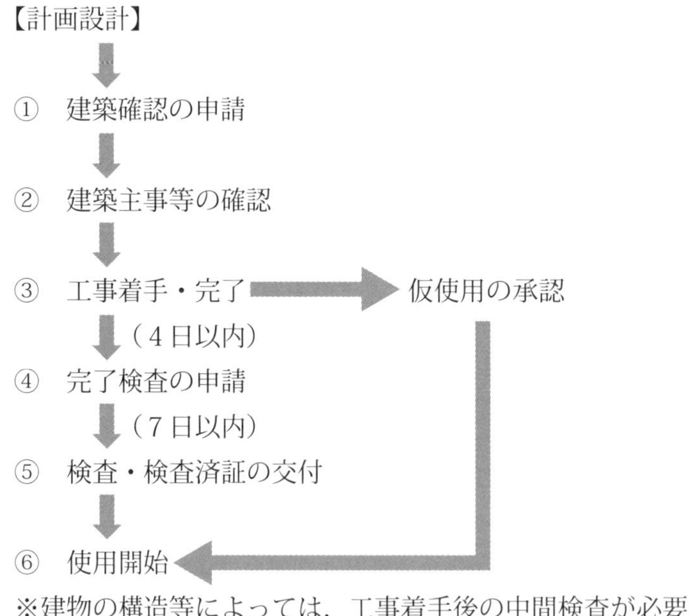

※建物の構造等によっては，工事着手後の中間検査が必要

建築確認関連の資料としては，建築確認申請時の申請書類，検査済証があります。依頼者から入手できない場合は，役所の建築指導課などで「建築計画概要書」の閲覧ができます。

ここで注意が必要なのは，登記されている建物の内容（面積等）と申請書等に書類に記載されている内容とが異なっている場合が多いということです。担保評価においては，一般的に登記面積を採用することが多いのですが，面積が大きく異なっている場合などは，その原因の調査と，どの数量を採用するのかの検討が必要になってきます。また，検査済証は，それがないと融資が実行されないケースもあるため，極めて重要な資料といえます。

なお，築年時が古く，役所に建築計画概要書が保存されていない場合は，「建築確認申請受付台帳記載事項証明書」を発行してもらえます。

建築確認申請時の資料，確認済証，検査済証は，原則としてすべて入手する必要があります。なぜならば，建築確認のプロセスでは，最終的な検査済証の交付によって合法的に建物が建てられたことが証明されるからです。

ここで注意しなければいけないことは，これら建築確認関連の資料は「合法的に建築された」ことを裏付けるものであり，必ずしも現在の建物が合法的な状態にあることを裏付けるものではない，すなわち，これらの資料があるからといって「現在も合法的とは限らない」ということです。

たとえば，5階建てのビルで1階を車庫，2階から5階を事務所として建築し，検査済証の交付を受けた数年後，1階の車庫部分を建築確認申請をせずに改築し，店舗として賃貸しているような場合があります。これは合法的な状態ではありません。

したがって，建築確認関連の資料を入手するだけでなく，現在の建物が合法的な状態かどうかも必ず確認する必要があります。

2　接道義務

担保不動産（土地）として特に重要なことは，その土地に（再建築も含め）建物が建てられるかどうかということです。

建築基準法では，都市計画区域内（準都市計画区域内）においては，建築基準法上の道路に2m以上接していなければ建物は建築できない，と規定されています。

建築基準法43条（敷地等と道路の関係）

第1項　建築物の敷地は，道路（次に掲げるものを除く。第四十四条第一項を除き，以下同じ。）に二メートル以上接しなければならない。

一・二（略）

第2項　前項の規定は，次の各号のいずれかに該当する建築物については，適用しない。

一　その敷地が幅員四メートル以上の道（道路に該当するものを除き，避難及び通行の安全上必要な国土交通省令で定める基準に適合するものに限る。）に二メートル以上接する建築物のうち，利用者が少数であるものとしてその用途及び規模に関し国土交通省令で定める基準に適合するもので，特定行政庁が交通上，安全上，防火上及び衛生上支障がないと認めるもの →認定制度

二　その敷地の周囲に広い空地を有する建築物その他の国土交通省令で定める基準に適合する建築物で，特定行政庁が交通上，安全上，防火上及び衛生上支障がないと認めて建築審査会の同意を得て許可したもの →許可制度

建築基準法施行規則10条の3

第1項　法第四十三条第二項第一号の国土交通省令で定める基準は，次の各号のいずれかに掲げるものとする。 →認定制度

一　農道その他これに類する公共の用に供する道であること。

二　令第百四十四条の四第一項各号に掲げる基準に適合する道であること。

第2項（略）

第3項　法第四十三条第二項第一号の国土交通省令で定める建築物の用途及び規模に関する基準は，延べ面積（同一敷地内に二以上の建築物がある場合にあっては，その延べ面積の合計）が二百平方メートル以内の一戸建ての住宅であることとする。 →認定制度

第4項　法第四十三条第二項第二号の国土交通省令で定める基準は，次の各号のいずれかに掲げるものとする。 →許可制度

一　その敷地の周囲に公園，緑地，広場等広い空地を有する建築物であること。

二　その敷地が農道その他これに類する公共の用に供する道（幅員四メートル以上のものに限る。）に二メートル以上接する建築物であること。

三　その敷地が，その建築物の用途，規模，位置及び構造に応じ，避難及び通行の安全等の目的を達するために十分な幅員を有する道路であって，道路に通ずるものに有効に接する建築物であること。

建築基準法改正（平成30年6月27日公布）によって，新たに43条2項1号に基づく認定制度が創設されました。従来，許可として取り扱っていたものの一部について，法令の要件および43条2項1号の規定に基づく認定基準等に適合する場合，認定の取扱いとなります。この場合，建築審査会の同意は要しません。

また，これまでの43条1項ただし書許可は43条2項2号許可となりました。

43条2項2号許可の場合，通常の建築確認申請よりも長い打合せ期間と建築審査会の同意が必要となるため，許可を受けるまでにかなりの期間を要します。また，必ず許可されるわけではなく，許可されない場合もあるので注意が必要です。

接道義務を満たしていない土地を「無道路地」といいます。

担保適格性に照らせば，そのような土地は「担保不適格」ということになります。

【図表11】接道義務を満たしていない例

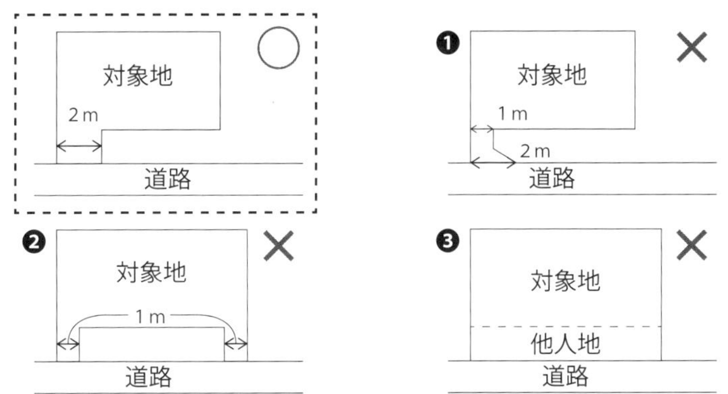

❶道路とは2m接していても，途中が2m未満の場合は不適切。
❷接道部分が1ヵ所で2m以上ないと不適切。
❸対象地と道路の間に第3者の土地が介在していると対象地単独では無道路地となる。
＊その他，対象地と道路の間に里道や水路が介在しているときも接道要件を満たしていないと判定されるケースがあるので要注意。

3　建築基準法上の道路

建築基準法上の道路とは，原則として「幅員4m以上で，建築基準法42条1項に定める道路」のことをいいます（図表12）。なお，地域によっては幅員6m以上の場合も

【図表12】建築基準法における道路

道路種別	内容	具体例・留意点
42条1項1号	道路法による道路	国道、都道府県道、市区町村道
42条1項2号	都市計画法､土地区画整理法等による道路	都市計画法における開発許可を得て造成された宅地分譲地内の道路など
42条1項3号	建築基準法施行時あるいは都市計画区域指定時にすでにあった道路	通称：「既存道路」「法以前道路」 私道でもよい
42条1項4号	道路法、都市計画法、土地区画整理法等で2年以内に事業が執行される予定のもので特定行政庁が指定したもの	通称：「計画道路」
42条1項5号	道路法、都市計画法等によらないで特定行政庁からその位置の指定を受けたもの	通称：「位置指定道路（※）」 都市計画法による開発許可を要しない小規模（いわゆるミニ開発）の区域内道路など

【図表13】通り抜け道路

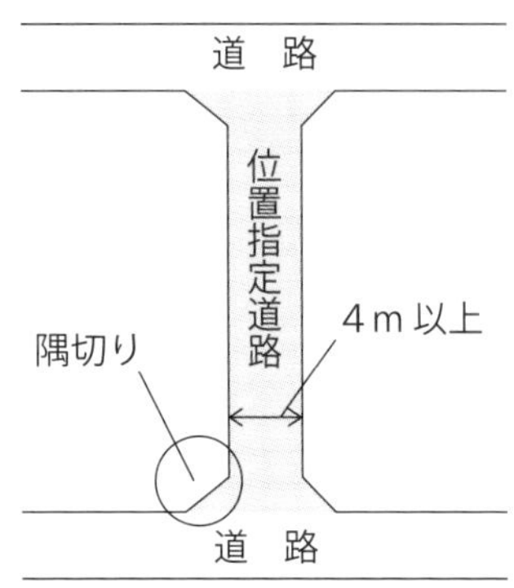

【図表14】行き止まり路

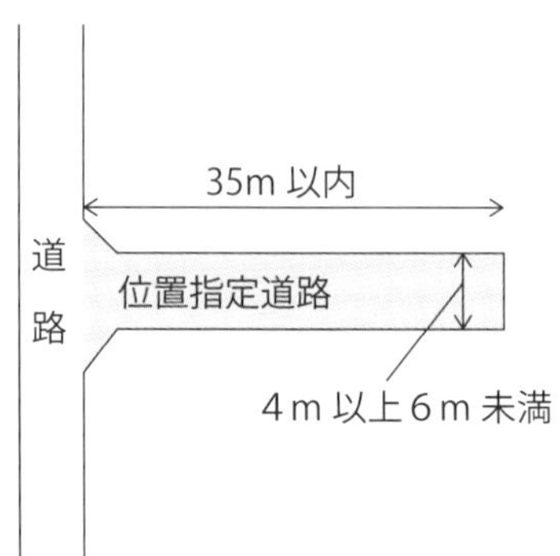

【図表15】

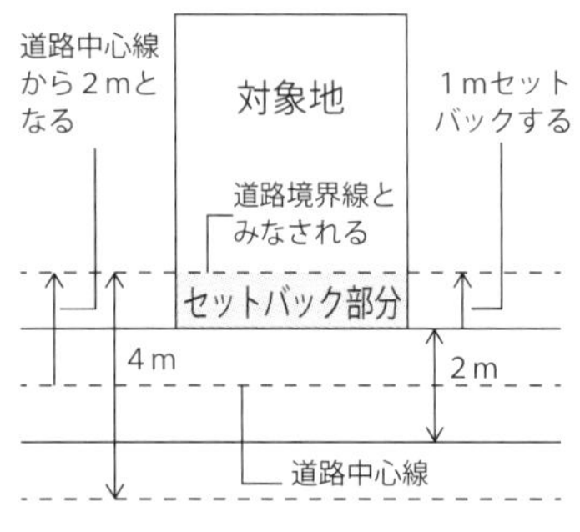

【図表16】

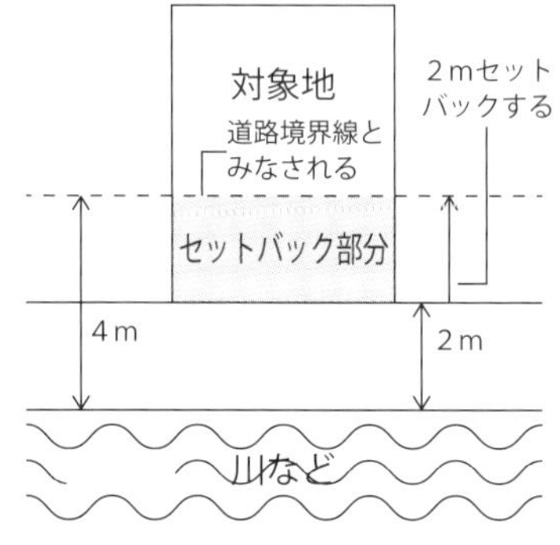

＊セットバック面積は建ぺい率、容積率の算定の際の敷地面積に含まれない。

あります。

建築基準法上の道路は，都市計画区域内および準都市計画区域内にのみ適用されるため，都市計画区域外での適用はありません。しかし，自治体の条例等により何らかの規定を設けている場合もありますので，担保不動産が都市計画区域外に存していても必ず役所の担当部署で確認することが必要です。

位置指定道路（図表12の※）は，幅員が４ｍ以上あり，原則として両側に隅切りを設けること，また，原則として両端が他の道路に接続したもの（通り抜け道路）であることが必要です（図表13)。ただし，延長が35ｍ以内の場合や，幅員が６ｍ以上の場合などは「行き止まり路」とすることができます（図表14)。

建築基準法上の道路の幅員は原則として４ｍ以上（６ｍ指定区域では６ｍ）ですが，例外として，幅員1.8ｍ以上４ｍ未満で，都市計画区域が指定されるに至った際，現に建築物が建ち並んでいる道で特定行政庁の指定したものは，建築基準法上の道路とみなされます。これを通称「２項道路」といいます。

２項道路では，道路の中心線からの水平距離２ｍの線が道路境界線とみなされ，建物

【図表17】用途規制（48条・別表第2にもとづく）

分類	建築物の用途	第1種低層住居専用地域	第2種低層住居専用地域	第1種中高層住居専用地域	第2種中高層住居専用地域	第1種住居地域	第2種住居地域	準住居地域	田園住居地域	近隣商業地域	商業地域	準工業地域	工業地域	工業専用地域
公共施設等	巡査派出所，公衆電話所等	○	○	○	○	○	○	○	○	○	○	○	○	○
宗教施設	神社，寺院，教会等	○	○	○	○	○	○	○	○	○	○	○	○	○
住宅	住宅，共同住宅，寄宿舎，下宿	○	○	○	○	○	○	○	○	○	○	○	○	×
	兼用住宅のうち店舗，事務所等の部分が一定規模以下のもの	○	○	○	○	○	○	○	○	○	○	○	○	×
文教施設	幼稚園，小学校，中学校，高等学校	○	○	○	○	○	○	○	○	○	○	○	×	×
	大学，高等専門学校，専修学校	×	×	○	○	○	○	○	×	○	○	○	×	×
	図書館等	○	○	○	○	○	○	○	○	○	○	○	○	×
	自動車教習所	×	×	×	×	△(注)4	○	○	×	○	○	○	○	○
医療福祉施設	老人ホーム，身体障害者福祉ホーム	○	○	○	○	○	○	○	○	○	○	○	○	×
	保育所等，一般公衆浴場，診療所	○	○	○	○	○	○	○	○	○	○	○	○	○
	老人福祉センター，児童厚生施設等	△(注)1	△(注)1	○	○	○	○	○	△(注)1	○	○	○	○	○
	病院	×	×	○	○	○	○	○	×	○	○	○	×	×
店舗・飲食店・事務所等	床面積の合計が150m²以内のもの	×	○	○	○	○	○	○	○	○	○	○	○	×(注)2
	床面積の合計が500m²以内のもの	×	×	○	○	○	○	○	△(注)6	○	○	○	○	×(注)2
	上記以外の物品販売業を含む店舗，飲食店	×	×	×	△(注)3	△(注)4	○	○	×	○	○	○	○	×
	上記以外の事務所	×	×	×	△(注)3	△(注)4	○	○	×	○	○	○	○	○
レジャー施設	ホテル，旅館	×	×	×	×	△(注)4	○	○	×	○	○	○	×	×
	劇場，映画館，演芸館，観覧場（客席の部分の床面積の合計が200m²未満のもの）	×	×	×	×	×	×	○	×	○	○	○	×	×
	劇場，映画館，演芸館，観覧場（客席の部分の床面積の合計が200m²以上のもの）	×	×	×	×	×	×	×	×	×	○	○	×	×
	ボーリング場，スケート場，水泳場等	×	×	×	×	△(注)4	○	○	×	○	○	○	○	×
	カラオケボックス等	×	×	×	×	×	○	○	×	○	○	○	○	○
	風俗営業　キャバレー，料理店，ナイトクラブ，ダンスホール等	×	×	×	×	×	×	×	×	×	○	○	×	×
	風俗営業　マージャン屋，ぱちんこ屋，射的場，勝馬投票券販売所等	×	×	×	×	×	○	○	×	○	○	○	○	×
	風俗営業　個室付浴場等	×	×	×	×	×	×	×	×	×	○	×	×	×
工　場	作業場の床面積の合計が50m²以下で，危険性や環境を悪化させるおそれが少ないもの	×	×	×	×	○	○	○	×	○	○	○	○	○
	作業場の床面積の合計が150m²以下で，危険性や環境を悪化させるおそれが少ないもの	×	×	×	×	×	×	×	×	○	○	○	○	○
	作業場の床面積の合計が150m²を超えるもの，または危険性や環境を悪化させるおそれがやや多いもの	×	×	×	×	×	×	×	×	×	×	○	○	○
	危険性が大きい，または著しく環境を悪化させるおそれがあるもの	×	×	×	×	×	×	×	×	×	×	×	○	○
	自動車修理工場　作業場の床面積の合計が150m²以下	×	×	×	×	×	×	○	×	○	○	○	○	○
	自動車修理工場　作業場の床面積の合計が300m²以下	×	×	×	×	×	×	×	×	○	○	○	○	○
	日刊新聞の印刷所	×	×	×	×	×	×	×	×	○	○	○	○	○
その他	自動車車庫　2階以下かつ床面積の合計が300m²以下	×	×	○	○	○	○	○	×	○	○	○	○	○
	自動車車庫　3階以上又は床面積の合計が300m²超（注）5	×	×	×	×	×	×	○	×	○	○	○	○	○
	営業用倉庫	×	×	×	×	×	×	○	×	○	○	○	○	○
	床面積の合計が15m²を超える畜舎	×	×	×	×	△(注)4	○	○	×	○	○	○	○	○
	火薬類，石油類，ガス等の危険物の貯蔵，処理の量が非常に少ない施設	×	×	×	△(注)3	△(注)4	○	○	×	○	○	○	○	○
	火薬類，石油類，ガス等の危険物の貯蔵，処理の量が少ない施設	×	×	×	×	×	×	×	×	○	○	○	○	○
	火薬類，石油類，ガス等の危険物の貯蔵，処理の量がやや多い施設	×	×	×	×	×	×	×	×	×	×	○	○	○
	火薬類，石油類，ガス等の危険物の貯蔵，処理の量が多い施設	×	×	×	×	×	×	×	×	×	×	×	○	○
	一定の農業用施設（農産物の生産や生産資材の収納施設など）	×	×	×	×	×	×	×	○	×	×	×	×	×

（注）1　一定規模以下のものに限り建築可能。
（注）2　物品販売店舗，飲食店が建築禁止。
（注）3　当該用途に供する部分が2階以下かつ1,500m²以下の場合に限り建築可能。
（注）4　当該用途に供する部分が3,000m²以下の場合に限り建築可能。
（注）5　一定規模以下の付属車庫等を除く。
（注）6　農産物直売所，農家レストラン等のみ。

の再建築にあたっては，再建築建物を，みなし道路境界線からはみ出さないように建築しなければなりませんので，４m以上の道路幅員が確保されるわけです（図表15)。また，42条２項ただし書きでは，２項道路が川，崖地，線路敷等に接する場合には，それらの側の境界線から４mの線が道路境界線とみなされます（図表16)。

図表15の場合，幅員が２mのため対象地内にみなし道路境界線が引かれるかたちとなります。このみなし道路境界線と実際の境界との間の土地がセットバック部分となります。この部分には，新たに建物や塀などを建てることはできません。そして，このセットバック部分の面積は，建ぺい率・容積率の算定に使われる敷地面積には含まれないので，注意が必要です。

4　用途制限

建築基準法では，図表17のように用途地域別の建築制限を規定しています（建築基準法48条，別表第2)。住居系の用途地域における店舗・事務所等の制限は図表18のとおりです。都市計画法で解説した用途地域のイメージは，これらの表に基づいて表現しています。

住居系では，第１種低層住居専用地域が最も厳しい規制内容であり，東京の田園調布や兵庫の芦屋などにある閑静な高級住宅街が典型的な地域です。第１種・第２種住居地域では，やや雑然とした住宅地域，準住居地域になると住商混在地といった様相を呈してきます。

商業系は，東京の大手町や銀座，大阪の梅田や心斎橋が典型的ですが，十数年前から

【図表18】店舗・事務所等の制限

	店　舗	事務所
第１種低層住専	兼用住宅で店舗の用途が50㎡以下	兼用住宅で事務所の用途が50㎡以下
第２種低層住専	２階以下，かつ，150㎡以下	兼用住宅で事務所の用途が50㎡以下
第１種中高層住専	２階以下，かつ，500㎡以内	兼用住宅で事務所の用途が50㎡以下
第２種中高層住専	２階以下，かつ，1,500㎡以下	２階以下，かつ，1,500㎡以下
第１種住居地域	3,000㎡以下	3,000㎡以下
第２種住居地域	10,000㎡以下	規模にかかわらず可
準住居地域	10,000㎡以下	規模にかかわらず可
田園住居地域	２階以下，かつ，150㎡以下	兼用住宅で事務所の用途が50㎡以下

＊兼用住宅（店舗・事務所等の部分が一定規模以下のもの）：延面積に対し非住宅部分が$\frac{1}{2}$未満，かつ，非住宅部分の床面積が50㎡以下の場合は住宅として扱われる。

都心の商業地域においてもマンションが建設されるようになってきており，商業地域だからといって必ずしもオフィスや店舗だけではなくなってきています。

また，準工業地域や工業地域でも工場撤退跡地にマンションが建設され，逆に騒音問題から，従来からある他の工場が撤退を余儀なくされる，といったケースも出てきています。

このように，表面上の用途地域の名称と実際の地域の実情は必ずしも一致しなくなってきており，現地調査においてどのような状況にあるのかを確認することが，そのような意味からも重要と考えます。

【図表19】建ぺい率の式と用途地域別建ぺい率

建ぺい率＝$\frac{建築面積}{敷地面積}$　　最大建築面積＝敷地面積×建ぺい率

用途地域別建ぺい率

用途地域	建ぺい率	①防火地域内の耐火建築物等	②準防火地域内の耐火建築物・準耐火建築物等	③特定行政庁指定の角地等	①＋③または②
第1種低層住居専用地域 第2種低層住居専用地域 第1種中高層住居専用地域 第2種中高層住居専用地域 田園住居地域	$\frac{3}{10}$，$\frac{4}{10}$，$\frac{5}{10}$，$\frac{6}{10}$	＋$\frac{1}{10}$	＋$\frac{1}{10}$	＋$\frac{1}{10}$	＋$\frac{2}{10}$
第1種住居地域 第2種住居地域 準住居地域 準工業地域	$\frac{5}{10}$，$\frac{6}{10}$，$\frac{8}{10}$	＋$\frac{1}{10}$(※)	＋$\frac{1}{10}$	＋$\frac{1}{10}$	＋$\frac{2}{10}$(※)
近隣商業地域	$\frac{6}{10}$，$\frac{8}{10}$	＋$\frac{1}{10}$(※)	＋$\frac{1}{10}$	＋$\frac{1}{10}$	＋$\frac{2}{10}$(※)
商業地域	$\frac{8}{10}$	$\frac{10}{10}$	＋$\frac{1}{10}$	＋$\frac{1}{10}$	$\frac{10}{10}$
工業地域	$\frac{5}{10}$，$\frac{6}{10}$	＋$\frac{1}{10}$	＋$\frac{1}{10}$	＋$\frac{1}{10}$	＋$\frac{2}{10}$
用途地域指定のない地域	$\frac{3}{10}$，$\frac{4}{10}$，$\frac{5}{10}$，$\frac{6}{10}$，$\frac{7}{10}$	＋$\frac{1}{10}$	＋$\frac{1}{10}$	＋$\frac{1}{10}$	＋$\frac{2}{10}$

・商業地域以外の建ぺい率は都市計画において定める。
・用途地域指定のない地域については都道府県計画審議会の議を経て定める。
・隣地境界線から後退して壁面線の指定がある場合等において，当該壁面線等を越えない建築物で，特定行政庁が許可したものの建ぺい率は，その許可の範囲内において緩和される。
※建ぺい率$\frac{8}{10}$の場合は$\frac{10}{10}$

5　建ぺい率

建築物の敷地には，防火上あるいは衛生上の観点から一定の空間を設けることが望ましいため，建築基準法では，各地域について建築物の建築面積の敷地面積に対する割合（建ぺい率）の最高限度を定め，敷地における建築物の建築面積を制限しています（図表19）。

6　容積率

市街地の環境の保護を図るため，建築物の高さを制限する目的で，建築物の延べ面積の敷地面積に対する割合（容積率）の最高限度を定めています（図表20）。

【図表20】容積率の式と用途地域別容積率

$$容積率=\frac{延べ面積}{敷地面積}\qquad 最大延べ面積=敷地面積\times容積率$$

用途地域別容積率

<table>
<tr><th>用途地域</th><th colspan="2">容積率</th></tr>
<tr><td>第１種低層住居専用地域
第２種低層住居専用地域
田園住居地域</td><td>$\frac{5}{10}, \frac{6}{10}, \frac{8}{10}, \frac{10}{10}, \frac{15}{10}, \frac{20}{10}$</td><td rowspan="4">①</td></tr>
<tr><td>第１種中高層住居専用地域
第２種中高層住居専用地域
第１種住居地域
第２種住居地域
準住居地域
近隣商業地域
準工業地域</td><td>$\frac{10}{10}, \frac{15}{10}, \frac{20}{10}, \frac{30}{10}, \frac{40}{10}, \frac{50}{10}$</td></tr>
<tr><td>工業地域
工業専用地域</td><td>$\frac{10}{10}, \frac{15}{10}, \frac{20}{10}, \frac{30}{10}, \frac{40}{10}$</td></tr>
<tr><td>商業地域</td><td>$\frac{20}{10}, \frac{30}{10}, \frac{40}{10} \sim \frac{130}{10}$</td></tr>
<tr><td>用途地域の指定のない区域</td><td>$\frac{5}{10}, \frac{8}{10}, \frac{10}{10}, \frac{20}{10}, \frac{30}{10}, \frac{40}{10}$ のいずれか</td><td>②</td></tr>
</table>

・記載の数値のうちから都市計画で定める。
・特定行政庁が都道府県都市計画審議会の議を経て定める。

7　延べ面積に算入されないもの

共同住宅の共用廊下，共用階段，エレベーターホール，エントランスホールの床面積は延べ面積に算入されません。一方で，収納スペース，集会室等は算入されます（図表21）。

また，自動車車庫の床面積は，建築物の床面積の５分の１を限度として延べ面積に算入しないこととなっています。地下室の床面積も，一定の条件のもと，延べ面積に算入されない部分があります。

マンションなどの共同住宅は，延べ床の登記面積が許容容積率による延べ床面積を超えているケースがありますが，前述のように容積率計算上は不算入の場合があるということを覚えておいてください。

【図表21】共同住宅の延べ面積不算入

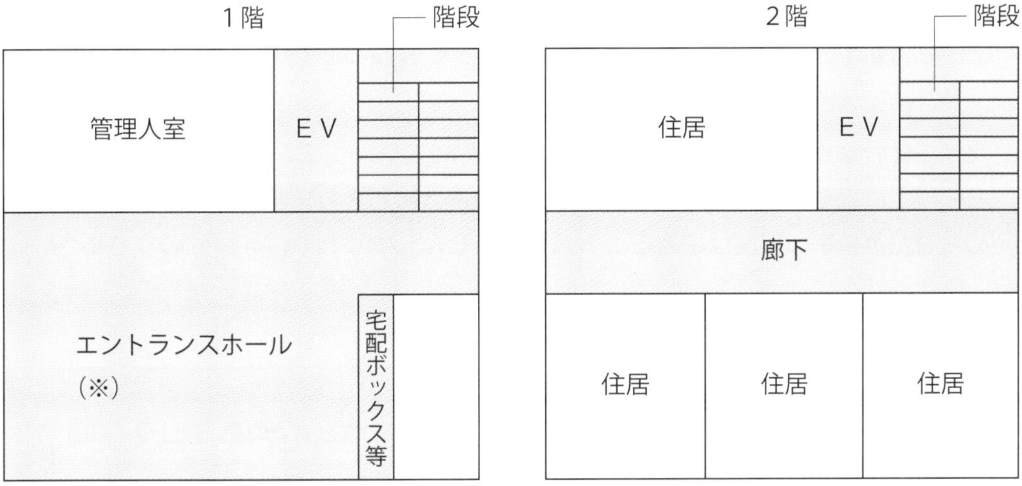

・通行のため廊下の一部として使用される場合は緩和対象となるが，ロビーとして区画された部分，収納スペースとしての部分等（執務・作業・集会等）は緩和対象としない。

8　特定道路による容積率の緩和

建築物の敷地の前面道路が特定道路（幅員が15m以上の道路）に接続する幅員６ｍ以上12ｍ未満の道路である場合で，かつ，特定道路からの延長が70m以内の場合には，容積率の制限が緩和されます。

具体的には，次のａ，ｂのうち小さいほうが限度となります。

【図表22】特定道路による容積率の緩和の図

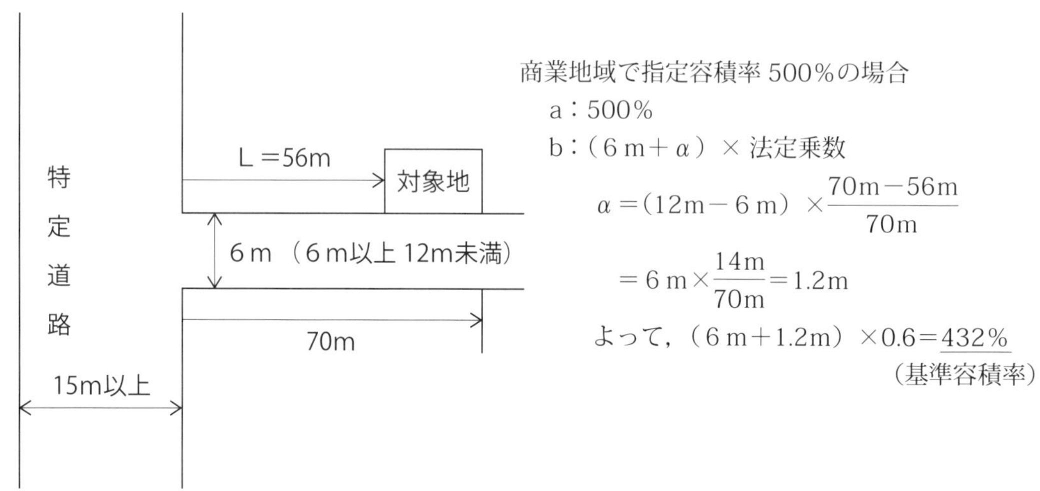

a．都市計画で定められた容積率

b．（道路の幅員＋α）× 法定乗数

αの算式：α＝（12m－前面道路の幅員）×（70m－Lm）/70m

Lは特定道路からの延長距離

文章ではわかりにくいので，図示します（図表22）。

この規定により，前面道路の幅員による容積率は緩和されますが，都市計画において定められた容積率の限度は超えることはできません。すなわち，a，bのうち小さいほ

【図表23】斜線制限適用区域

<table>
<tr><th rowspan="2">用途地域
敷地条件</th><th>道路斜線</th><th colspan="2">隣地斜線</th><th colspan="2">北側斜線</th></tr>
<tr><th>前面道路の反対側の境界線までの水平距離に乗ずる数値(勾配)</th><th>立上がり</th><th>勾配</th><th>立上がり</th><th>勾配</th></tr>
<tr><td>第１種低層住居専用地域</td><td rowspan="8">1.25</td><td rowspan="2">なし</td><td rowspan="2">なし</td><td rowspan="2">5ｍ</td><td rowspan="4">1.25</td></tr>
<tr><td>第２種低層住居専用地域</td></tr>
<tr><td>第１種中高層住居専用地域</td><td rowspan="5">20m</td><td rowspan="5">1.25</td><td rowspan="2">10m</td></tr>
<tr><td>第２種中高層住居専用地域</td></tr>
<tr><td>第１種住居地域</td><td rowspan="3">なし</td><td rowspan="3">なし</td></tr>
<tr><td>第２種住居地域</td></tr>
<tr><td>準住居地域</td></tr>
<tr><td>田園住居地域</td><td>なし</td><td>なし</td><td>5ｍ</td><td>1.25</td></tr>
<tr><td>近隣商業地域</td><td rowspan="2">1.5</td><td rowspan="6">31m</td><td rowspan="6">2.5</td><td rowspan="6">なし</td><td rowspan="6">なし</td></tr>
<tr><td>商業地域</td></tr>
<tr><td>準工業地域</td><td rowspan="4">1.5</td></tr>
<tr><td>工業地域</td></tr>
<tr><td>工業専用地域</td></tr>
<tr><td>用途地域の指定のない地域</td></tr>
</table>

【図表24】道路斜線制限

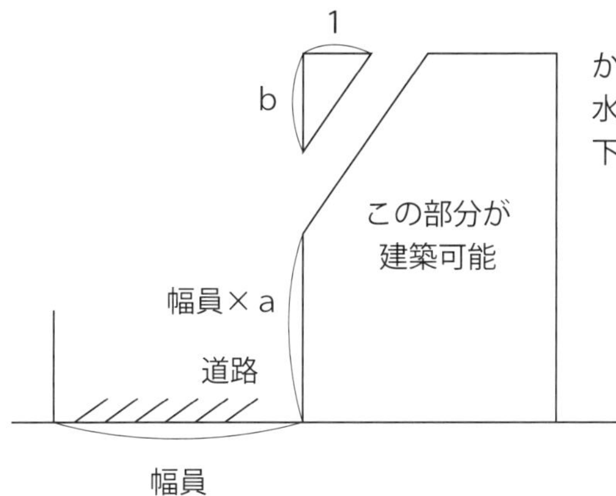

建築物の各部分の高さは，その部分から前面道路の反対側の境界線までの水平距離に一定の数値を乗じた数値以下でなければなりません。

a，bはそれぞれ
住居系地域（原則）…1.25
その他の用途地域……1.5
用途地域の指定のない区域
………1.25または1.5

【図表25】隣地斜線制限

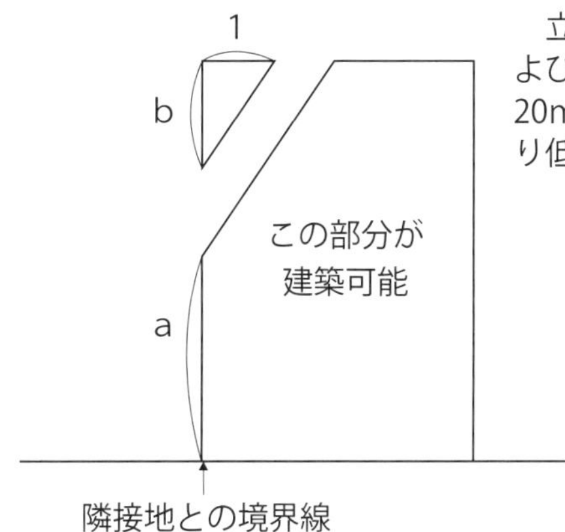

立ち上がりの高さが，住居系（低層住居専用地域および高層住居誘導地区内の一定の建築物を除く）では20m，その他の用途地域等では31mなので，これより低い建築物については適用されません。

aは（立上がりの高さ）
住居系（低層等除く）地域等…20m
その他の用途地域等……………31m

bは
住居系地域……………………1.25
その他の用途地域……………2.5
用途地域の指定のない区域…1.25または2.5

【図表26】北側斜線制限

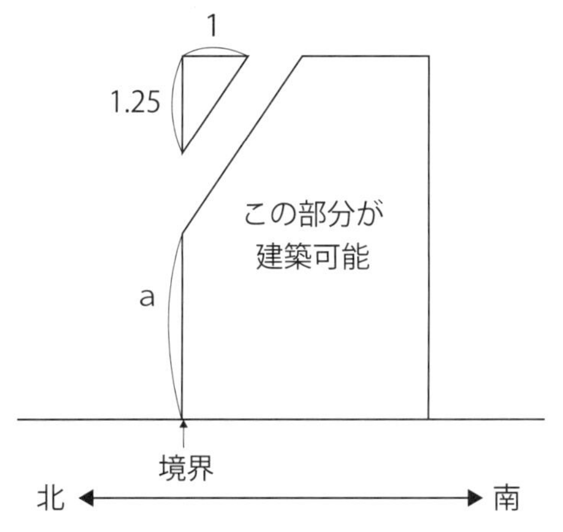

日照の確保を目的とするため，北側の敷地境界線との間に一定の空間を設けるようにします。ここでは立ち上がりの高さが，低層住居専用地域では5m，中高層住居専用地域では10mとなります。

aは
低層地域……… 5m
中高層地域……10m

うが適用される容積率の限度となり，この図の場合は432％となります。

しかし，特定道路から70m超の場所では，前面道路の幅員による容積率の制限により容積率360％（６ｍ×0.6）までしか使えないため，特定道路に近いことにより容積率が緩和されるわけです。

9　建築物の高さの制限

①　斜線制限

建築基準法では，日照や通風を確保するため，道路や隣地との間に一定の空間を設けるよう規制しています。これを斜線制限といい，道路斜線制限，隣地斜線制限，北側斜線制限の３種類があります。

道路斜線制限……道路斜線制限は全用途地域と用途地域の指定のない区域に適用されます（図表24）。

隣地斜線制限……第１種低層住居専用地域および第二種低層住居専用地域を除く地域に適用されます（図表25）。低層住居専用地域内では絶対高さ制限（10mまたは12m）があるので，隣地斜線制限の適用はありません。

北側斜線制限……第１種低層住居専用，第２種低層住居専用地域，第１種中高層住居専用地域，第２種中高層住居専用地域の４つの用途地域において適用されます（図表26）。

②　日影規制

日影規制は，高い建築物により日照がさえぎられることによる日照被害を軽減しようとするもので，どの程度の規制にするのかは地方公共団体の条例で定められます。

日影規制の対象区域内にある建築物は，冬至日の午前８時から午後４時まで（北海道

用途地域	制限を受ける建築物
第１種低層住居専用地域 第２種低層住居専用地域 田園住居地域	軒高が７ｍを超えるもの，または地階を除く階数が３（地上３階建）以上のもの
第１種中高層住居地域 第２種中高層住居地域 第１種住居地域，第２種住居地域 準住居地域，近隣商業地域，準工業地域	高さが10mを超えるもの
商業地域，工業地域，工業専用地域	商工業の利便優先のため指定されない

＊用途地域の指定の定めのない区域については，制限内容を地方公共団体の条例で指定

にあっては午前９時から午後３時まで）の間において，それぞれ一定時間，隣接の平均地盤面から一定の高さおよび一定の距離のうちに日影を生じさせることがないようにしなければなりません。

10　防火，準防火地域

防火地域内，準防火地域内では図表27のように建築物の構造等についての規制があります。なお，建築物が防火地域および準防火地域の両地域に及んでいる場合は，原則として防火地域の規制が適用されます。

＜用語説明＞

・耐火建築物

耐火建築物とは，主要構造部（壁，床，柱等）を耐火構造等とした建築物であり，

【図表27】防火，準防火地域内での建築制限

<table>
<tr><th></th><th>防火地域</th><th>準防火地域</th></tr>
<tr><td>①耐火建築物としなければならない建築物</td><td>イ．階数３以上の建築物
または
ロ．延べ面積が100㎡を超える建築物</td><td>イ．地上階数４以上の建築物
または
ロ．延べ面積が1,500㎡を超える建築物</td></tr>
<tr><td>②耐火建築物または，準耐火建築物としなければならない建築物</td><td>・上記以外の建築物</td><td>・延べ面積が500㎡を超え，1,500㎡以下の建築物</td></tr>
<tr><td>③耐火建築物，準耐火建築物または外壁・主要構造部について防火上必要な技術的基準に適合する建築物としなければならない建築物</td><td></td><td>・地階を除く階数が３である建築物</td></tr>
<tr><td rowspan="2">④適用除外</td><td colspan="2">イ．卸売市場の上家，機械製作工場等の火災のおそれの少ない用途に供する建築物（主要構造部が不燃材料で造られたもの）</td></tr>
<tr><td>ロ．延べ面積が50㎡以内の平家建て付属建築物（外壁，軒裏が防火構造のもの）
ハ．高さ２mを超える門，塀（不燃材料で造るか，おおわれたもの）
ニ．高さ２m以下の門，塀</td><td></td></tr>
</table>

「準耐火建築物」とは，耐火建築物以外の建築物で，主要構造部を準耐火構造または準耐火構造と同等の準耐火性能を有するものとされています。

ここで，「耐火構造」とは，屋根であれば30分，柱であれば最上階は1時間，外壁では耐力壁かつ最上階で1時間以上，通常の火災の加熱に耐える性能を有するものをいいます。また，「準耐火構造」とは，「耐火構造」よりやや性能は落ちますが，たとえば，屋根は30分，柱は45分，外壁の耐力壁は45分以上の性能となっています。

第8 不動産公法規制―③土地区画整理法

1 土地区画整理事業

土地区画整理事業は，道路，公園，広場のような公共施設の整備改善と，宅地の利用増進（不整形な土地を整形な土地にするなど）とを目的とする事業です。特に，市街地における建物の建設が無計画に行われてきたわが国においては，都市計画を実施するための有力な手段として採用され，関東大震災の復興手段として用いられて以来，多くの都市計画事業が実施されています。

【図表28】土地区画整理のイメージ

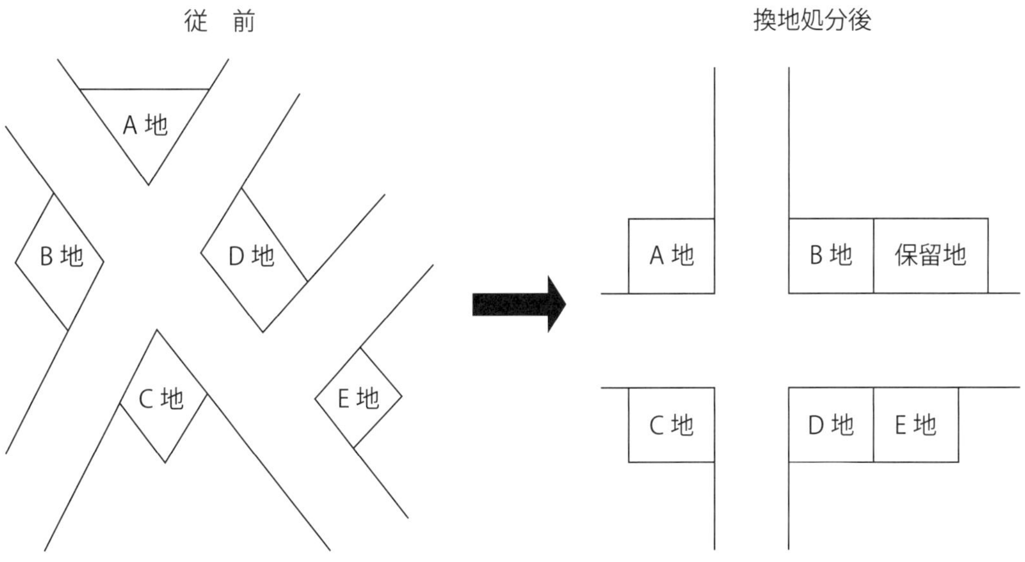

2 減歩（げんぶ）

道路，公園等の公共施設の整備には新しい土地が必要ですが，地権者から一定の割合で土地を提供してもらい，この土地をそれらの公共施設用地に当てます。この手法を減歩といい，減歩の割合を減歩率といいます。

【図表29】土地区画整理事業のフロー

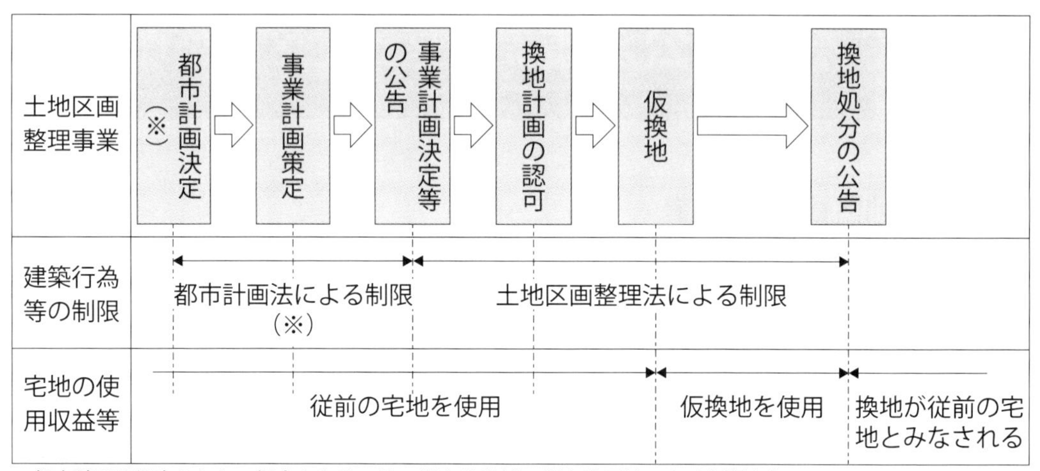

＊都市計画は策定されない場合もある。その場合は当然，都市計画法による制限もない。

3　換　地

換地というのは，ある人の宅地を別の場所に移すことです。減歩によって生み出された土地は個々の宅地に分散していますので，これを道路用地などに集めなければなりません。また，新たに公園などを作る場合は，その用地にある宅地を他の場所に移す必要があり，この移動が換地です。

4　仮換地

換地処分は，従前の宅地の上に存する権利関係をそのまま換地の上に移転させる処分ですが，換地処分は当該区域の全部について工事が完了した後で一挙に行うことになっています。しかし，全部の工事が完了するまでは長期間を要するので，建築物等の移転や権利関係を早く安定させるために仮換地の指定が行われます。仮換地は，通常は換地となるべき土地が指定されます。

5　保留地

保留地とは，土地区画整理事業の費用に充てるなど一定の目的のために，換地として定めない土地のことです。保留地は，換地処分の公告があった日の翌日に施行者が取得します。

6　仮換地指定の効果

仮換地が指定されると，従前の宅地の地権者は，換地処分の公告の日まで仮換地を使用収益することができるようになる代わりに，従前の宅地の使用収益はできなくなります。

もう少し詳しく説明すると，地権者は従前の宅地について所有権にもとづいて使用収益する権利と，その土地を処分する権利をもっていますが，仮換地に移るのは，使用収益する権利だけであり，処分権は従前の宅地に残ります。

すなわち，従前の宅地を売ることはできますが，貸すことはできません。また，特に重要なことは，抵当権は従前の宅地に設定できるのであり，仮換地には抵当権の設定はできないということです（図表30）。

なお，換地処分後は，当該換地は従前の宅地とみなされ，処分権も使用収益権も移転しますので，当該換地に抵当権の設定ができるようになります。

【図表30】仮換地指定の効果

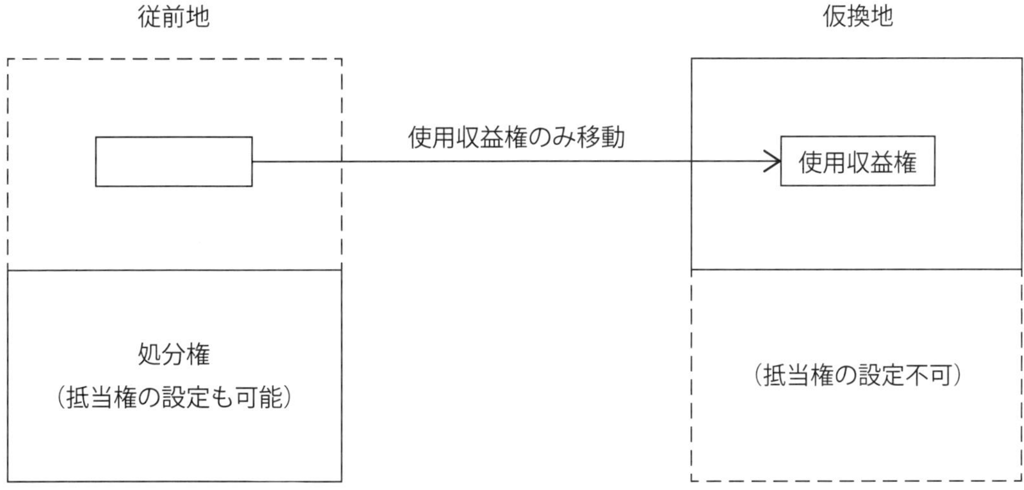

7　保留地の留意点

保留地は，換地処分公告前でも「保留地予定地」として売買はされますが，買受人への所有権移転は公告後となるので，公告前は抵当権の設定登記はできないことに注意が必要です。

第9　不動産公法規制―④農地法

1　農地法上の農地

農地法のポイントは，権利移動と転用（農地から宅地への転用）についての規制内容です。

農地法でいう「農地」とは，登記上の地目とは無関係で，現況により判断されます。すなわち，登記上場の地目が「田・畑」であっても，現実の状態が田や畑でなければ「農地」ではなく，逆に登記上の地目が「山林」であっても，現実の状態が耕作の目的に供されていれば，農地法上は「農地」とみなされます。

現況が宅地なのに土地登記簿の地目が「田」や「畑」のままになっていることがありますが，①農地転用許可は得ているが登記簿の地目変更をしていない，②農地転用許可さえも受けていないという２つのパターンが考えられます。①は不動産登記法違反，②は農地法にも違反しています。

2　農地法上の許可

農地法では，農地または採草放牧地をそのままの状態で，または採草放牧地を農地にする目的で権利移動する場合は農地法３条の許可を要し，農地の権利者がその農地を転用する場合は農地法４条の許可を，農地または採草放牧地を転用する目的で権利移動を行う場合は農地法５条の許可を要します。

	３条（権利移動）	４条（転用）	５条（権利移動+転用）
内　容	・農地→農地 ・採草放牧地→採草放牧地 ・採草放牧地→農地	・権利移動のない農地の転用 ※採草放牧地の転用は許可不要	転用目的での権利移動 ・農地→農地以外 ・採草放牧地→農地，採草放牧地以外 ※採草放牧地→農地は３条
許可権者	農業委員会	・都道府県知事または指定市町村の長 （農地が４ha超の場合は，当分の間，農林水産大臣と協議）	
市街化区域の特例	なし	農業委員会への事前届出で足りる	

3　農業振興地域の農用地（青地）

「青地」とは，農業振興地域内における農用地区内にある農地と採草放牧地のことです。青地は，原則として宅地転用ができません。農業振興地域内における農用地区以外の農地と採草放牧地は「白地」といいます。

農業振興地域内の農用地は，事実上宅地への転用等は禁止されており，農用地の除外申請にもとづく審査等により除外される場合もありますが，非常に厳しい要件となっています。

第10 不動産公法規制―⑤土砂災害防止法

土砂災害のおそれのある区域について危険の周知，警戒避難体制の整備，住宅等の新規立地の抑制，既存住宅の移転促進等を推進するものです。

1 土砂災害の種類

①がけ崩れ

地中にしみ込んだ水分が土の抵抗力を弱め，雨や地震などの影響によって急激に斜面が崩れ落ちることをいいます。がけ崩れは突然起きるため，人家の近くで起きると逃げ遅れる人も多く，被害者の割合も高くなっています。

②土石流

山腹・川底の石や土砂が長雨や集中豪雨などによって一気に下流へと押し流されることをいいます。その流れの速さは規模によって異なりますが，時速20～40kmという速度で一瞬のうちに人家や畑などを壊滅させてしまいます。

③地すべり

斜面の一部あるいは全部が，地下水の影響と重力によってゆっくりと斜面下方に移動する現象のことをいいます。一般的に移動土塊量が大きいため，甚大な被害を及ぼします。また一旦動き出すと，これを完全に停止させることは非常に困難です。

2 土砂災害警戒区域

急傾斜地の崩壊等が発生した場合に，住民等の生命または身体に危害が生じるおそれがあると認められる区域であり，危険の周知，警戒避難体制の整備が行われます。

3 土砂災害特別警戒区域

急傾斜地の崩壊等が発生した場合に，建築物に損壊が生じ住民等の生命または身体に著しい危害が生ずるおそれがあると認められる区域で，特定の開発行為に対する許可制，建築物の構造規制等が行われます。

第11 不動産の評価方法

1 不動産の評価手法

不動産の評価手法には，「①原価法」「②取引事例比較法」「③収益還元法」などがあります。

対応する手法	不動産の有する性質	価格の名称
①原価法	費用性（いくらかかるのか）	積算価格
②取引事例比較法	市場性（いくらで売れるのか）	比準価格
③収益還元法	収益性（いくら儲かるのか）	収益価格

① 原価法

不動産の再調達（建築・造成等による新規の調達）に要する原価に着目した手法であり，その不動産の費用性（いくらかかるのか）を表します。

② 取引事例比較法

不動産の取引事例に着目した手法であり，その不動産の市場性（いくらで売れるのか）を表します。

③ 収益還元法

不動産から生み出される収益に着目した手法で，その不動産の収益性（いくら儲かるのか）を表します。たとえば，投資用マンションなどの賃貸物件であれば，収益性が重視され，家族で住む戸建住宅であれば，収益性よりも費用性や市場性が重視されるでしょう。

2 原価法

原価法は，価格時点における対象不動産の再調達原価を求め，この再調達原価について減価修正を行って対象不動産の試算価格を求める手法です（図表31）。原価法による試算価格を「積算価格」といい，次の式により求めます。

積算価格＝①再調達原価－②減価額

⑴ 再調達原価

再調達原価は，原則として土地と建物の両方について求めます。しかし，土地については新たに造成された宅地でもない限りは，宅地の取引事例から求めることが一般的です。

【図表31】原価法のイメージ

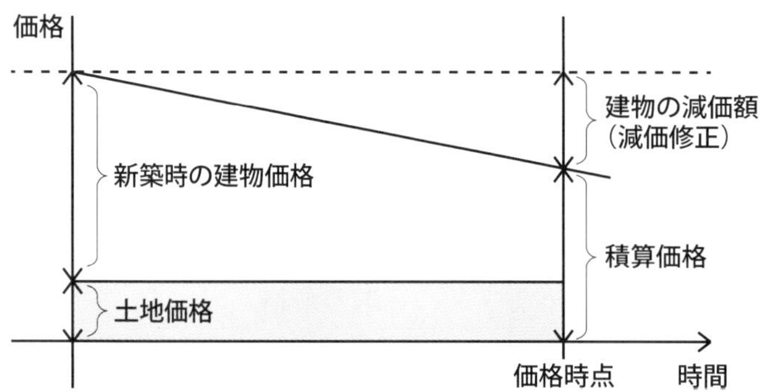

建物の再調達原価は，「対象建物を価格時点において新たに建築した場合，どれだけの費用がかかるのか」という費用の総額で，新築時の価格であると理解することができます。したがって，対象建物が完成直後の場合は，ほとんど減価修正を行う必要はありません。

⑵ 減価額

減価修正の方法は，「耐用年数にもとづく方法」と「観察減価法」の２つの方法があり，これらを併用して減価額を求めます。

【図表32】減価修正の方法

	長　所	短　所
耐用年数にもとづく方法	一定の式を使うことにより誰でも用いることができ、誤差が少ない	物件の個別性を反映しにくい
観察減価法	個々の不動産の実態的な減価の程度を把握し反映できる	外部からの観察のみでは発見しにくい減価の要因を見落とすおそれがある

① 耐用年数にもとづく方法

耐用年数にもとづく方法には「定額法」と「定率法」がありますが，定額法を用いるケースが多いようです。担保目的で保守的に評価したい場合は，定率法を用いることもあります。なぜなら，定額法は毎年の減価額が一定ですが，定率法は初期の減価額が大きいためです。

また，この方法では一般的に，新築から何年経ったのか（経過年数）よりも，あとどのくらい建物が使えるのか（経済的残存耐用年数）を重点に置いて検討します。

② 観察減価法

観察減価法は，対象建物について維持管理の状態や，劣化，補修の状況を目視等により観察し，減価額を求める方法です。

3 取引事例比較法

取引事例比較法は，まず多数の取引事例を収集して適切な事例の選択を行い，これらの取引価格に必要に応じて，「①事情補正」および「②時点修正」を行い，さらに「③標準化補正」，「④地域要因の比較」および「⑤個別的要因の比較」を行って対象不動産の試算価格を求める手法です（図表33）。

取引事例比較法による試算価格を「比準価格」といいます。

⑴ 事情補正

取引価格には，何らかの事情で売り急いだとか，相場より高く買ったとか，取引当事者間で発生した何らかの事情を含んでいることがあります。このような場合には，これらの事情がない状態への補正を行います。

⑵ 時点修正

1年前の取引価格が現在（価格時点）でも変動なく同じ価格であれば問題ありませんが，土地の価格（相場）は上がり下がりがあるので，その変動に合わせて修正する必要があります。

⑶ 標準化補正

たとえば，事例地が不整形である場合は，形状によるマイナスで，その地域の標準的な価格水準より低い価格になっている場合があります。それを標準的な価格水準に補正することを「標準化補正」といいます。

⑷ 地域要因の比較

同じ住宅地であっても，閑静な住宅地と工場が混在する住宅地では居住環境が異なります。そのような地域間格差の補正を行い，対象地の存する地域（近隣地域）の標準的な価格水準へと調整を行います。

⑸ 個別的要因の比較

取引事例の価格は，④までの過程で対象地の存する地域（近隣地域）の標準的な価格水準に補正されていますので，これに対象地の個別的要因の比較を行い，最終的に対象地の価格を導き出します。この手順を図示したものが図表33です。

＜用語説明＞

・同一需給圏

一般に対象不動産と代替関係が成立して，その価格の形成について相互に影響を及ぼすような関係にある他の不動産の存する圏域のことをいいます。

・類似地域

近隣地域と類似する特性を有する地域であり，鑑定評価で採用する取引事例は，同一需給圏内の類似地域に存するものを採用することが一般的です。

【図表33】取引事例比較法のイメージ

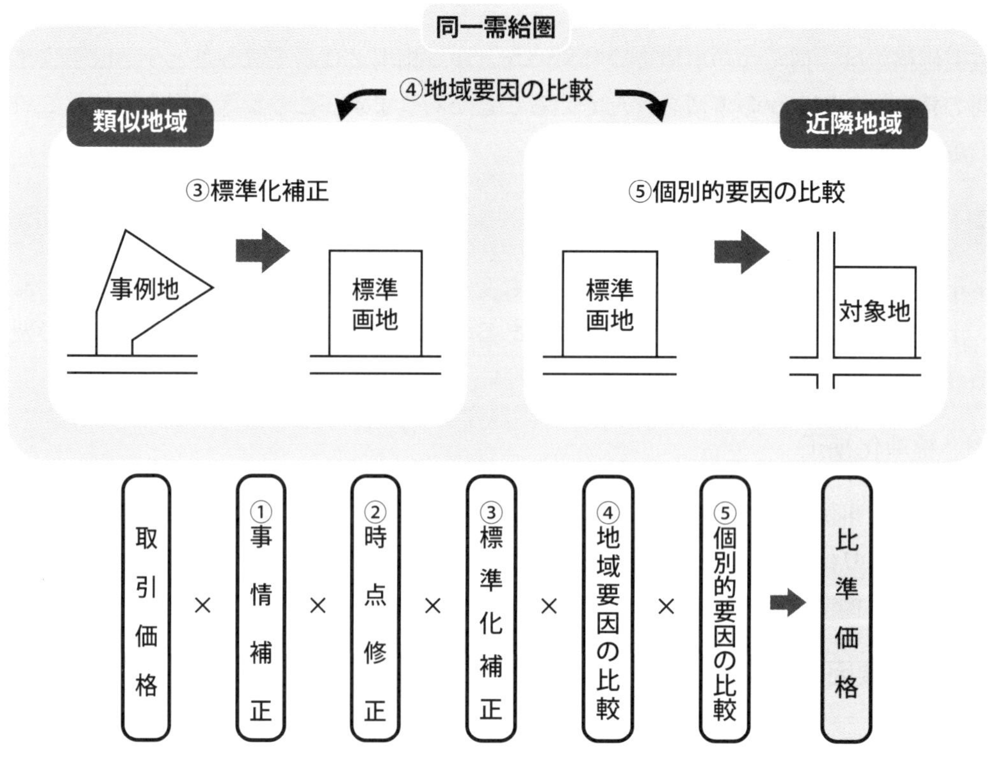

・近隣地域

鑑定評価基準には「対象不動産の属する用途的地域であって，ある特定の用途に供されることを中心として地域的にまとまりを示している地域をいい，対象不動産の価格の形成に関して直接に影響を与えるような特性をもっている地域」と記述されています。すなわち，対象不動産と価格水準が同じ地域ともいえ，住宅街の一街区や，ある交差点から次の交差点までの同じ道路に面した地域など，ある程度狭い範囲の地域といえるでしょう。

4 収益還元法

収益還元法は，対象不動産が将来生み出すであろうと期待される純収益の現在価値の総和を求めることにより対象不動産の試算価格を求める手法であり，収益還元法による試算価格を「収益価格」といいます。

収益価格を求める方法には，一期間の純収益を還元利回りによって還元する「直接還元法」と，連続する複数の期間に発生する純収益および復帰価格を，その発生時期に応じて現在価値に割り引き，それぞれを合計する「ＤＣＦ（Discounted Cash Flow）法」があります。

⑴ 直接還元法

直接還元法は，還元対象となる一期間の純収益を求め，この純収益に対応した還元利回りによって当該純収益を還元することにより対象不動産の収益価格を求める方法です(図表34)。

直接還元法は，単年度の純収益を還元利回りで直接的に還元して価格を求めるので，シンプルでわかりやすいのが特徴です。

① 純収益（図表34-a）

一般的に，単年度の純収益は，標準化された純収益を用います。標準化された純収益は，過去の実績，現在の状況，将来の賃料変動の予測等の検討により査定されます。

② 還元利回り（図表34-R）

還元利回りを求める方法は，鑑定評価基準に複数定められていますが，類似の不動産の取引事例にもとづく還元利回りを用いることが一般的です。

J-REITクラスの物件であれば，J-REITのデータが公表されていますので，それらを参考にできますが，中小規模のビルやマンションでは直接の比較は難しいでしょう。そのような場合は，投資用不動産を扱っている不動産業者にヒアリングをするのも有効です。

なお，ヒアリングをする際は，ネットの利回り（純収益に対応する利回り）であるか，総収入に対応する利回り（表面利回り，グロス利回り，粗利回り）であるかの判断に注意が必要です。

【図表34】直接還元法の式

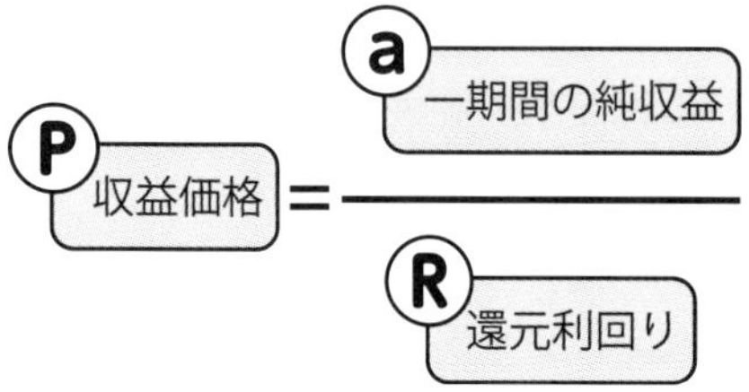

⑵ ＤＣＦ法

ＤＣＦ法は，対象不動産から得られると予測される純収益のうち，収益見通しにおいて明示された，毎期に予測された純収益の現在価値の合計と，復帰価格（将来転売したときの価格）の現在価値を足し合わせることによって収益価格を求める方法です（図表35）。

ＤＣＦ法による収益価格＝毎期の純収益の現在価値の総和＋復帰価格の現在価値

【図表35】ＤＣＦ法の考え方（イメージ）

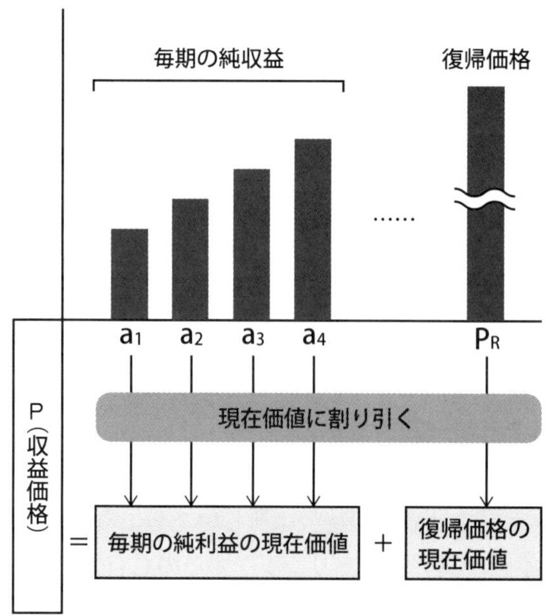

ＤＣＦ法の説明はやや難しいのでここでは割愛しますが，直接還元法とＤＣＦ法とによる収益価格は理論的には一致します。そのため，手法による優劣はありません。各々の手法の特徴は，直接還元法は式がシンプルでわかりやすい点が優れており，一方，ＤＣＦ法は各期のキャッシュフロー予測が明示できるという点で優れています。

ケース別評価額の算出

第1

立地，形状，自然的状況

case 1

日　照

南側隣地に建物ができたために標準的な画地に比べ日照が劣る場合

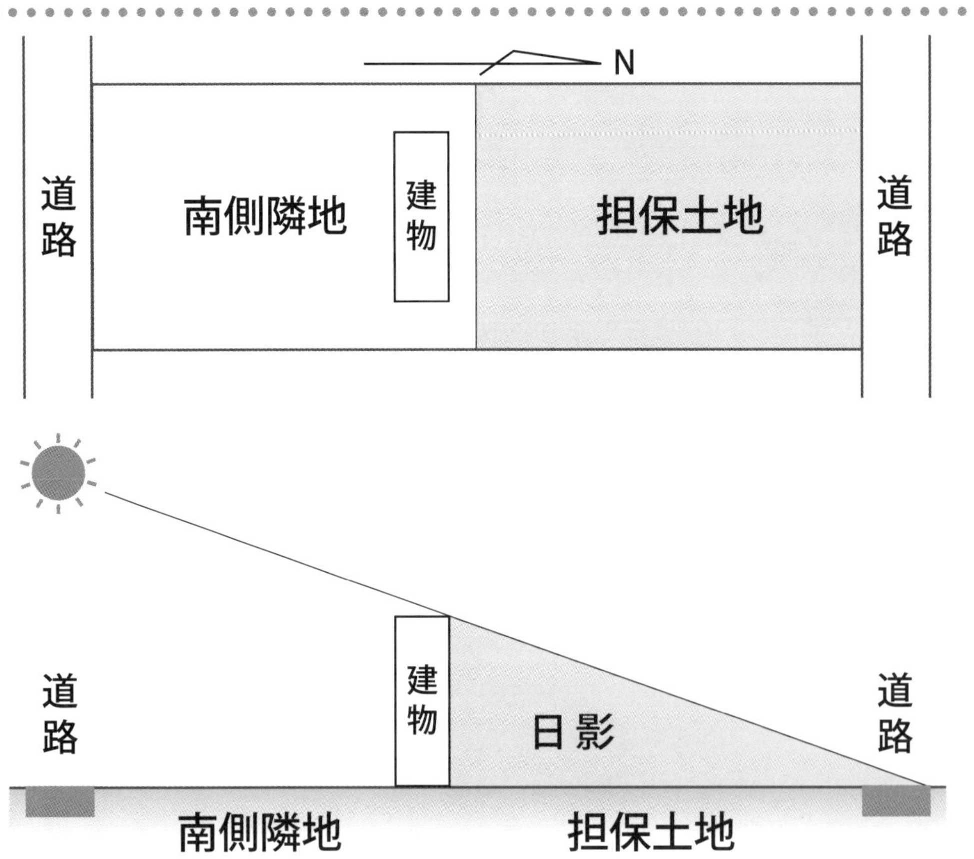

評価ポイント

日照は健康を左右するだけではなく，居住の快適性も左右します。

建物の高さが７ｍを超える（用途地域の種類によって適用が異なる）と日影規制により，隣地に一定時間を超える日影を生じさせないように建物の高さが制限されますが，建物の高さが７ｍ以下ですとこのような制限がありませんので，南側隣地建物が北側に寄って建てられると，担保土地は終日日影となってしまうことも少なくありません。

日照が遮られるのは建物だけではありません。山であったり，崖であったり，鉄塔などの工作物によって日照阻害が生じている場合もあります。

このように日照が阻害されている場合には，補正率表にもとづき補正を行います。

評価額

評価額		標準的画地の時価単価		担保土地の地積		補正率	
	≒		×		×（100＋		）

補正率表

住宅地域の別	優る	普通	劣る
優良住宅地域	＋1.5	0.0	▲1.5
標準住宅地域	＋1.5	0.0	▲1.5
混在住宅地域	＋1.5	0.0	▲1.5
農家集落地域	＋1.5	0.0	▲1.5
別荘地域	＋2.0	0.0	▲2.0

＊七次改訂　土地価格比準表を参考（単位：％）

◆◆ 具体例 ◆◆

担保土地が標準住宅地域に存する場合，隣接地建物によって終日日影を生じてしまう状況の場合は，上記補正率表の標準住宅地域の欄の「劣る」に該当し，補正率に▲1.5％を適用します。

標準的画地の時価が100,000円／㎡，担保土地の地積を地積200㎡とした場合，担保土地の評価額は次のとおりです。

標準的画地の時価単価		担保土地の地積		補正率		評価額
100,000円／㎡	×	200㎡	×（100＋	▲1.5％	）＝	19,700,000円 （98,500円／㎡）

case 2

周辺の利用状況

担保土地の周りが工場，倉庫等で囲まれ，周辺の状況が標準的な画地よりも劣る場合

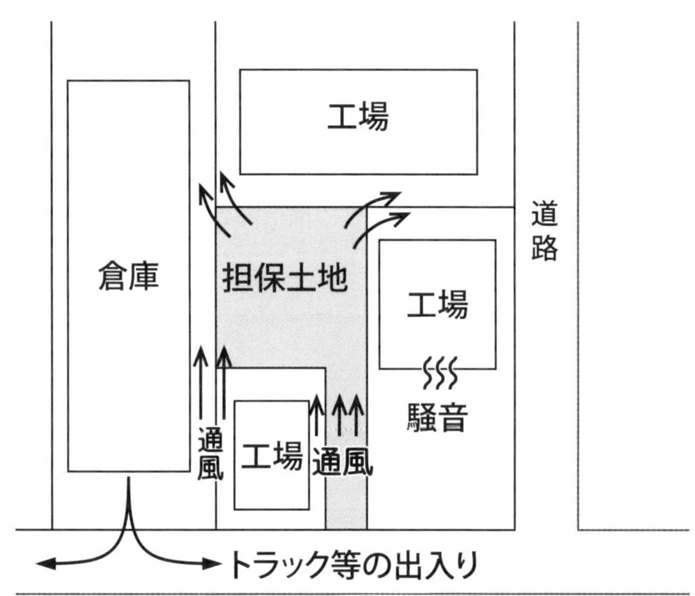

評価ポイント

従来，中小の工場や倉庫が建ち並んでいた地域（用途地域でいうと準工業地域など）では，工場の閉鎖などに伴いそれらの跡地が分譲住宅地となり，工場と住宅が混在している地域が増えてきました。

担保土地がこのような地域に存し，工場や倉庫に囲まれている場合，住宅地としては良好な通風が確保できないほか，騒音や臭気なども考えられます。実務においては，住宅地図や現地調査において，周囲の建物の配置，高さ，通風，騒音，臭気，車の出入り等をよく調べる必要があります。

このような場合で通風等によるマイナス要因がある場合は，補正率表にもとづき補正を行います。

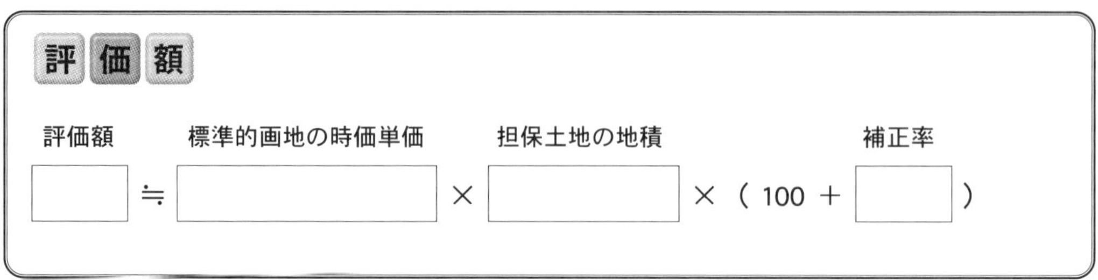

補正率表

	普通	やや劣る	劣る	相当に劣る	極端に劣る
混在住宅地域	0	▲1.5	▲3.0	▲4.5	▲6.0

普　　通……特に環境上問題のない画地
や や 劣 る……北西に工場，倉庫等のある場合または隣接しないが，環境上影響のある画地
劣　　る……北東に工場，倉庫等のある場合等で環境が劣る画地
相当に劣る……南に工場，倉庫等のある場合等で環境が相当に劣る画地
極端に劣る……工場，倉庫等に周りを囲まれている場合で，環境が極端に劣る場合

＊七次改訂　土地価格比準表を参考（単位：％）

◆◆ 具体例 ◆◆

担保土地は図のように，周りを工場，倉庫に囲まれ，騒音等の問題もあります。居住環境としては「極端に劣る」に該当するため，補正率は▲6.0を適用します。

標準的画地の時価が200,000円／㎡，担保土地の地積を地積150㎡とした場合，担保土地の評価額は次のとおりです。

なお，形状の補正はここでは考慮しないこととします。

標準的画地の時価単価		担保土地の地積		補正率	評価額
200,000円／㎡	×	150㎡	×（	100＋　▲6.0％　）	＝28,200,000円
					（188,000円／㎡）

補足説明

実務において本ケースのような場合は，工場や倉庫が建ち並ぶ中小工場地域から住宅地域へ移行しつつあるという場合が多いように思われます。前図でいうと，担保土地左側（西側）の倉庫が閉鎖され跡地にマンションが建つなどして，当該地域が徐々に住宅中心の環境に移行していくというような変化の過程にあるということです。西側にマンションが建つことによってトラック等の出入りはなくなる一方，マンションの高さによっては日照の問題が生ずるなど，担保土地に影響を与える要因も変化してきます。

このように，特に混在地域においては，担保土地に影響を与える要因は常に変化し続けているという認識をもつことが重要です。

その他，周囲の状態が担保土地の居住環境にマイナスの影響を与えるケースとしては，変電所，汚水処理場，ガスタンク，焼却場，墓地等が，また鉄道敷や幹線道路に隣接している場合は騒音や振動の発生も考えられます。

case 3

方　位

前面道路のある方角で方位を判断

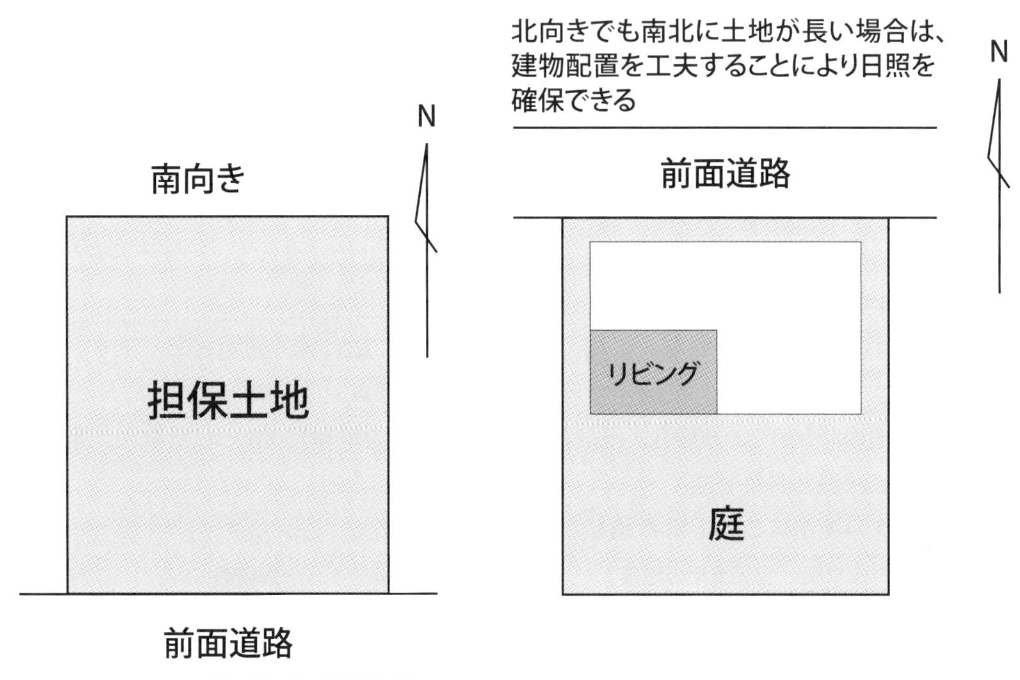

評価ポイント

土地の方位は前面道路のある方角で判断します。南側に前面道路がある場合，日照を遮る建物が建つことはなく，晴れの日は長時間良好な日照が得られます。よって，南向きの方位の土地は他の方位に比べて価値が高くなります。

北向きは日照が悪く，暗くて，湿気も多いなど4方位の中で最も価値が低くなります。しかし，南北に長い土地は，北側に玄関，南側に庭を設け，建物の南にリビングを配することにより，南側隣地建物と担保土地上の建物との良好な隣棟間隔を保持でき，リビングへの日照を確保できます。このような場合には，次頁補正率表の補正率を調整することが必要になるでしょう。たとえば，北向きの補正率は1.00ですが，上記のような土地の場合は1.01や1.02などと補正率に調整を施すというものです。

東向きは朝日が，西向きは夕日が得られますが，通常，朝日が得られるほうが，早朝から日照が確保できることにより，明るさの確保と室温の上昇および湿気の除去が早い時間からできることから，夕日よりも価値が高いと考えられています。

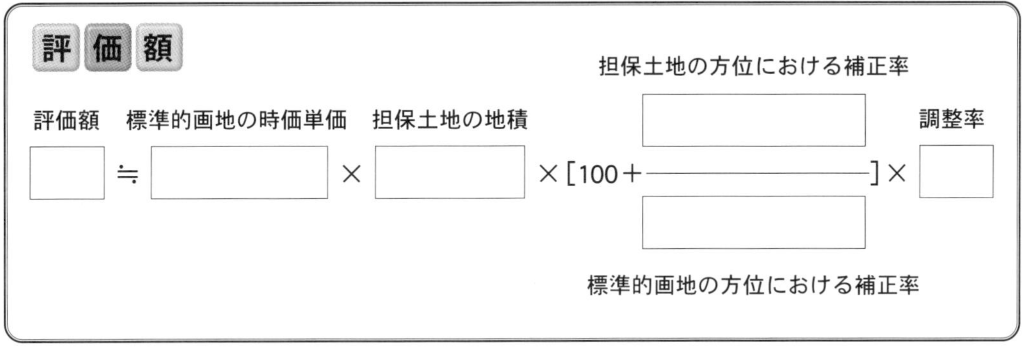

評価額
担保土地の方位における補正率
評価額
標準的画地の時価単価
担保土地の地積
調整率
≒
×
×[100＋
]×
標準的画地の方位における補正率

補正率表

住宅地域の別	北	西	東	南
優良住宅地域	1.00	1.01	1.02	1.04
標準住宅地域	1.00	1.02	1.04	1.06
混在住宅地域	1.00	1.02	1.04	1.07

＊七次改訂　土地価格比準表を参考（単位：％）

◆◆ 具 体 例 ◆◆

近隣地域の標準的画地の方位を北，担保土地の方位を南，属する住宅地域を標準住宅地域とします。上記補正率表「標準住宅地域」における標準的画地の方位（北）の補正率1.00を分母に，分子には担保土地の方位（南）の補正率1.06を当てはめ，次のように評価額を算出します。

標準的画地の時価は150,000円／m²，担保土地の地積は100m²とします。なお，ここでは担保土地の形状における方位補正率の調整は必要ないものとします。

標準的画地の時価単価　担保土地の地積　補正率　調整率　評価額

$$150{,}000\text{円}/\text{m}^2 \times 100\text{m}^2 \times \left(100 + \frac{1.06\%}{1.00\%}\right) \times 1.0 \fallingdotseq 15{,}900{,}000\text{円}$$

（159,000円／m²）

補足説明

住宅地で南側に道路がある場合，庭をその道路に面して設けることが多くなりますが，その庭や庭に面しているリビングが人目にさらされることになります。プライバシーを考えた場合，北向きのほうが有利になることもあります。また商店等では，太陽光が商品を劣化させる場合もあり，必ずしも南向きが選好されるとは限りません。その他，商業地域では方位よりも人通りや交通量等が商業収益性に与える影響が大きく，方位はそれほど重視されない傾向にあります。また，工業地域においても，方位よりも原材料・製品搬入搬出の容易さ等が重視され，方位は重視されない傾向にあります。

case 4

崖　地

市街地における崖地

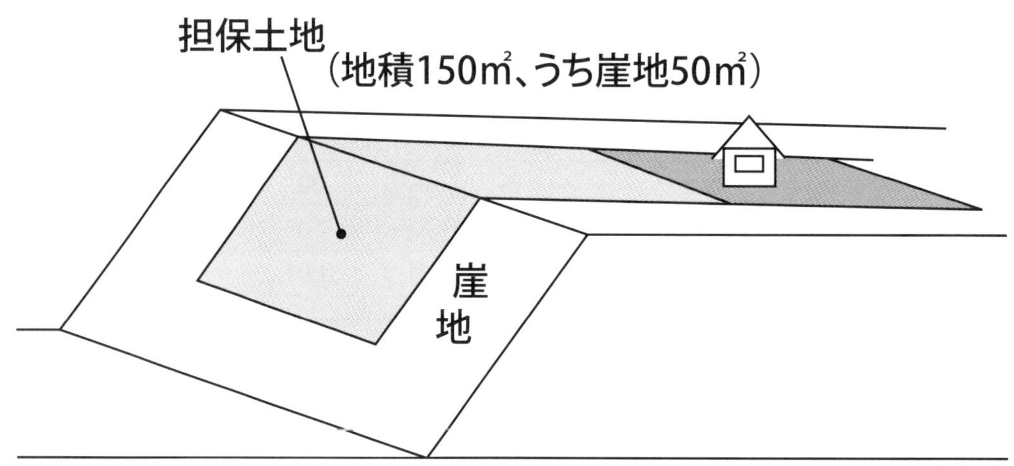

評価ポイント

一般的に崖地の傾斜度は以下のように考えます。

・８度以下……安全

・８度～15度未満……基礎の補強等により利用可能

・15度以上……人工地盤必要。通常の住宅建築は不可能

・30度以上……住宅地としての利用はまったく不可能

担保土地の全部あるいは一部が崖地の場合，傾斜度15度以上の部分はゼロ評価としてしまってよいでしょう。

なお，山中に開発された別荘分譲地で，そのほとんどが崖地の場合，標準的画地と担保土地に標準的な建物を建築するために必要な費用（基礎工事費・土木工事費等）を地元の土木業者に聞くなどして把握したうえで，両者を比較し，担保土地のほうが多い場合は，多い額の分をマイナス補正する必要があります。

評価額

評価額		標準的画地の時価単価		担保土地の地積		崖地の地積		崖地の地積		①		②		調整率
□	≒	□	×［（	□	−	□	＋（	□	×（	□	×	□	））］×	□

◆◆ 具体例 ◆◆

担保土地の一部が南向き傾斜度10度の崖地であり，担保土地の面積が150㎡，そのうち崖地の面積（水平投影面積）が50㎡です。崖地は通常の基礎を補強すれば住宅建築が可能です。

標準的画地の時価は150,000円／㎡です。なお，調整を施す要因はありません。

標準的画地の時価単価		担保土地の地積		崖地の地積		崖地の地積		①		②		調整率
150,000円／㎡	×［（	150㎡	−	50㎡	）＋	50㎡	×（	0.7	×	0.8	）］×	1.0

＝19,200,000円

（128,000円／㎡）

利用可能な崖地の補正率

①傾斜方位	②崖地の傾斜の状況
南　0.7 ～0.9	0.8～0.9
東　0.55～0.7	
西　0.5 ～0.6	
北　0.4 ～0.5	

＊七次改訂　土地価格比準表を参考

補足説明

山中に開発された別荘地等では，かなりの傾斜であっても，人工地盤の構築により建物が建築されているのをよく見かけます。

このように人工地盤を活用すればどのような崖地であっても建物の建築は可能かもしれません。しかし，担保評価の立場からいえば，崖地が居住者に及ぼす心理的な影響，災害の発生の危険性，基礎工事費等の建築コストの増大等を考えれば，やはり平坦な宅地部分に比べある程度の補正を考えなければなりません。

case 5

平坦でない土地

担保土地の地勢が平坦でない土地

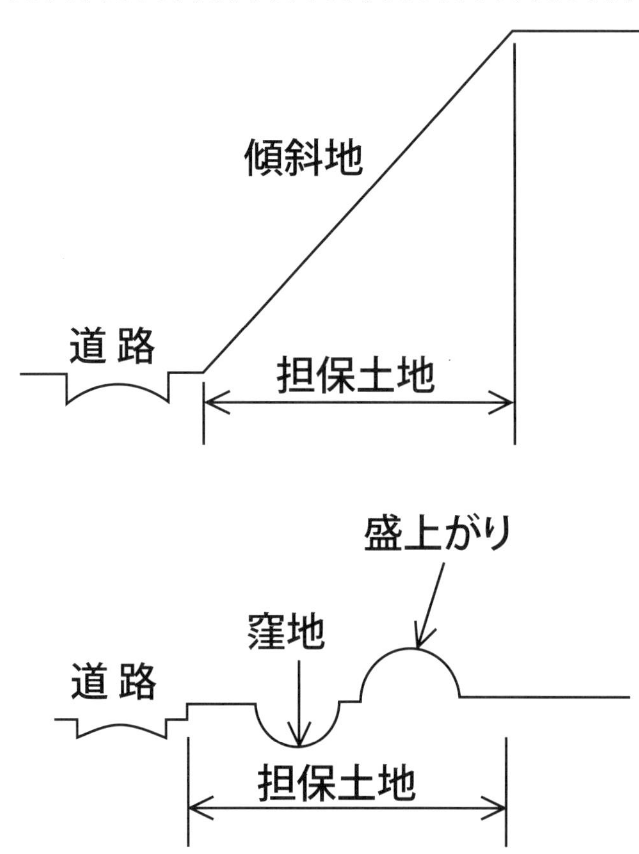

評価ポイント

建築物の建築には地勢が平坦であれば，切土・盛土をする必要がなく工事ができることから，地勢の最適条件は平坦であることが必要です。

しかし，土地のなかには傾斜しているものや，土地の一部に盛り上がりがあるもの，あるいは窪みがあるものなどがあります。

建築物の建築や敷地の利用にあたっては，盛土や切土を行い，建築物の建築箇所を平坦地化し，あるいは庭も含めた敷地全体を平坦地化する必要があります。

評価額

平坦でない土地の価格は，盛土や切土に要する費用を補正額として控除します。

なお，近隣地域の土地では，傾斜部分や盛り上がり・窪みといった部分を庭として利用するのが標準的であれば，補正の必要はありません。

◆具体例◆

担保土地内部に窪地があります。近隣地域におけるほとんどの土地は平坦です。この場合，担保土地は平坦地化を前提として評価額を求める必要があります。地元土木業者に聞いたところ，平坦地化するのに要する盛土の費用は1,000,000円ほどかかることがわかりました。

標準的画地は平坦地で，時価は200,000円／㎡で，担保土地の地積は200㎡です。

標準的画地の時価単価		担保土地の地積		盛土費用		評価額
200,000円／㎡	×	200㎡	−	1,000,000円	≒	39,000,000円
						（195,000円／㎡）

用語解説

「切土」とは，高い地盤や斜面を削って平坦な土地を造る工事のことをいいます。

「盛土」とは，低い地盤や斜面に土を盛り上げて平坦な土地を造る工事のことをいいます。

切土は元の地面を削っただけですので，地盤はしっかりしています。これに対し，盛土はしっかりと地盤の締め固めを行わないと雨などによって地盤沈下することがあります。

斜面等に造成された地域では切土と盛土の両方が行われていることが多く，特に盛土は，東日本大震災時に宅地造成された住宅地域において盛土部分に地盤の崩壊が起こったように，潜在的なリスクもあります。

また，以前に池沼だった場所が埋め立て造成されている土地では，震災時に液状化も発生しました。

担保土地がこのような場所に存する可能性がある場合，昔の地形図等により以前の土地の状態を確認することも必要でしょう。

case 6

里道・水路

担保土地内に公図上里道・水路があるが，現状では確認できない場合

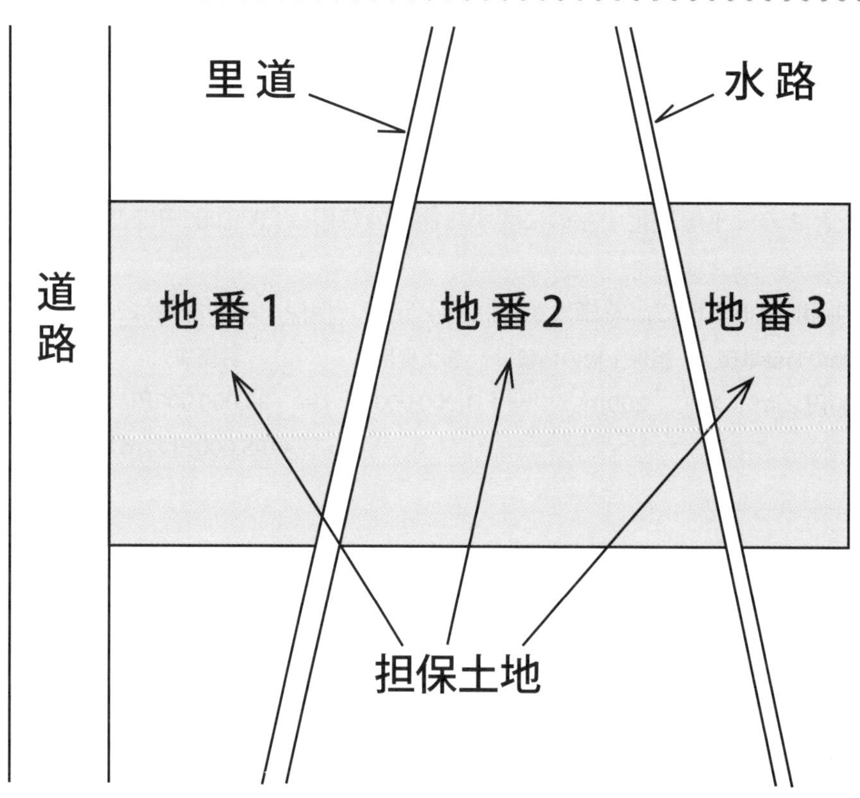

評価ポイント

里道や水路等の法定外公共物は，現況において機能しておらず，廃止しても支障がない場合，所有土地の中に使われていない里道や水路がある場合などに該当するときは，払下げを受けることができます。払下げを受ける場合は，境界確定測量，払下げ申請等の手続が必要となります。土地価格は役所が決めますが，里道や水路は細長い形状のため，土地としての評価は低いでしょう。

しかし，払下げに要する費用は対象土地の状況によりさまざまなケースが考えられ一概に見積ることができません。また，払下げまでには１年程度の期間を要します。よって，担保評価の場合はそれらの費用も考慮し，里道・水路部分の土地単価は担保土地の土地単価と同額としておくことがよいでしょう。

なお，払下げに要する期間が特段に長くなりそうな場合は調整率を用いて調整します。

評価額

評価額		一体利用地と想定した場合の評価額		払下げ費用		調整率
□	≒（	□	−	□	）×	□

◆◆ **具体例** ◆◆

下図のような担保土地で，公図から測った里道部分の面積は25㎡で，取引事例比較法により算出された一体利用を想定した担保土地の単価は200,000円／㎡です。

なお，担保土地の面積（里道部分も含む）は200㎡です。

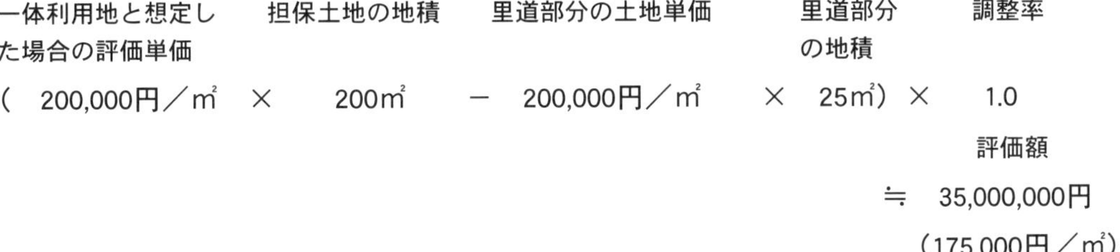

一体利用地と想定した場合の評価単価		担保土地の地積		里道部分の土地単価		里道部分の地積		調整率
（ 200,000円／㎡	×	200㎡	−	200,000円／㎡	×	25㎡）	×	1.0

評価額

≒ 35,000,000円

（175,000円／㎡）

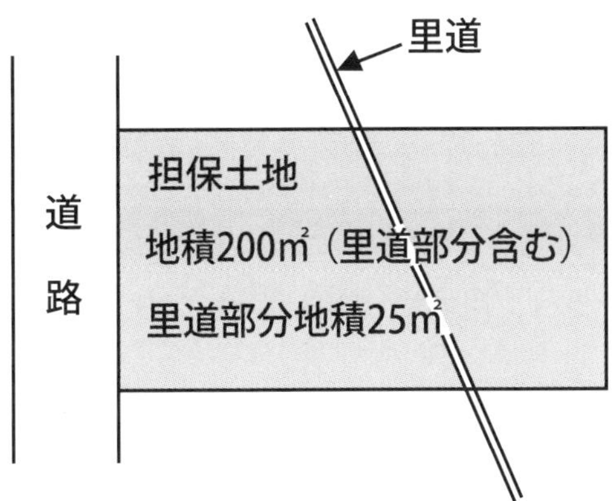

用語解説

「里道・水路」とは，道路法や河川法が適用されない道や水路のことで，赤線（赤地），青線（青地）などとも呼ばれています。現在も道路や水路として機能している場合もありますが，今ではその機能は失われ，形すら残っていない場合もあります。

公図上，里道は赤い線で，水路は青い線で描かれており，いずれも無番地です。

ただし，現在ではインターネットで公図を取得することが多く，その場合は色がわかりませんので，念のため法務局で閲覧したほうがよいケースもあるでしょう。

case 7

不整形1　住宅地

余分なスペースがある場合

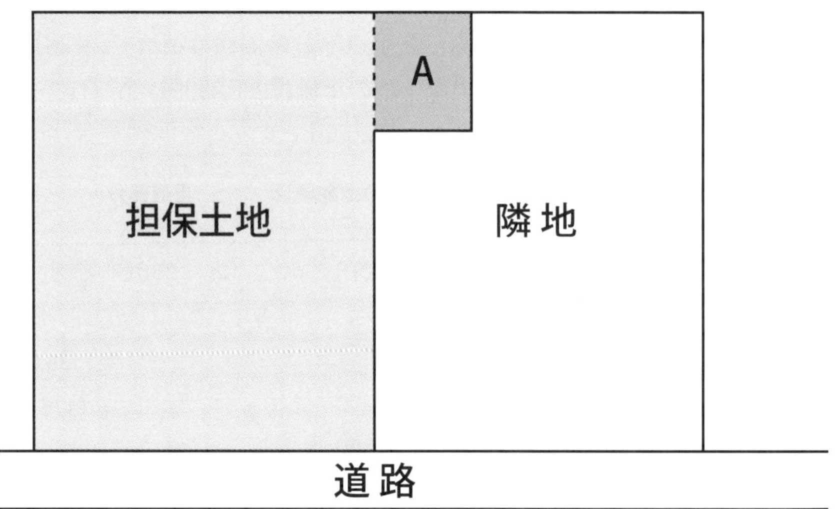

評価ポイント

住宅地域の場合，マンション用地や分譲住宅地になりうる規模の画地を除き，不整形地は2種類に分類できます。

1つは図1のA部分のように，余分なスペースがある場合です。この部分は容積率の計算に敷地としてカウントされるため，建物の延べ床面積を増加させるのに寄与しますが，通常，住宅地域では容積率を一杯に使用しているところは少なく，そのような点では容積率寄与の重要度は低くなります。

しかし，まったく価値がないかといえば，そうではなく，たとえば図1のように，担保土地にA部分が属していれば，余分なスペースになりますが，隣地に属する場合は隣地も担保土地も整形地となり，しかも隣地にも近隣地域の標準的建物が建つことになります。

もう1つは不足部分がある場合ですが，これについては次の項で解説します。

評価額

●余分なスペースがあっても，市場性は標準的な画地とまったく変わらない場合………減価なし

●余分なスペースを隣地に売却できる場合………下記算式による

減価額		標準的画地の時価		スペース部分の地積		調整率
	≒		×		×	

＊調整率：売却価格等を考慮します。

●余分なスペースの利用効率がかなり低く，隣接所有者への売却ができない場合………下記算式による

減価額		標準的画地の時価		スペース部分の地積
	≒		×	

◆◆ 具体例 ◆◆

図１の担保土地は地積200㎡（余分なスペースの地積は15㎡）で，近隣地域の状況から，隣地に売却すれば隣地は整形地となり，隣地の利用効率が高まると判断されます。隣地における建物の配置，隣地所有者がかねてからこの部分をほしがっていたことなどを勘案すれば，容易に隣地所有者への売却ができるものと思われます。

標準的画地の時価は250,000円／㎡です。なお，調整率は，限定価格となる売却価格，売却に要する時間を考慮し，0.3（30％）とします。

標準的画地の時価単価		スペースの地積		調整率		減価額
250,000円／㎡	×	15㎡	×	0.3	＝	1,125,000円

補足説明１

「限定価格」とは，隣接不動産の併合のための売買とか借地権者が底地の併合を目的とする売買の場合などに見られるように，自由な第三者市場でなく，特定の当事者間のみにその経済合理性が認められる市場で成立する価格をいいます。

本ケースにおける担保土地Ａ部分は単独では無道路地で，標準的画地の単価に比べて半分程度の価格となりますが，これは第三者市場で流通する価格といえます。一方，隣地所有者からすれば，Ａ部分を併合することにより自分の土地が整形地になる（価値が上がる）わけですから，無道路地としての価格より高い価格で買ってもメリットはあるわけです。このように，担保土地の所有者と隣地の所有者の間でのみ成立する価格となるので，限定価格となるわけです。

用語解説

「不整形」とは，近隣地域の標準的画地と比較して，形状的に劣っているものをいいます。

図２－１と図３－１はいずれも不整形な画地です。図４の標準的画地と比較すればわかりますが，どのように不整形なのかを明らかにするために近隣地域の標準的建物をそのままそれぞれの画地に移行した結果を示したのが図２－２と図３－２です。

図２－２ではＡが，図３－２ではＢが不整形な部分です。

標準的建物を建てた場合，Ａ部分は建物を建てるのに余分なスペースであり，庭などに用途が限定されます。また，Ｂ部分は建物を建てるのにどうしても必要な部分であり，この部分がないと建物の形状を変えなければなりません。

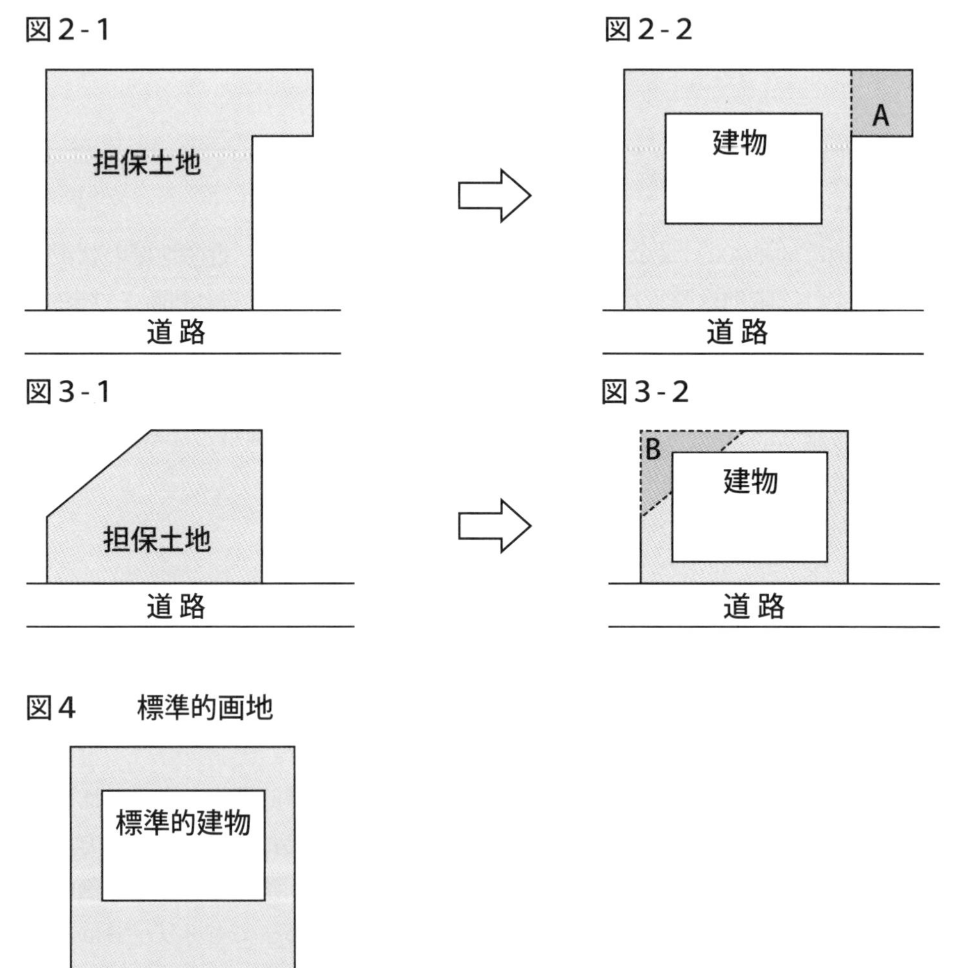

補足説明２

１　不整形地の補正

不整形地の補正には，土地価格比準表記載の格差率を用いる方法，財産評価基本通達や固定資産評価基準の不整形地補正率表を準用する方法もあります。

ここでは，参考までに土地価格比準表（七次改訂）記載の格差率を例示します。

	普通	やや劣る	劣る	相当に劣る	極端に劣る
標準住宅地域	1.00	0.93	0.86	0.79	0.65

普　　　通……標準的な画地の形状とほぼ同じ形状の画地

や や 劣 る……やや不整形の画地

劣　　　る……不整形の画地

相当に劣る……相当に不整形の画地

極端に劣る……極端に不整形の画地

２　財産評価基本通達による不整形地補正率の求め方

①　担保土地の地区および地積の別を表１「地積区分表」に当てはめ，A，B，Cのいずれの地積区分に該当するかを判定します。

②　担保土地の画地全域を囲む整形地（想定整形地）の地積を算出し，次の式により「かげ地割合」を算出します。

かげ地割合＝（想定整形地の地積－不整形地の地積）÷想定整形地の地積

③　前記①の地区・地積区分と表２「不整形地補正率表」に当てはめ，不整形地補正率を求めます。

表１　「地積区分表」

地積区分／地区区分	A	B	C
高度商業地区	1,000㎡未満	1,000㎡以上 1,500㎡未満	1,500㎡以上
繁華街地区	450㎡未満	450㎡以上 700㎡未満	700㎡以上
普通商業・併用住宅地区	650㎡未満	650㎡以上 1,000㎡未満	1,000㎡以上
普通住宅地区	500㎡未満	500㎡以上 750㎡未満	750㎡以上
中小工場地区	3,500㎡未満	3,500㎡以上 5,000㎡未満	5,000㎡以上

表２　「不整形地補正率表」

地区区分 / 地積区分 / かげ地割合	高度商業地区，繁華街地区，普通商業・併用住宅地区，中小工場地区			普通住宅地区		
	A	B	C	A	B	C
10%以上	0.99	0.99	1.00	0.98	0.99	0.99
15%以上	0.98	0.99	0.99	0.96	0.98	0.99
20%以上	0.97	0.98	0.99	0.94	0.97	0.98
25%以上	0.96	0.98	0.99	0.92	0.95	0.97
30%以上	0.94	0.97	0.98	0.90	0.93	0.96
35%以上	0.92	0.95	0.98	0.88	0.91	0.94
40%以上	0.90	0.93	0.97	0.85	0.88	0.92
45%以上	0.87	0.91	0.95	0.82	0.85	0.90
50%以上	0.84	0.89	0.93	0.79	0.82	0.87
55%以上	0.80	0.87	0.90	0.75	0.78	0.83
60%以上	0.76	0.84	0.86	0.70	0.73	0.78
65%以上	0.70	0.75	0.80	0.60	0.65	0.70

◆◆具体例◆◆

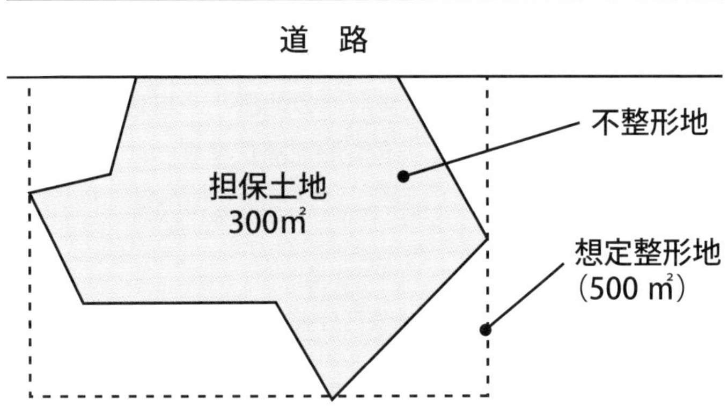

担保土地は図のように不整形であり，標準住宅地域に存しています。

①　表１は路線価図記載の地区区分ですので，本ケースでは「普通住宅地区」とします。担保土地の地積は300㎡ですので，地積区分は「A」に該当します。

②　図の破線のように担保土地の画地全体を囲む整形地を想定します。想定整形地の地積は500㎡とします。

かげ地割合は，（500㎡－300㎡）÷500㎡＝40%　となります。

③　表２より，担保土地の不整形地補正率は0.85（▲15%）となります。

想定整形地の取り方の具体例として以下のようなものがあります。

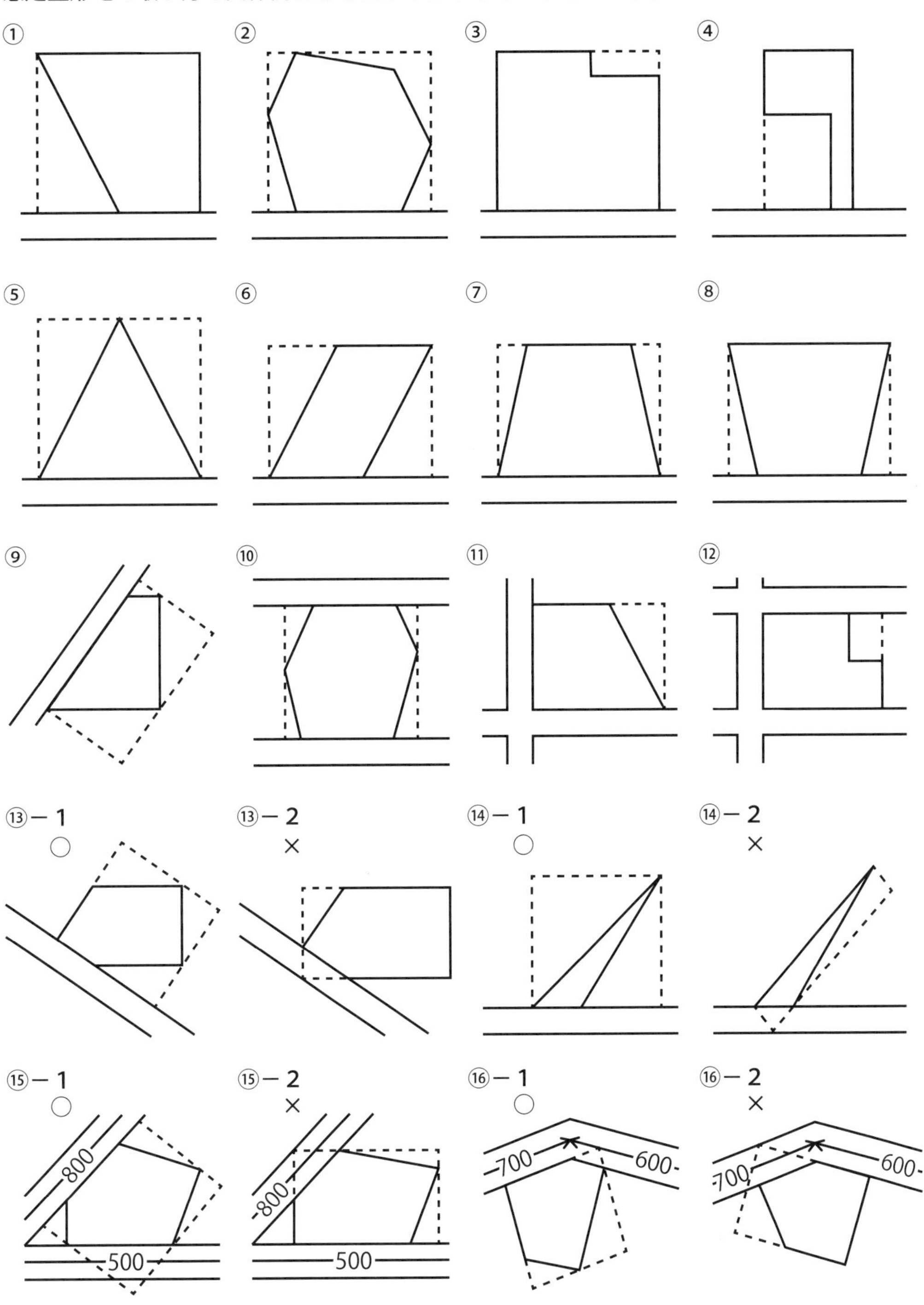

※上記の⑬から⑯までは，－１の例（○）が正しく，－２の例（×）は誤りです。

case 8

不整形２　商業地

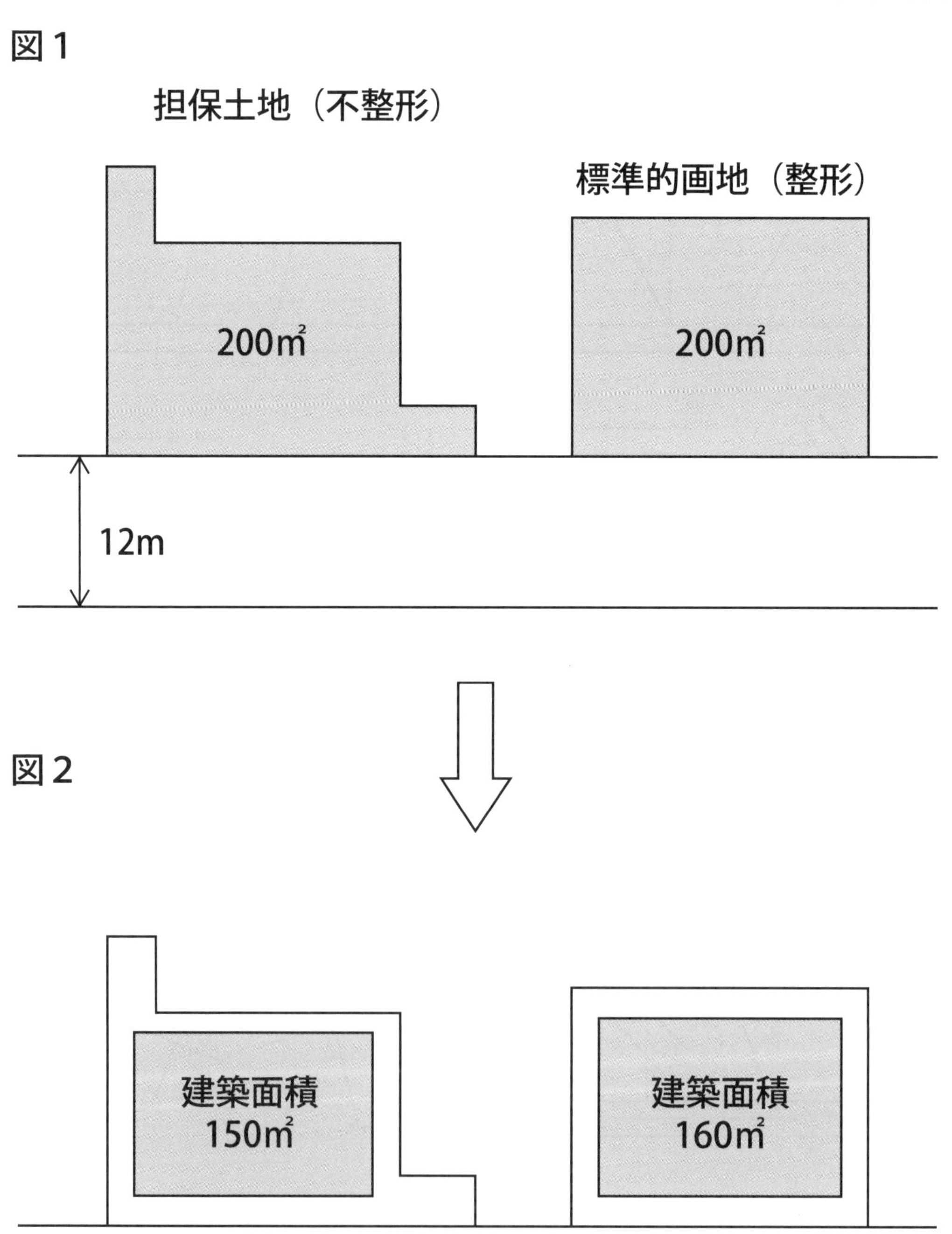

図3

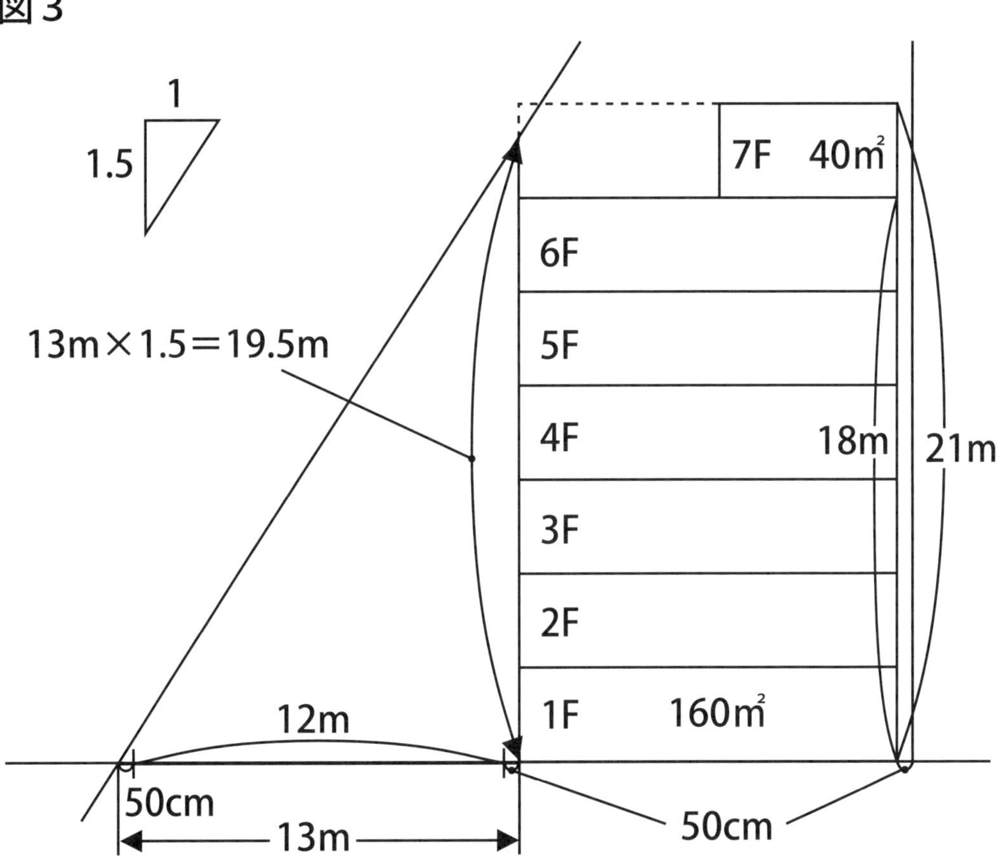

評価ポイント

商業地域には，①高度商業地域，②準高度商業地域，③普通商業地域，④近隣商業地域，⑤郊外路線商業地域の５種類があります。

このうち，容積率や建物の延べ面積の大きさにより特に商業収益が左右される地域は①と②で，不整形の度合いにより，建築できる建物の形状や延べ床面積が制約を受けますので，それと商業収益との関連から不整形の補正率を求める方法が考えられます。

なお，商業地域でも容積率や建物の延べ床面積の大きさに商業収益が影響を受けない場合には，この減価算定方法は使えません。その場合には他の不整形の項目における補正率の算定方法を参考にすることになります。

評価額

次の算式により補正率を算出します。

$$\text{担保土地(A)}=\frac{\text{1階床面積×1階レンタブル比×1階階層別効用比率＋…＋最上階床面積×最上階レンタブル比×最上階階層別効用比率}}{\text{担保土地の面積}}$$

$$\text{標準的画地(B)}=\frac{\text{1階床面積×1階レンタブル比×1階階層別効用比率＋…＋最上階床面積×最上階レンタブル比×最上階階層別効用比率}}{\text{標準的画地の面積}}$$

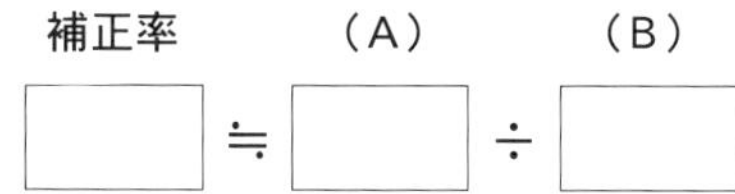

◆具体例◆

図1のように，担保土地は不整形，標準的画地は整形とし，面積はいずれも200㎡とします。準高度商業地域内（用途地域は商業地域）にあり，指定建ぺい率は80%，指定容積率は500%とします。

① まず建ぺい率制限，容積率制限から最大限度の建築面積，延床面積を求めます。

最大限度の建築面積：200㎡×80%＝160㎡

最大限度の延床面積：200㎡×500%＝1,000㎡

② 次に配置を考えます。標準的画地は整形のため，最大限度である160㎡の建築面積がとれますが，担保土地は不整形のため建築面積が150㎡しかとれません（図2）。

なお，民法上の規定にもとづき隣地境界線から最低限50cmは離しますが，防火地域または準防火地域内にあり，外壁が耐火構造のものについては外壁を隣地境界線に接して設けることができます。

③ 各種斜線制限を考慮し，建物の高さ，階数，形態を想定します（図3）。ここでは，建物の階高は3mとし，7階部分の床面積は道路斜線制限により40㎡しか取れないものとします。

以上の前提条件により担保土地上および標準的画地上に想定した商業ビルの修正床面積は下表のとおりです。

担保土地（A）

階	床面積（㎡）	レンタブル比	階層別効用比	修正床面積（㎡）
1階	150	60%	130	117.00
2階	150	75%	110	123.75
3階	150	75%	100	112.50
4階	150	75%	90	101.25
5階	150	75%	90	101.25
6階	150	75%	90	101.25
7階	40	85%	80	27.20
	940			684.20

標準的画地（B）

階	床面積（㎡）	レンタブル比	階層別効用比	修正床面積（㎡）
1階	160	60%	130	124.80
2階	160	75%	110	132.00
3階	160	75%	100	120.00
4階	160	75%	90	108.00
5階	160	75%	90	108.00
6階	160	75%	90	108.00
7階	40	85%	80	27.20
	1000			728.00

前記算式により補正率を算出すると次のようになります。

$$\frac{\text{担保土地（A）}\quad 684.20\text{㎡} \div 200\text{㎡}}{\text{標準的画地（B）}\quad 728.00\text{㎡} \div 200\text{㎡}} \times 100 \fallingdotseq 94.0\%$$

用語解説●

「レンタブル比」とは延べ面積に対する貸室面積の割合のことで，有効率ともいいます。事務所ビルであれば，貸室には貸事務室，店舗，倉庫，駐車場が含まれます。

通常の家賃で採算をとるためには，延べ面積に対してレンタブル比を65～85%とするのが一般的です。

「階層別効用比率」とは，各階の状況を効率の面からとらえた場合の比率をいいます。

店舗であれば，1階，2階部分は効用が高く，上階にいくほどその効用が低くなるのが通常です。反対に居住用マンションであれば，上階にいくほど見晴らし・居住性が高まるため，階層別効用比率は上階ほど高まることになります。

対象不動産の賃貸面積，賃料等が入手できればより精度が高まりますので，徴求してみることが必要だと思われます。

case 9

角　地1　住宅地1

標準的規模の画地の場合

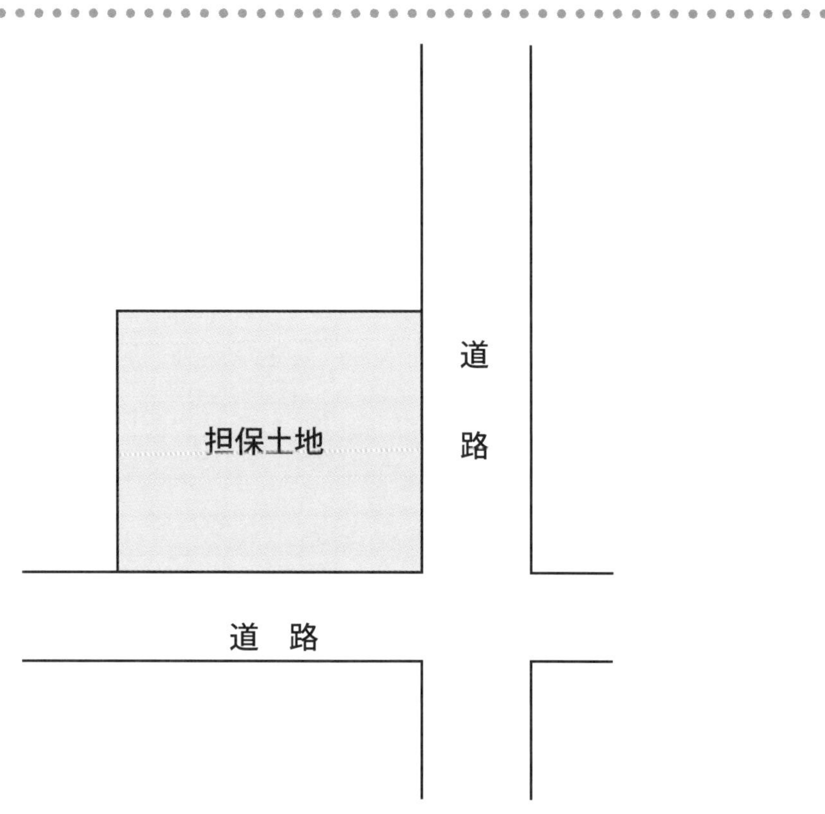

評価ポイント

住宅地において角地のメリットとして考えられるのは，敷地のある1隅を起点として敷地の2辺が道路に接する（図）ことにより，日照，通風がよくなること，そして狭い敷地にあっては閉鎖性の開放になること，両方向から日照が得られること，また，接する道路が両方とも建築基準法上の道路の場合には，その状況によっては建ぺい率制限が緩和（法定建ぺい率に加算）されることなどがあります。

しかし，角地である敷地のすべてがメリットを享受できるかといえばかならずしもそうではありません。

担保土地が住宅地域にあり，角地として接する前面道路はいずれもバス通りで，車両の通行量も多く，騒音，振動等がある場合には角地であることのメリットは環境面ではかえってマイナスです。

補正の項目を細分化して考えた場合，角地は日照・通風の点で近隣地域内の標準的画地よりもプラスになりますが，騒音・振動等の点ではマイナスとなるわけです。そうなると，角地であることのメリットは建ぺい率制限の緩和と閉鎖性の開放，そして日照の得られる方位ということになります。

住宅地域にある角地の方位・快適性に関する補正は，土地価格比準表から下記補正率表のようになります。住宅地域としての程度が劣るほど角地であることのメリットは大きく，優良住宅地域における「特に優る」が1.07に対し，混在住宅地域のそれは1.12となっています。

評価額

担保土地の評価額		標準的画地の時価単価		担保土地の地積		補正率
	≒		×		×	

補正率表

地域	普通	やや優る	優る	相当に優る	特に優る
優良住宅地域	1.00	1.02	1.03	1.04	1 .07
標準住宅地域	1.00	1.03	1.05	1.07	1.10
混在住宅地域	1.00	1.03	1.05	1.08	1.12
農家集落地域	1.00	1.02	1.04	———	———

普通………………標準的画地（一方路）
やや優る…………角地の方位および側道の広さから勘案して快適性および利便性がやや高い角地
優る………………角地の方位および側道の広さから勘案して快適性および利便性が高い角地
相当に優る………角地の方位および側道の広さから勘案して快適性および利便性が相当に高い角地
特に優る…………角地の方位および側道の広さから勘案して快適性および利便性が特に高い角地

＊七次改訂　土地価格比準表を参考

◆◆ 具体例 ◆◆

担保土地は標準住宅地域に存する東南の角地であり，南側前面道路，東側前面道路のいずれも幅員６ｍです。また，標準的画地は北向きとします。標準的画地の時価は250,000円／㎡，担保土地の地積は150㎡です。

担保土地は住宅地の角地方位としては最もよいとされている東南の角地で前面道路の幅員がいずれも６ｍということであるので，「特に優る」を妥当と判断し，査定額は次のように算出します。

標準的画地の時価単価		担保土地の地積		角地補正率		評価額
250,000円／㎡	×	150㎡	×	1.10	≒	41,300,000円
						（275,000円／㎡）

補足説明

「角地の方位」は通常，東南が最もよいといわれています。東側の朝日と南側の日照を享受できるからです。

しかし，東側に朝日を遮る建物がある場合や，夕日（西側）の眺望が優れる場合，冬季にはより多くの時間日照が確保できるなど，西南の角地が選好される場合もあります。

したがって，角地の方位によって一律的に判断することは極力避け，担保土地の存する住宅地域における位置や居住環境を，現地に赴き実際に確認することが必要です。

方位別の角地のランクは次のようになります。

ただし，地域によっては①と②，③と④は差異がありません。

①東南の角地　＞　②西南の角地　＞　③東北の角地　＞　④西北の角地

case 10

角　地2　住宅地2

住宅分譲適地である比較的規模の大きい画地の場合

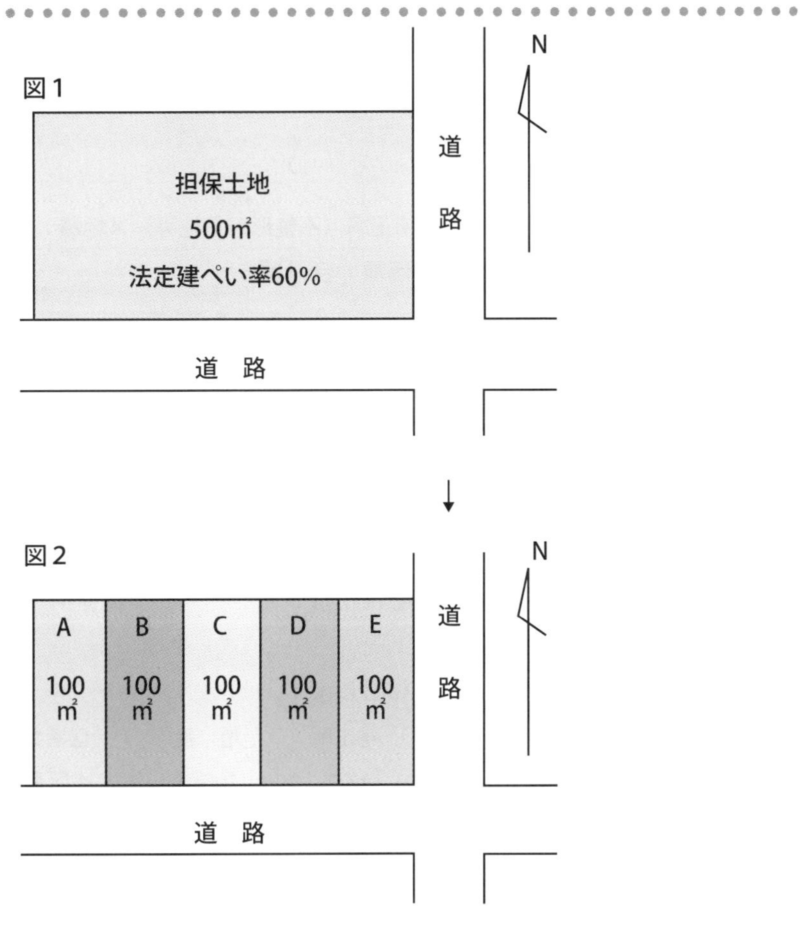

評価ポイント

一戸建住宅が何棟も建つほど比較的規模の大きな土地においては，角地のメリットはごく一部分でしかありません。

図1の担保土地は地積500㎡で，図2のように住宅分譲を行うと100㎡規模の画地が5区画取れます。

この場合，角地のメリットを享受しているのは区画Eだけです。

評価にあたっては比較的規模の大きい住宅分譲適地の場合は，図2のように住宅分譲を想定し，規模，不整形，角地等すべての要因を各区画ごとに勘案して，算出することになります。

評価額

分譲計画を建てたうえで，下記算式にもとづき区画ごとに評価額を算出し，それらを合計したものが評価額となります。

区画Ａ　標準的画地の時価×各種補正率（不整形，角地等）×地積　≒　区画Ａの評価額
区画Ｂ　標準的画地の時価×各種補正率（不整形，角地等）×地積　≒　区画Ｂの評価額
　　　　　　　　　　　　　　　∫
区画○　標準的画地の時価×各種補正率（不整形，角地等）×地積　≒　区画○の評価額

各区画評価額の合計額　＝担保土地の評価額

◆◆ 具体例 ◆◆

図１の担保土地では５区画の分譲が考えられ，それぞれの地積は100㎡とします。個別的要因の補正は区画Ｅが角地であるだけで，その他は標準的画地と同一であるとします。

法定建ぺい率は60％，地域は標準住宅地域とし，標準的画地の価格は150,000円／㎡，区画Ｅは東南の角地で方位に関する補正は「優る」とし，区画Ａ～Ｅの方位に関する補正は「普通」とします。

担保土地の評価額は次のように算出します。

	標準的画地の時価		補正率		地　積		区画数	評価額
区画Ａ～Ｄ	150,000円／㎡	×	1.00	×	100㎡	×	４区画	≒60,000,000円
区画Ｅ	150,000円／㎡	×	1.05	×	100㎡	×	１区画	≒15,800,000円
担保土地の評価額								75,800,000円
								（152,000円／㎡）

case 11

角　地３　商業地

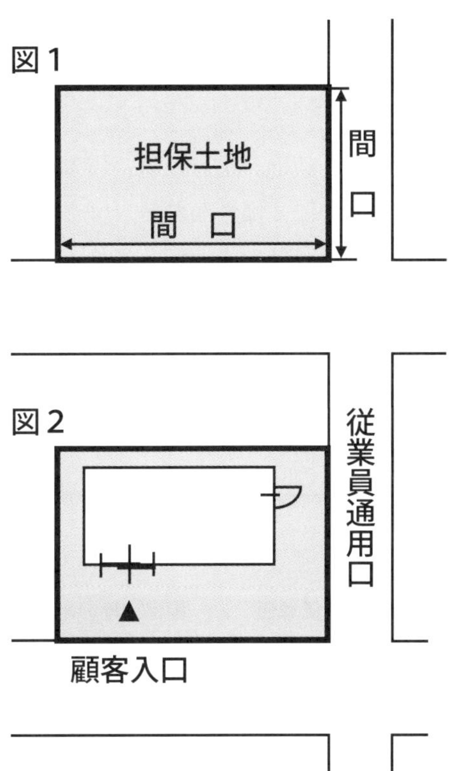

図３　建ぺい率80%，敷地面積200㎡，容積率200%，延床面積400㎡

建ぺい率90%，敷地面積200㎡，容積率200%，延床面積400㎡（１階，２階の床面積を広くできる）

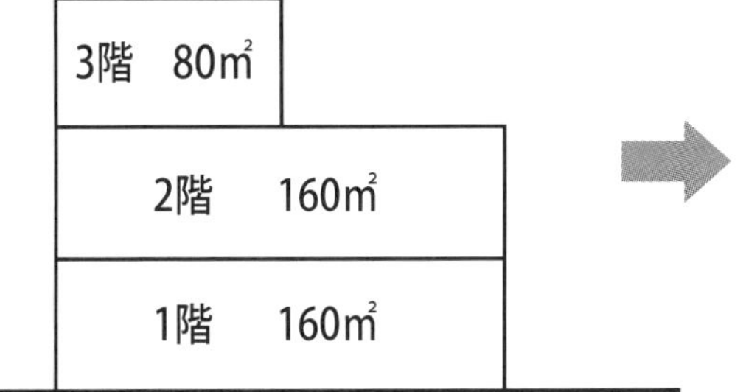

評価ポイント

住宅地であれば角地のメリットは居住の快適性の向上にありますが，商業地では，商業収益の向上につながることです。

商業地における角地のメリットとして，次のものが挙げられます。

① 間口が広くなり，前面道路の状況によっては商業収益の増大が期待できる（図1）
② 従業員通路を別口に設けたり，敷地が広ければ，従業員用の駐車場と顧客用の駐車場とに区別できるなど，設計に多様性がある（図２）
③ 建ぺい率制限の緩和があり，低層階の床面積を多くとることができる（図３）

評価のポイントとして，商業地では，角地のメリットは商業性が高度な地域ほど高くなります。次頁補正率表の「特に優る」では普通商業地域が1.10に対し，高度商業地域は1.15となっています。

評価額

担保土地の評価額 ≒ 標準的画地の時価単価 × 担保土地の地積 × 補正率

補正率表

地域	普通	やや優る	優る	相当に優る	特に優る
高度商業地域	1.00	1.03	1.07	1.11	1.15
準高度商業地域	1.00	1.03	1.07	1.11	1.15
普通商業地域	1.00	1.03	1.05	1.08	1.10
近隣商業地域	1.00	1.03	1.05	1.08	1.10
郊外路線商業地域	1.00	1.03	1.05	1.08	1.10

普通………………標準的画地（一方路）
やや優る…………側面道路の系統，連続性等が正面道路より相当に劣る
優る………………側面道路の系統，連続性等が正面道路より劣る
相当に優る………側面道路の系統，連続性等が正面道路よりやや劣る
特に優る…………側面道路の系統，連続性等が正面道路とほぼ同じ
＊六次改訂　土地価格比準表を参考

◆◆ 具体例 ◆◆

担保土地は普通商業地域に存する角地であり，正面道路の幅員は15m，側面道路の幅員は６mです。また，標準的画地は担保土地が接する正面道路に面しています。標準的画地の時価は300,000円／㎡，担保土地の地積は200㎡です。

この場合，標準的画地が「普通」だとした場合，担保土地の正面道路の幅員が15mに対し，側面道路の幅員が６mですから，補正率としては「やや優る」を採用することとします。よって，評価額を次のように算出します。

標準的画地の時価単価		担保土地の地積		角地補正率		評価額
300,000円／㎡	×	200㎡	×	1.03	＝	61,800,000円
						（309,000円／㎡）

用語解説

「準角地」とは，一系統の道路の屈折部の内側に位置する図４のような画地をいいます。敷地の二方が道路に接していることから，日照・通風がよくなり，敷地の開放性が得られ，建ぺい率制限の緩和もなされます。

図４

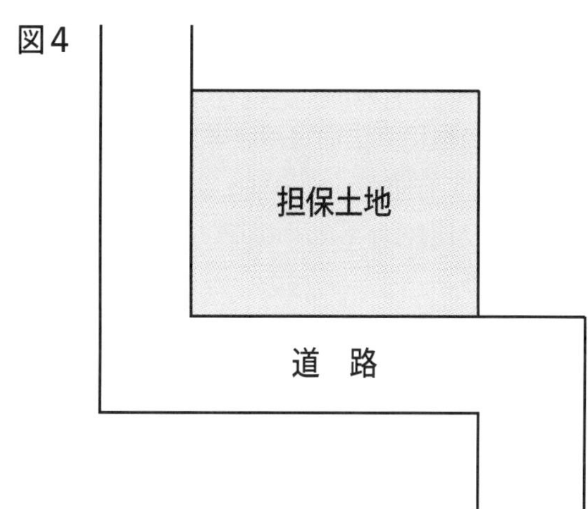

case 12

二方路１　住宅地

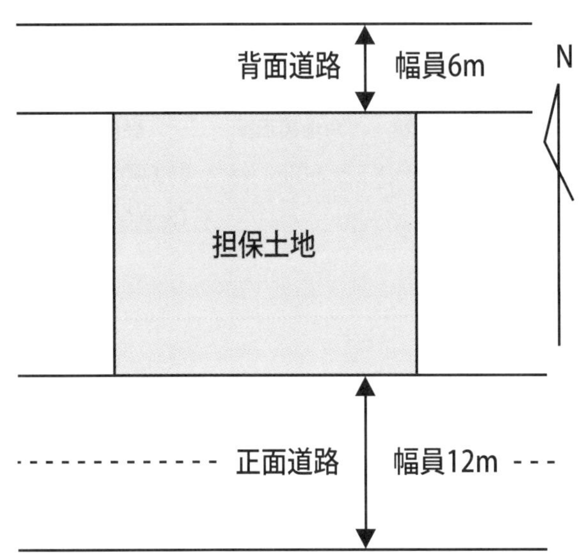

評価ポイント

「二方路」とは，角地と同様，敷地の二方を道路に面していますが，そのうち，図のように南側と北側，あるいは西側と東側というように，敷地の相対する面が道路に接している敷地をいいます。

二方路のメリットは角地と同じく，日照・通風がよくなること，狭い敷地にあっては開放的になること，また，接する道路が両方とも建築基準法上の道路の場合には，その状況によっては建ぺい率制限が緩和（法定建ぺい率に加算）されることもあります。

ただし，住宅地にあっては，二方路がかならずしもプラス要因になるとは限りません。なぜならば，両方の前面道路が比較的（人・車両）通行が激しい場合には，騒音，振動等の影響があり，かえってプライバシーの侵害になります。また，建ぺい率制限の緩和（二方路も角地等に含んでいる自治体もあります）も，比較的敷地規模が大きい場合には制限いっぱいの建築面積をとっている住宅は少なく，メリットにならない場合もあるからです。

したがって，現地調査の結果，敷地規模等から二方路であることによってプライバシーの侵害の程度が大きいなど，メリットがないと判断される場合は補正の必要はありません。

また，補正率表を見てわかるように，住居系の各地域間で二方路であることによる補正率の格差はそれほどありません。

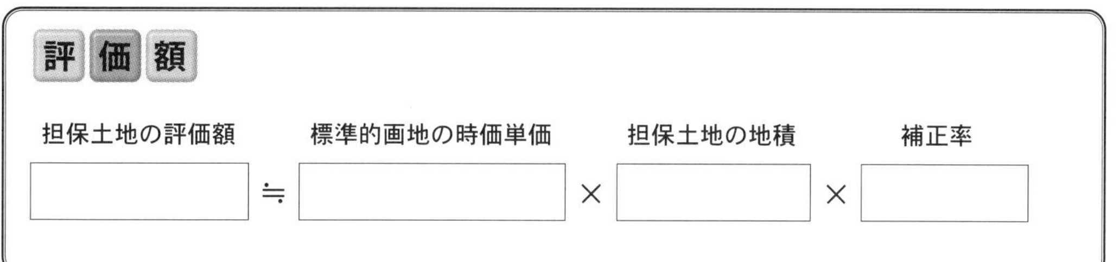

補正率表

地域	普通	やや優る	優る	相当に優る	特に優る
優良住宅地域	1.00	1.01	1.02	1.03	1 .05
標準住宅地域	1.00	1.01	1.03	―――	1.05
混在住宅地域	1.00	1.01	1.03	―――	1.05
農家集落地域	1.00	1.01	1.02	―――	―――

普通………………標準的画地（一方路）
やや優る…………背面道路の系統，連続性等が正面道路より相当に劣る
優る………………背面道路の系統，連続性等が正面道路より劣る
相当に優る………背面道路の系統，連続性等が正面道路よりやや劣る
特に優る…………背面道路の系統，連続性等が正面道路とほぼ同じ
＊七次改訂　土地価格比準表を参考

◆◆ 具体例 ◆◆

担保土地は標準住宅地域に存する南北を道路に接する二方路地（図参照）であり，南側前面道路（正面道路）の幅員は12m，北側前面道路（背面道路）は６ｍです。また，標準的画地は南向きで，担保土地と同じ南側道路に面しています。標準的画地の時価は250,000円／㎡，担保土地の地積は150㎡です。

この場合，標準的画地が「普通」だとした場合，担保土地の南側前面道路（正面道路）の幅員が12mに対し，北側前面道路（背面道路）の幅員が６ｍですから，補正率としては「やや優る」を採用することとします。よって，評価額を次のように算出します。

標準的画地の時価		担保土地の地積		二方路地補正率		評価額
250,000円／㎡	×	150㎡	×	1.01	≒	37,900,000円
						（253,000円／㎡）

case 13

二方路２　商業地

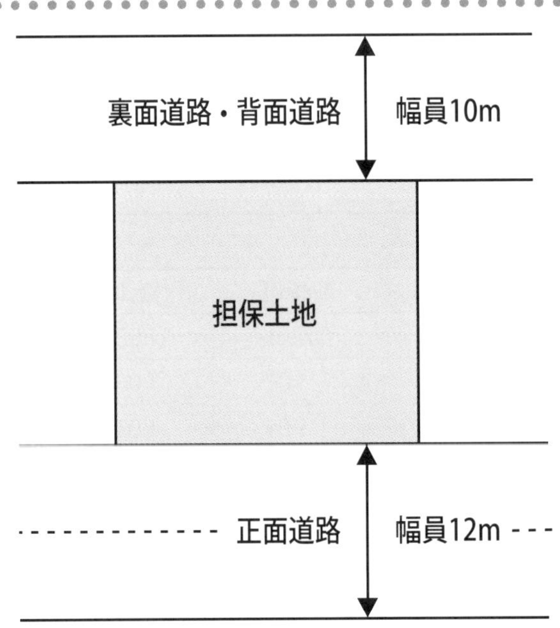

評価ポイント

商業地にあって二方路は，両サイドが道路に接するということになり，敷地の間口がそれだけ広くなって，両方向から顧客を引き込むことができ，あるいは繁華性の劣るほうを商品の搬出入のためのバックヤードとして利用できるといったメリットがあります。建ぺい率制限の緩和も建築面積が大きく取れることから，各階の売場面積の増大につながります。

商業地域では，二方路であることによるメリットは，商業性が高度であるほど大きくなっています。

評価額

担保土地の評価額		標準的画地の時価		担保土地の地積		補正率
	≒		×		×	

補正率表

地域	普通	やや優る	優る	相当に優る	特に優る
高度商業地域	1.00	1.03	1.05	1.08	1.10
準高度商業地域	1.00	1.03	1.05	1.08	1.10
普通商業地域	1.00	1.02	1.04	1.06	1.08
近隣商業地域	1.00	1.02	1.04	1.06	1.08
郊外路線商業地域	1.00	1.02	1.04	1.06	1.08

普通………………標準的画地（一方路）
やや優る…………裏面道路（高度商業地域および準高度商業地域では背面道路という。以下同じ）の系統，連続性等が正面道路より相当に劣る
優る………………裏面道路の系統，連続性等が正面道路より劣る
相当に優る………裏面道路の系統，連続性等が正面道路よりやや劣る
特に優る…………裏面道路の系統，連続性等が正面道路とほぼ同じ
＊七次改訂　土地価格比準表を参考

具体例

担保土地は普通商業地域に存する二方路地であり，正面道路の幅員は12m，裏面道路の幅員は10mです。また，標準的画地は担保土地が接する正面道路に面しています。標準的画地の時価は300,000円／㎡，担保土地の地積は300㎡です。

この場合，標準的画地が「普通」だとした場合，担保土地の正面道路の幅員が12mに対し，裏面道路の幅員が10mですから，補正率としては「相当に優る」を採用することとします。よって，評価額を次のように算出します。

標準的画地の時価		担保土地の地積		二方路地補正率		評価額
300,000円／㎡	×	300㎡	×	1.06	＝	95,400,000円
						（318,000円／㎡）

case 14

三方路・四方路　住宅地・商業地

図1　三方路

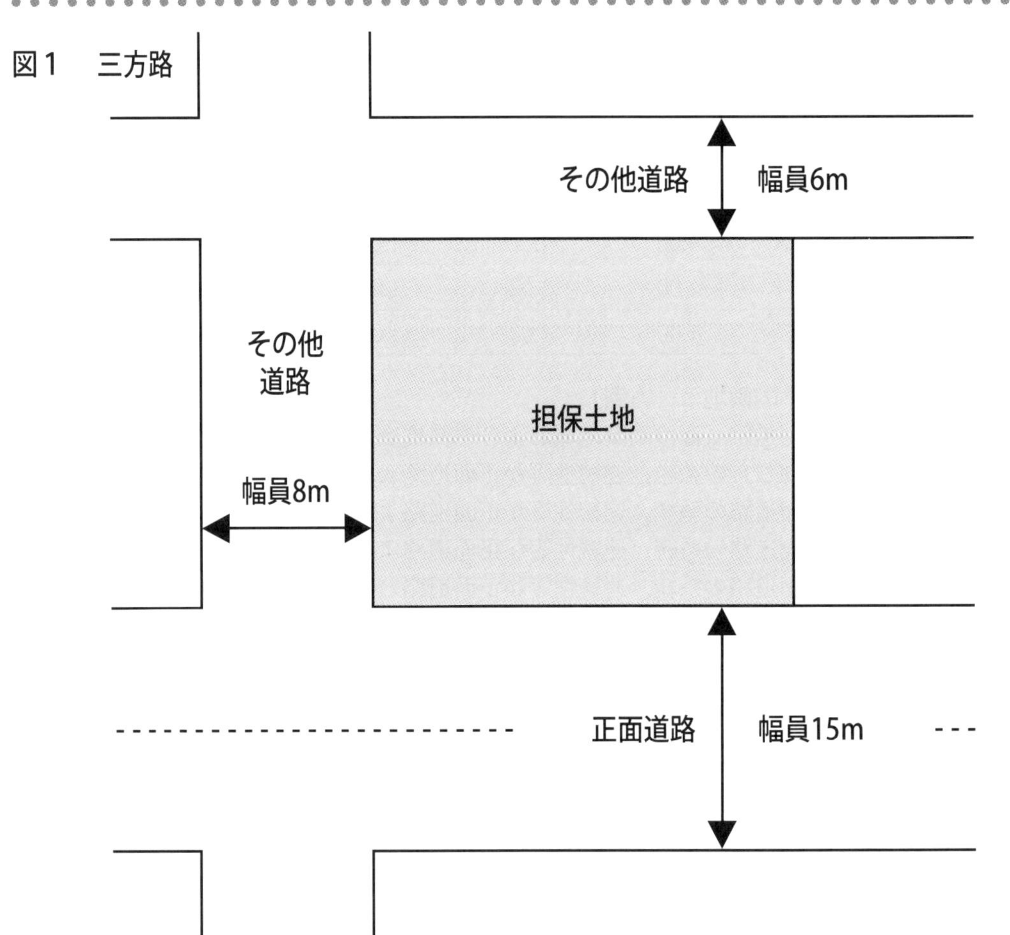

図2　四方路

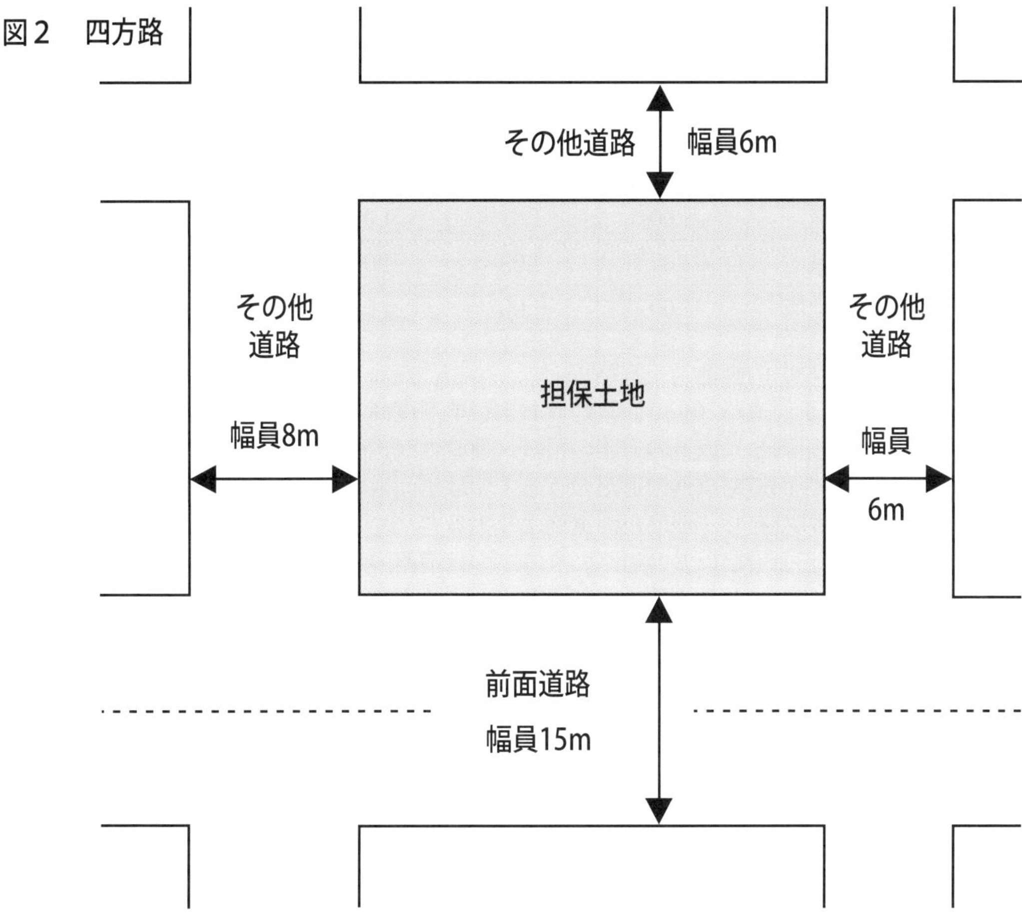

評価ポイント

住宅地においては，居住の快適性やプライバシー侵害等の関係からプラス補正の必要はありませんが，侵害の程度等が大きい場合にはマイナス補正が必要です。補正率は適宜判断します。商業地の場合は，繁華性の最も高い道路（正面道路・前面道路）と他の道路との繁華性の程度によりますが，メリットは大きくなります。

表1・表2を見ますと，商業性が高度な地域ほどメリットが大きくなっていることがわかります。

評価額

担保土地の評価額		標準的画地の時価単価		担保土地の地積		表1もしくは表2の補正率
	≒		×		×	

表1　補正率表（三方路の場合）

地域	普通	やや優る	優る	相当に優る	特に優る
高度商業地域	1.00	1.05	1.10	1.15	1.20
準高度商業地域	1.00	1.05	1.10	1.15	1.20
普通商業地域	1.00	1.03	1.07	1.11	1.15
近隣商業地域	1.00	1.03	1.07	1.11	1.15
郊外路線商業地域	1.00	1.03	1.07	1.11	1.15

普通………………標準的画地（一方路）
やや優る…………正面道路（高度商業地域および準高度商業地域では前面道路という。以下同じ）以外の道路の系統，連続性が正面道路より劣る
優る………………正面道路以外の道路のうち１つは正面道路とほぼ同じ道路の系統，連続性を有し，他は正面道路より劣る
相当に優る………正面道路以外の道路のうち１つは道路の系統，連続性が正面道路とほぼ同じであり，他は正面道路よりやや劣る
特に優る…………接面道路のすべてがほぼ同じ道路の系統，連続性を有する
＊七次改訂　土地価格比準表を参考

表２　補正率表（四方路の場合）

地域	普通	やや優る	優る	相当に優る	特に優る
高度商業地域	1.00	1.06	1.12	1.18	1.25
準高度商業地域	1.00	1.06	1.12	1.18	1.25
普通商業地域	1.00	1.05	1.10	1.15	1.20
近隣商業地域	1.00	1.05	1.10	1.15	1.20
郊外路線商業地域	1.00	1.05	1.10	1.15	1.20

普通………………標準的画地（一方路）
やや優る…………前面道路以外の道路の系統，連続性等が前面道路より劣る
優る………………前面道路以外の道路のうち１～２は道路の系統，連続性等が前面道路とほぼ同じで，他は前面道路より劣る
相当に優る………前面道路以外の道路のうち２～３は道路の系統，連続性等が前面道路とほぼ同じで，他は前面道路より劣る
特に優る…………接面道路のすべてがほぼ同じ道路の系統，連続性を有する
＊七次改訂　土地価格比準表を参考

◆◆具体例◆◆

担保土地は図1のように普通商業地域に存する三方路地であり，正面道路の幅員は15m，その他の道路の幅員は8mと6mです。また，標準的画地は担保土地が接する正面道路に面しています。標準的画地の時価は300,000円／㎡，担保土地の地積は300㎡です。

この場合，標準的画地が「普通」だとした場合，担保土地の正面道路の幅員が15mに対し，その他の道路の幅員が8mと6mですから，補正率としては「やや優る」を採用することとします。よって，評価額を次のように算出します。

標準的画地の時価		担保土地の地積		三方路地補正率		評価額
300,000円／㎡	×	300㎡	×	1.03	＝	92,700,000円
						（309,000円／㎡）

case 15

袋地 1

路地状部分が単独所有の場合

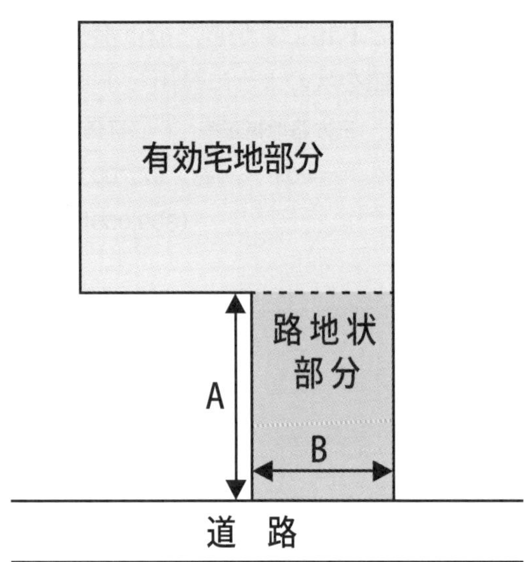

評価ポイント

「袋地」とは，図のような形状の土地をいいます。袋地は有効宅地部分と路地状部分とからなっており，有効宅地部分は路地状部分により建築基準法上の道路に接しています。

すなわち，路地状部分は有効宅地部分から道路に出る通路としての機能を有しており，また，緊急時の避難路，消防の出入口としての機能も必要であることから，その長さ，幅は重要な要素です。

担保評価にあたっては，有効宅地部分と路地状部分とに分けて考え，最後にそれらを合算して袋地の評価額を算出します。

1．**有効宅地部分**　有効宅地部分は路地状部分により道路に接していますので，当該路地状部分の長さ（A）が長ければ長いほど道路への避難に支障を来します。また，周囲が住宅等により囲まれている場合は，日照・通風が不良となり，快適性が劣ることになります。よって，マイナス補正の割合は路地状部分の長さ（A）の数値が大きいほど大きくなります。

2．**路地状部分**　路地状部分はどれだけ有効に使えるかがポイントになり，路地状部分の幅員（B）の大きさにより左右されます。幅員（B）が大きければ当該部分を庭として使えたり，駐車スペース（幅員３m以上必要）として使うこともできます。
よって，マイナス補正の割合は幅員（B）の数値が小さいほど大きくなります。

評価額

評価額 ≒ 標準的画地の時価 × [(1＋①)×有効宅地部分の地積＋(1＋②)×路地状部分の地積]

（有効宅地部分：補正率①，有効宅地部分の地積／路地状部分：補正率②，路地状部分の地積）

① 有効宅地部分の補正率

・市場性が高く緩めに評価する場合…………補正なし
・通常に評価する場合…………一律▲10％
・市場性が劣り，厳しく評価する場合

路地状部分の長さ（A）	補正率
10m未満の場合	▲10％
10m以上20m未満	▲15％
20m以上の場合	▲20％

② 路地状部分の補正率

・幅員（B）が３m以上…………▲30％
・幅員（B）が２m以上３m未満…………▲50％
＊幅員（B）が２m未満の場合はCASE28　無道路地を参照

◆具体例◆

担保土地は図のような袋地です。路地状部分の長さは15m，幅は２mです。有効宅地部分の地積は150㎡，路地状部分のそれは30㎡で，標準的画地の時価は120,000円／㎡です。評価額は次のように算出します。

標準的画地の時価　有効宅地部分　路地状部分　評価額

120,000円／㎡ × {(1.0＋▲0.15)×150㎡＋(1.0＋▲0.50)×30㎡} ≒ 17,100,000円
(95,000円／㎡)

case 16

袋地２

路地状部分が共有の場合

図１　路地状部分が共有

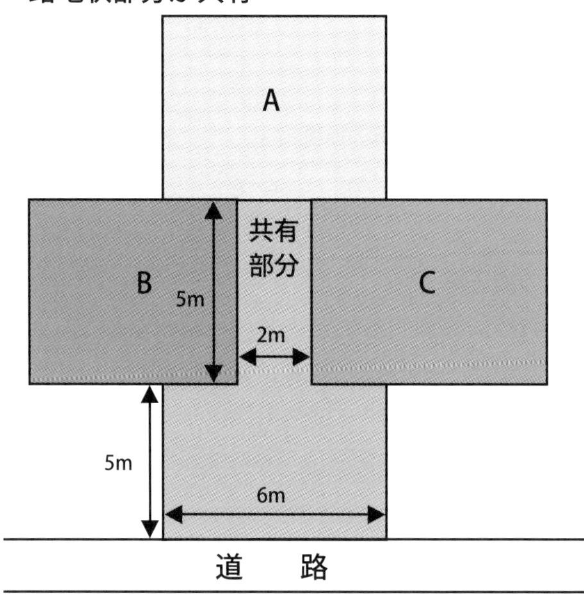

図２　路地状部分が分有

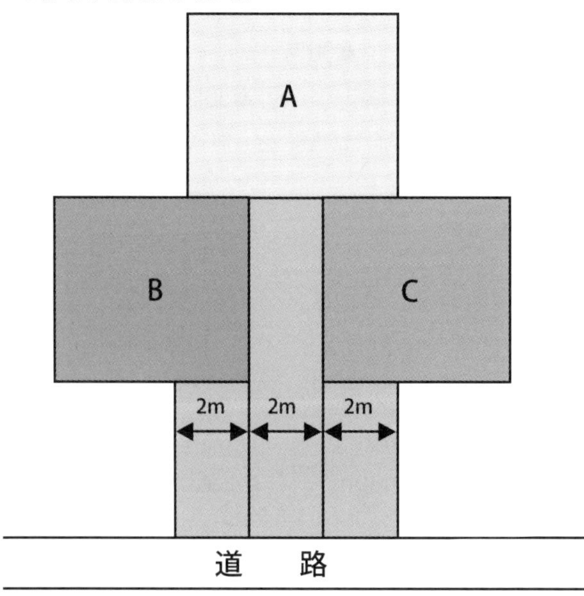

評価ポイント

複数の袋地が集まり，路地状部分が１つの通路となっている場合，その所有形態は図１のような共有の場合と図２のような分有の場合とがあります。

共有であっても分有であっても，すべての画地が接道義務を満たすだけの幅員が必要です。袋地が３区画あれば，共有・分有ともに路地状部分の幅員が６m（２m×３区画）必要となります。

共有の場合は処分の自由は制限されますが，その路地状部分の利用の安定性がある程度保証されます。分有の場合は各所有者に変更・管理の自由があります。

建築確認については，建築物の種類や延べ面積にもよりますが，幅員要件を満たせばどちらも可能です。

なお，共有と分有のメリットとデメリットは以下のとおりです。

表　共有と分有のメリットとデメリット

区分	メリット	デメリット
共有の場合	①　路地状部分は共有物であるため，各共有者は他の共有者の同意がなければ勝手な変更はできず，利用の安定は保たれる。 ②　各共有者は共有物分割請求をいつでもすることができるが，５年を超えない範囲（更新は可能，ただし更新期間は５年を超えることができない）で不分割の契約をすることができる。 ③　持分権の処分はいつでも自由にできる。	①　各共有者は他の共有者の同意がなければ変更ができず，所有権が分有の場合に比べて制限される。 ②　管理に関する事項も各共有者が単独で決することができない。 ③　不分割の契約がなされていると共有物分割請求を一定期間行うことができず，分割協議がととのわない場合は裁判所に請求することになる。
分有の場合	①　各区画の所有者が所有権を主張しやすく，他の区画の所有者の同意を得なくても，単独で自己の所有部分の変更・管理をすることができる。 ②　他の区画の所有者の同意を得ずに当該路地状部分を処分できる。	各区画の路地状部分が，他の区画の所有者も利用できるようになっている場合，当事者間で相互利用の契約がなければ，各所有者の判断で勝手に変更される可能性があり，利用が不安定になる。

路地状部分が共有・分有の場合，数区画の路地状部分が一体となって１つの通路を形成しますので，幅員が広く，通路以外の利用（たとえば駐車場）も考えられます。そのため，１区画の袋地が単独で存する場合の路地状部分よりはマイナス補正は少なくてすみます。

評価額

●共有であっても市場性が認められ，容易に処分できる場合

路地状敷地の評価額に乗ずる補正率　0.9　≦　補正率　<　1.0

●共有で，かつ不分割の契約があり，市場性が劣ると思われる場合

路地状敷地の評価額に乗ずる補正率　0.7　≦　補正率　<　1.0

＊路地状部分が分有の場合は袋地１を参照してください。

◆◆具体例◆◆

担保土地は図１の区画Ａです。路地状部分は区画ＢおよびＣとの共有になっています。路地状部分の長さは区画Ｂ・Ｃから道路まで５ｍで幅は６ｍ，区画Ａからの長さは10ｍ，区画ＢおよびＣ間の幅は２ｍです。有効宅地部分の地積は150㎡で，路地状部分は区画Ａにおける共有持分にもとづき面積に換算すると20㎡です。区画Ａおよび全路地状部分の形状を前提とし，区画Ａにおける路地状部分の面積が20㎡であるものとして算出した評価額が2,300万円とします。

路地状部分には共有の期間を５年とする不分割契約があり，また幅員の広い部分が６ｍしかありません。

この場合，車３台を置くには十分ではないと判断され，市場性がかなり劣ると思われますので，補正率を0.7とすると，評価額は次のようになります。

区画Ａおよび路地状部分の評価額		路地状部分が共有であることによる補正率		評価額
23,000,000円	×	0.7	＝	16,100,000円
				（94,700円／㎡）

case 17

袋地３（建物評価額の補正）

条例によって接道長さに制限があり，建物規模を縮小すれば建築が可能な場合

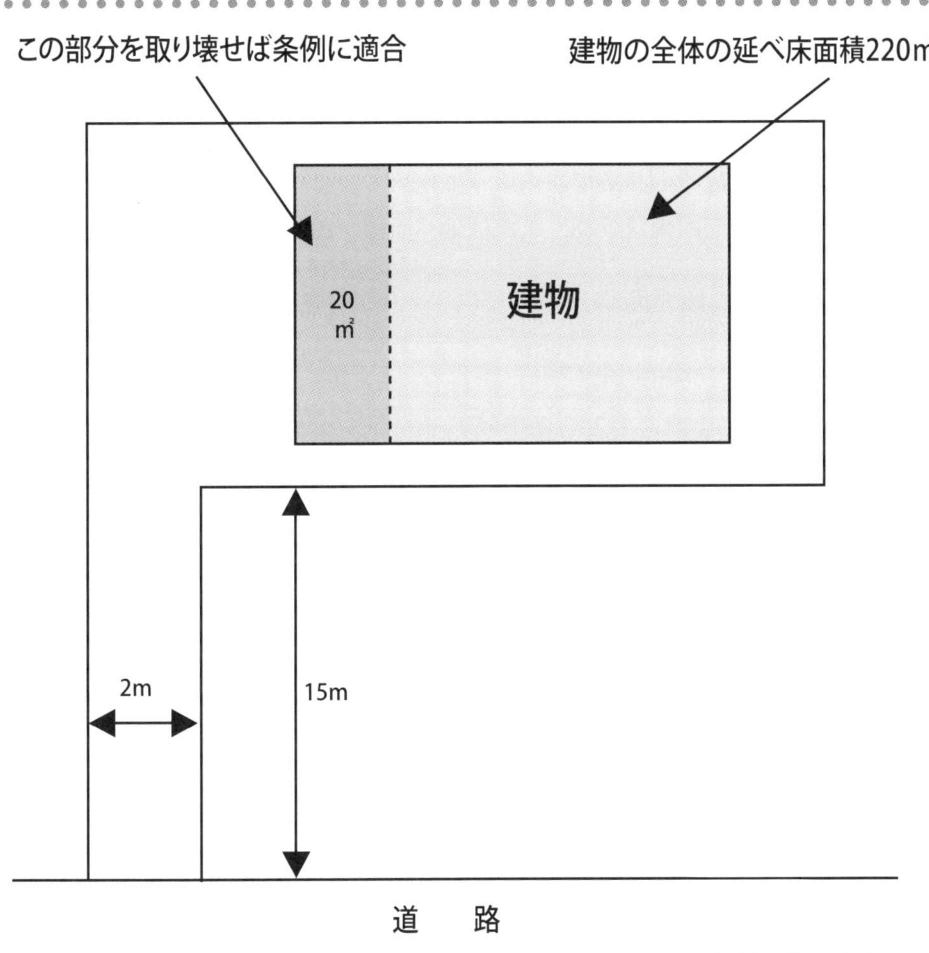

評価ポイント

建築物の敷地は原則として建築基準法上の道路に２ｍ以上接していなければなりません。しかし，地方公共団体の条例により，さらに厳しい接道条件を付加することができます。

条例の内容は都道府県等により異なりますが，主として建築物の延べ面積の大きさにより，あるいは路地状部分の長さにより，要求する接道長さあるいは接道する道路の幅員に，より厳しい制限を加えるというものが多いようです。

東京都建築安全条例はその３条で次のように定めています。

①　建築物が耐火・準耐火建築物，または延べ面積が200㎡以下の場合

路地状部分の長さ	接道長さ
20m以下の場合	２ｍ
20mを超える場合	３ｍ

②　建築物が耐火・準耐火建築物以外で，かつ，延べ面積が200㎡を超える場合

路地状部分の長さ	接道長さ
20m以下の場合	３ｍ
20mを超える場合	４ｍ

たとえば，建築物が木造で延べ床面積が150㎡の場合は，①に該当し，路地状部分の長さが15ｍであれば，接道長さは原則どおり２ｍということになります。これが路地状部分の長さが21ｍであれば，３ｍの接道長さが必要になります。

評価額

条例によって接道長さに制限があり，建物規模を縮小すれば建築が可能な場合の補正率は次のように求めます。なお，不適合部分の取壊費用相当額を控除するという方法も有効でしょう。

ただし，現存規模での担保建物の存続が必要であると判断した場合には，路地状部分の不足幅員部分を隣地所有者から購入する方法で担保土地を補正するという方法をとることになります。

$$\underset{\text{建物評価額}}{\boxed{}} \fallingdotseq \underset{\text{建物全体の評価額}}{\boxed{}} - \underset{\text{建物全体の評価額}}{\boxed{}} \times \frac{\boxed{}\ (\text{不適合部分の床面積})}{\boxed{}\ (\text{建物全体の延べ面積})} \times \underset{\text{調整率}}{\boxed{}}$$

なお，調整率は不適合部分が担保建物の経済的耐用年数満了までの間における担保建物の経済的効用への寄与度合いにより決定します。寄与度合いがまったくないのであれば調整率は1.0となります。

◆◆具体例◆◆

図のような東京都内の袋地たる担保土地上に，木造で延べ面積が220㎡の担保建物が建っています。路地状部分の長さは15m，接道長さは２mです。しかし，東京都安全条例３条によれば接道長さは３m必要です。したがって１m幅分不足しています。

ここでは現在規模での建物の存続はそれほど重要なものではないとの判断のもと，担保建物を補正することとします。補正する前の担保建物の評価額を2,300万円とした場合，補正後の評価額は次のように算出します。また，不適合部分は担保建物の経済的効用にまったく寄与していないものとします。

$$\underset{\text{建物全体の評価額}}{23{,}000{,}000\text{円}} - \underset{\text{建物全体の評価額}}{23{,}000{,}000\text{円}} \times \frac{20\text{m}^2\ (\text{不適合部分の床面積})}{220\text{m}^2\ (\text{建物全体の延べ面積})} \times \underset{\text{調整率}}{1.0} \fallingdotseq \underset{\text{評価額}}{20{,}900{,}000\text{円}}$$

（95,000円／㎡）

case 18

袋地４（土地評価額の補正）

条例により接道長さに制限があるため，建物が建たない場合

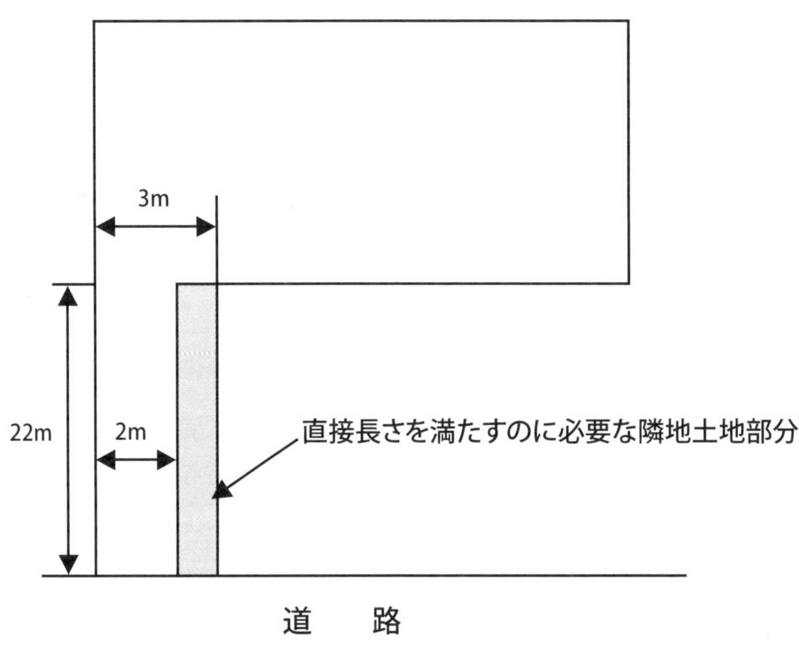

評価ポイント

現存規模での担保建物の存続が必要であると判断される場合や，地方公共団体の条例等により当初から建築物の建築が不可である場合などは，現存規模の担保建物保持のためにあるいは建築物の建築を可能にするために，当該条例の規定を満たすべく隣地土地を購入する必要があります。

その場合は購入費用だけではなく，購入に要する交渉時間等も勘案し，補正率を決定しなければなりません。

評価額

評価額		A		B		調整率
	≒ （		－		）×	

A：接道長さに関する条件を満たした担保土地であるとして算出した評価額

B：接道長さを満たすのに必要な隣地土地部分の取得費用

調整率：隣地土地部分の取得の難易に応じて調整

◆◆ **具体例** ◆◆

図のような東京都内の袋地たる担保土地（接道長さ２m，路地状部分の長さ22m）があります。東京都建築安全条例３条によれば担保土地上には建築物を建てることができません。建築物を建つことができるようにするには隣地土地を幅員１m分取得する必要があります。さいわい，当該部分には隣地所有者の建物はなく，未使用となっています。したがって取得交渉は容易であると判断されるため，調整率は1.0とします。

なお，接道長さに関する条件を満たした担保土地であるとして算出した評価額を3,500万円とし，接道長さを満たすのに必要な隣地土地部分の取得費用を286万円（標準的画地の時価130,000円／㎡×22㎡）としますと，担保土地の評価額は次のようになります。

A		B			調整率		評価額
（35,000,000円	－	2,860,000円	）	×	1.0	＝	32,140,000円

case 19

大規模地１　住宅地

住宅分譲適地の場合

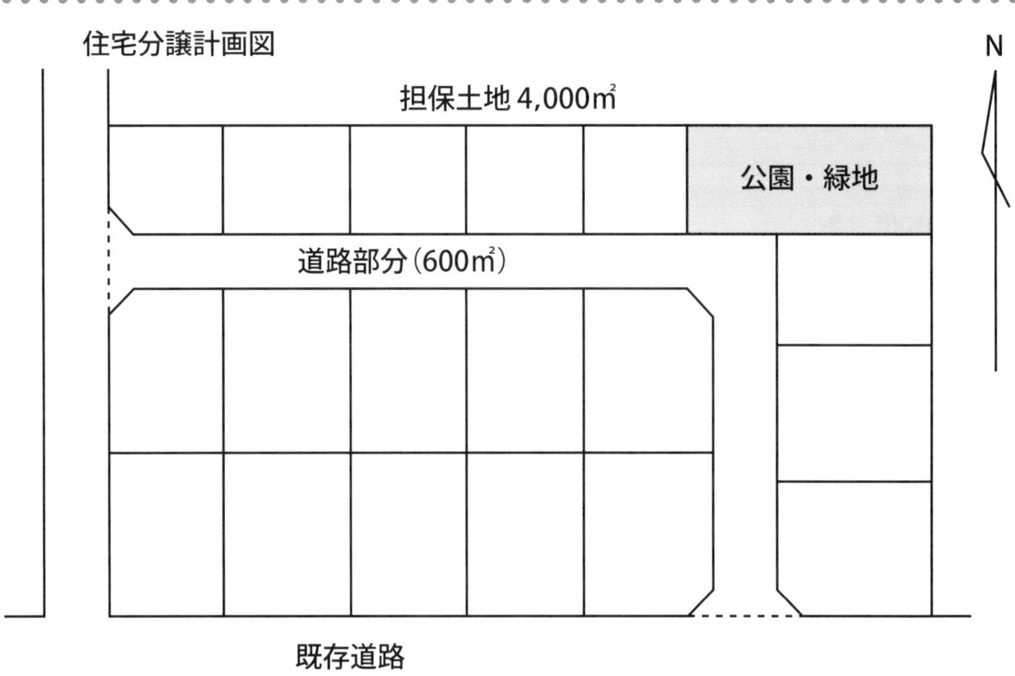

評価ポイント

住宅地域に存する大規模地の場合，①住宅分譲地，②マンション分譲地の２つの有効利用が考えられ，近隣地域の状況により，どちらが最適かが判断されます。

近隣地域内には戸建一般住宅がほとんどであり，賃貸マンションやアパート・分譲マンションがないなどの場合は，戸建住宅地域としての開発が適することから，この場合には①を想定した担保評価を行うことになります。

なお，マンション分譲適地の判断については次項にて解説します。

ところで，補正を行うためには，住宅分譲計画を適正に策定しなければなりません。

自分で策定するか分譲業者にお願いし，最適な分譲計画を策定してもらう必要があります。

自分で策定する場合は，開発行為の技術基準や宅地開発指導要綱の内容に即した計画を行います。

開発行為の技術基準や宅地開発指導要綱には次のような内容が定められています。

道路幅員（６ｍ以上12ｍ以下，小区間は４ｍも可），公園（開発面積が3,000㎡以上の場合，開発面積の３％以上が必要），住宅敷地面積，緑地，消防水利，上水道，排水施設，自動車駐車場等

以上にもとづき，住宅分譲計画図を作成します。

評価額

策定した住宅分譲計画図にもとづき，有効宅地部分の面積を求め，この部分の開発面積（＝担保土地面積）に対する割合を大規模地の補正率とします。

有効宅地部分以外の部分は担保価値がないものとして考えます。

なお，標準的画地の規模が担保土地と同規模の場合には，規模補正の必要はありません。

$$\underset{\text{大規模地の補正率}}{\boxed{}} \fallingdotseq \frac{\overset{\text{有効宅地部分の面積}}{\boxed{}}}{\underset{\text{開発面積（担保土地面積）}}{\boxed{}}} \times \underset{\text{調整率}}{\boxed{}} \times 100$$

＊調整率：市場性の状況を勘案して調整

◆具体例◆

図のような大規模地たる担保土地（地積4,000㎡）があり，標準的画地の地積は150㎡です。策定した住宅分譲計画図によれば，道路部分600㎡，公園・緑地部分240㎡となっています。

この場合の大規模地の補正率は次のようになります。

$$\frac{\overset{\text{有効宅地部分の面積}}{4{,}000\text{㎡} - (600\text{㎡} + 240\text{㎡})}}{\underset{\text{開発面積（担保土地面積）}}{4{,}000\text{㎡}}} \times \underset{\text{調整率}}{1.0} \times 100 = \underset{\text{大規模地の補正率}}{79.0\%}$$

case 20

大規模地２　住宅地

マンション建設適地の場合

マンション計画図

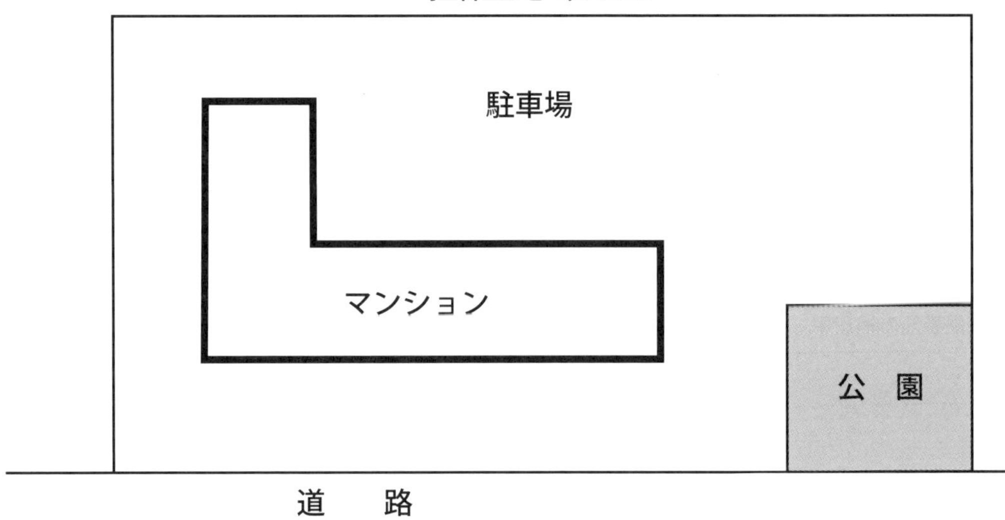

評価ポイント

鉄道駅やバス停留所に近く，近隣地域が戸建一般住宅のほか，賃貸マンションやアパート・分譲マンションなども混在する地域である場合には，マンション分譲を想定した担保評価を行うことになります。

補正を行うためにも，マンション建設計画の作成をマンション建設業者に依頼するか自分で作成しなければなりません。

自分で作成する場合は，分譲住宅計画と同様，開発行為の技術基準や宅地開発指導要綱の内容に即した計画を行います。特に重要なのは，建ぺい率・容積率規制，日影規制，高さ規制，緑地割合などです。駐車場については，近隣地域のマンションと比較し，１階部分に駐車場を配しているか，屋外か，立体駐車場を採用しているかなどにより，駐車場の配置が決まってきます。

また，マンション等の共同住宅については，玄関・廊下・通路・エレベータなどの共用部分は容積率算定の延べ面積から除外されることになります。

なお，地域の状況や担保土地の規模によっては住宅分譲も可能な場合もあり，この場合は両者を想定し，担保評価を行うことになります。

評価額

マンション建設計画図での緑地等の部分を控除した部分を有効部分とし，その有効部分の開発面積（＝担保土地面積）に対する割合を大規模地の補正率とします。

有効宅地部分以外の部分は担保価値がないものとして考えます。

なお，標準的画地の規模が担保土地と同規模の場合には，規模補正の必要はありません。

$$\text{大規模地の補正率} \fallingdotseq \frac{\text{有効宅地部分の面積}}{\text{開発面積（担保土地面積）}} \times \text{調整率} \times 100$$

＊調整率：市場性の状況を勘案して調整

◆◆ 具体例 ◆◆

図のような大規模地たる担保土地（地積4,000㎡）があり，標準的画地の地積は150㎡です。策定したマンション建設計画図によれば，緑地部分400㎡となっています。用途地域は第一種住居地域，建ぺい率60％，容積率200％です。

図のマンション建設計画では階数を６階とし日影規制・斜線制限も考え建物を配置しています。駐車場は全戸数分を考え，不足する分は機械式立体駐車場とします。

この場合の大規模地の補正率は次のようになります。

$$\frac{4{,}000\text{㎡} - 400\text{㎡}\ (\text{有効宅地部分の面積})}{4{,}000\text{㎡}\ (\text{開発面積（担保土地面積）})} \times 1.0\ (\text{調整率}) \times 100 \fallingdotseq 90.0\%\ (\text{大規模地の補正率})$$

case 21

大規模地３　工場地

工場適地の場合

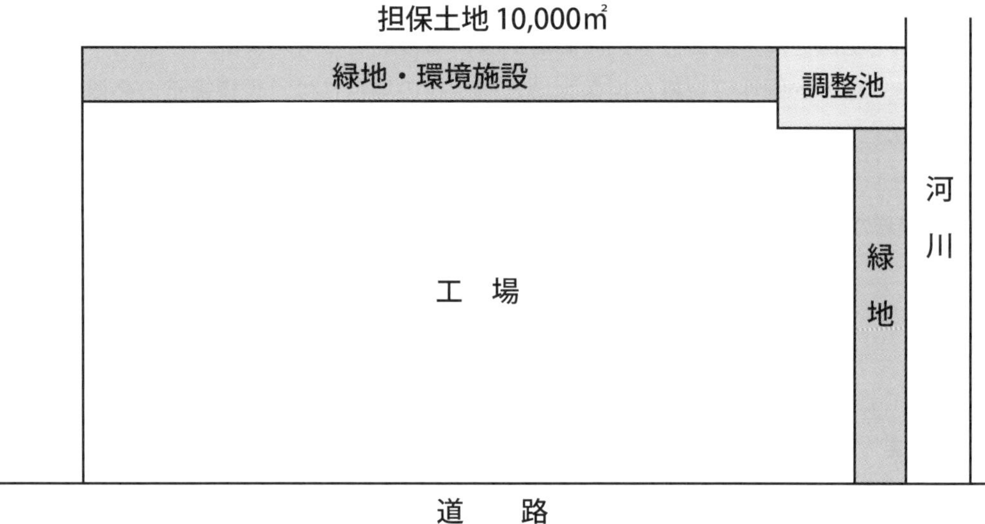

評価ポイント

近隣地域が工場地域で，将来もその状況が変わらないと判断される場合は，工場地として担保評価を行うことになります。しかし，周辺が宅地化され，将来的には工場地域から住宅地域へと移行しつつあると判断される地域の場合には，その移行の程度を判断します。住宅地域への移行の程度が大きいと判断される場合には，住宅地域の価格をより重視して評価します。この場合は，前項，前々項を参照し，分譲住宅地もしくはマンション建設適地，あるいはその両者を想定し，大規模地の補正を行うことになります。

移行の程度が低いと判断される場合には，工場地域の価格を重視して評価することになります。

評価額

●工場地域内における大規模地で住宅地域への移行の程度が低い場合

工場地においても開発許可基準および開発指導要綱等に，緑地，公園，調整池等の非有効宅地部分の規定があり，これらの部分を除く有効宅地部分の担保土地の地積に対する割合をもって大規模地の補正率とします。

なお，標準的画地も開発許可基準および開発指導要綱の適用を受けている場合には，標準的画地の前記割合とを比較して補正率を算出することになります。

●敷地面積9,000㎡以上，または建築面積の合計が3,000㎡以上の場合

一定の業種（製造業・電気・ガス・熱供給業）では、新設・用途変更，敷地もしくは建築面積の増加をする場合は，工場立地法により制限を受けます。

工場立地に関する準則における工場敷地利用の考え方

工場敷地

○生産施設の面積の敷地面積に対する割合の上限が，業種によって30，35，40，45，50，55，60，65%に決められる。

○その他の施設（駐車場，事務所，研究所，倉庫等）に関する規制はない。

○緑地を含む環境施設の面積割合について
- →25%以上（ただし，敷地周辺に15%以上配置）
- →25%のうち緑地20%以上（下欄）。残り５%は緑地又は緑地以外の環境施設（噴水，水流等の修景施設，屋外運動場，広場，体育館等屋内運動施設，企業博物館等教養文化施設，雨水浸透施設及び太陽光発電施設等）
- →都道府県，市が地域の実情に応じて，10～35%の範囲で独自に設定できる。
- →企業立地促進法に基づき市町村が対象地域を１～25%の範囲で独自に設定できる。
- →総合特区法又は復興特区法に基づき市町村が対象地域を１%以上で独自に設定できる。

○緑地面積の割合について
- →20%以上
- →都道府県，市が地域の実情に応じて，５～30%の範囲で独自に設定できる。
- →企業立地促進法に基づき市町村が対象地域を１～20%の範囲で独自に設定できる。
- →総合特区法又は復興特区法に基づき市町村が対象地域を１%以上で独自に設定できる。

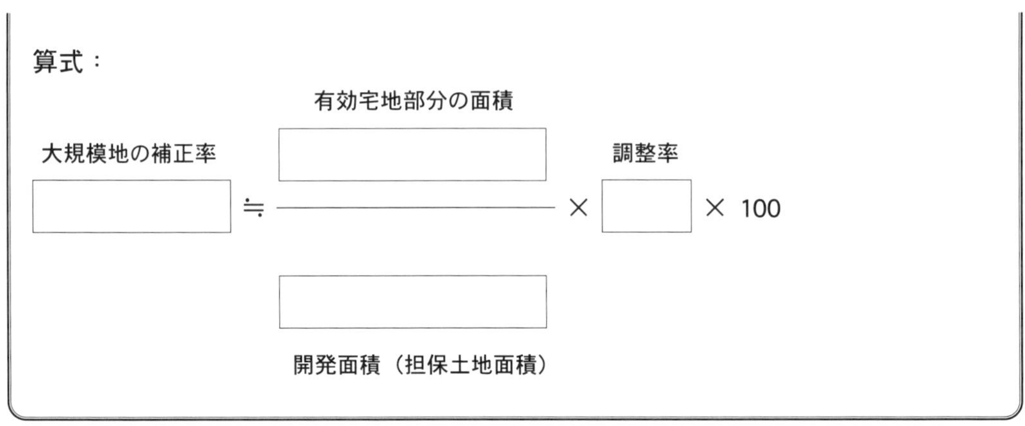

◆◆ 具体例 ◆◆

図のような大規模地たる担保土地（地積10,000㎡）があり，標準的画地の地積は5,000㎡です。近隣地域は中規模な工場地域です。また，策定した工場計画図によれば，緑地部分を含む環境施設の面積が3,000㎡，調整池部分の面積が300㎡となっています。

この場合の大規模地の補正率は次のようになります。

$$\frac{10{,}000\text{m}^2 - (3{,}000\text{m}^2 + 300\text{m}^2)}{10{,}000\text{m}^2} \times 1.0 \times 100 = 67.0\%$$

（分子：有効宅地部分の面積，分母：開発面積（担保土地面積），1.0：調整率，67.0%：大規模地の補正率）

※なお，近隣地域が大規模工場地域で，標準的画地も担保土地同様に環境施設等の設置が必要な場合は特に補正の必要はありません。

case 22

私道負担

前面道路が位置指定の場合

図１

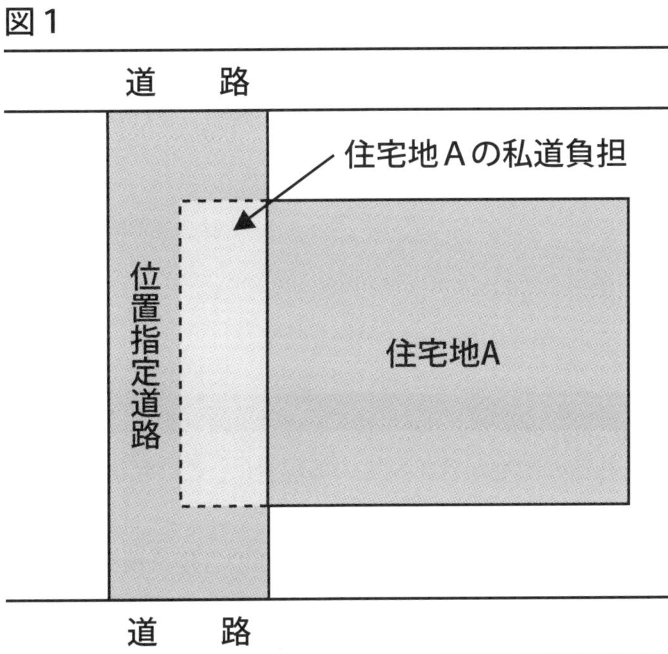

図２

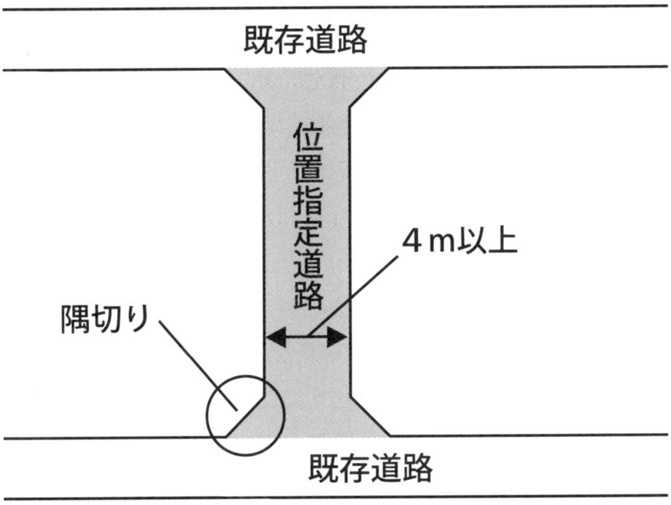

既存道路
位置指定道路
4ｍ以上
隅切り
既存道路

図３　行き止まり路の場合

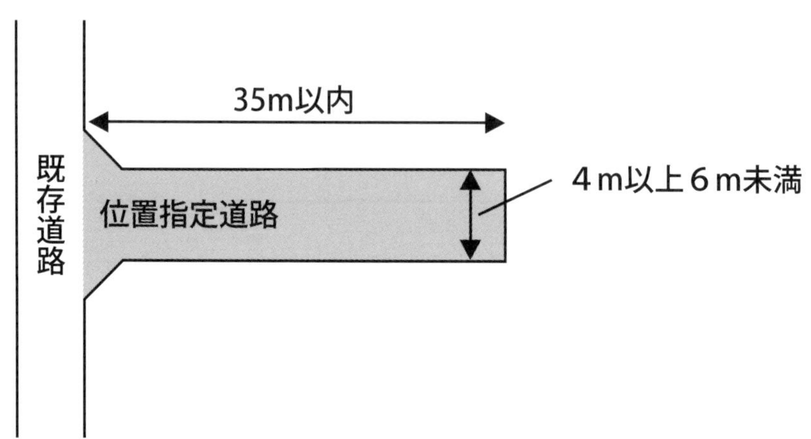

評価ポイント

担保土地の一部に私道の敷地が含まれている場合に，この私道敷地部分を「私道負担」といいます。

住宅地を分譲するにあたって，前面道路たる私道の管理負担を明確にするため，あるいは，第三者が私道の勝手な変更・廃止をするのを防ぐために私道の一部を所有する場合などです。実際にこのような私道は位置指定道路等の建築基準法上の道路になっているため，勝手な変更・廃止はできないようになっています。なお，私道負担部分の面積は建蔽率・容積率を算出する際の敷地面積には算入できません。

位置指定道路とは，土地を建築物の敷地として利用するため，道路法，都市計画法，土地区画整理法等によらないで築造する政令で定める基準に適合する道で，これを築造しようとする者が特定行政庁からその位置の指定を受けたものをいいます。

位置指定道路は，幅員が４ｍ以上あり，原則として両側に隅切りを設けること，また，原則として両端が他の道路に接続したもの（通り抜け道路）であることが必要です（図２）。

ただし，延長が35ｍ以下の場合（図３）や幅員が６ｍ以上の場などは袋状道路（行き止まり道路）とすることができます（建築基準法施行令144条の４）。

いずれにしても位置指定道路であれば，勝手な変更・廃止および道路内に建築物や擁壁等を築造することはできず，半永久的に道路としての機能を有することになります。

私道負担部分のある位置指定道路は，接面土地の所有者しか利用できない形態か，誰でも利用できる形態を有する準公道的私道であるかによって，補正率が異なります。

評価額

●私道負担部分がある位置指定道路で，接面土地の所有者しか利用できない形態であるが，市場性はある………▲0.50

●私道負担部分がある位置指定道路で，接面土地の所有者しか利用できない形態であり，市場性は劣る………▲0.80

●誰でも利用できる形態を有する準公道的私道である………▲1.00

考え方としては，上記のように３通りありますが，実際の担保評価においては私道負担はゼロ評価として扱うことが多いでしょう。容積率・建ぺい率算出の敷地面積に算入できない点，また担保評価における保守的見地からもゼロ評価が妥当と思われます。

◆◆ 具体例 ◆◆

図１のような担保土地（地積200㎡，うち私道負担部分30㎡）があります。当該私道は道路位置指定を得ており，誰でも利用できる準公道的私道となっています。

この場合は，地積200㎡から私道負担面積30㎡を控除した170㎡を評価対象面積とします。

case 23

行き止まり道路

行き止まり道路に面する担保土地の場合

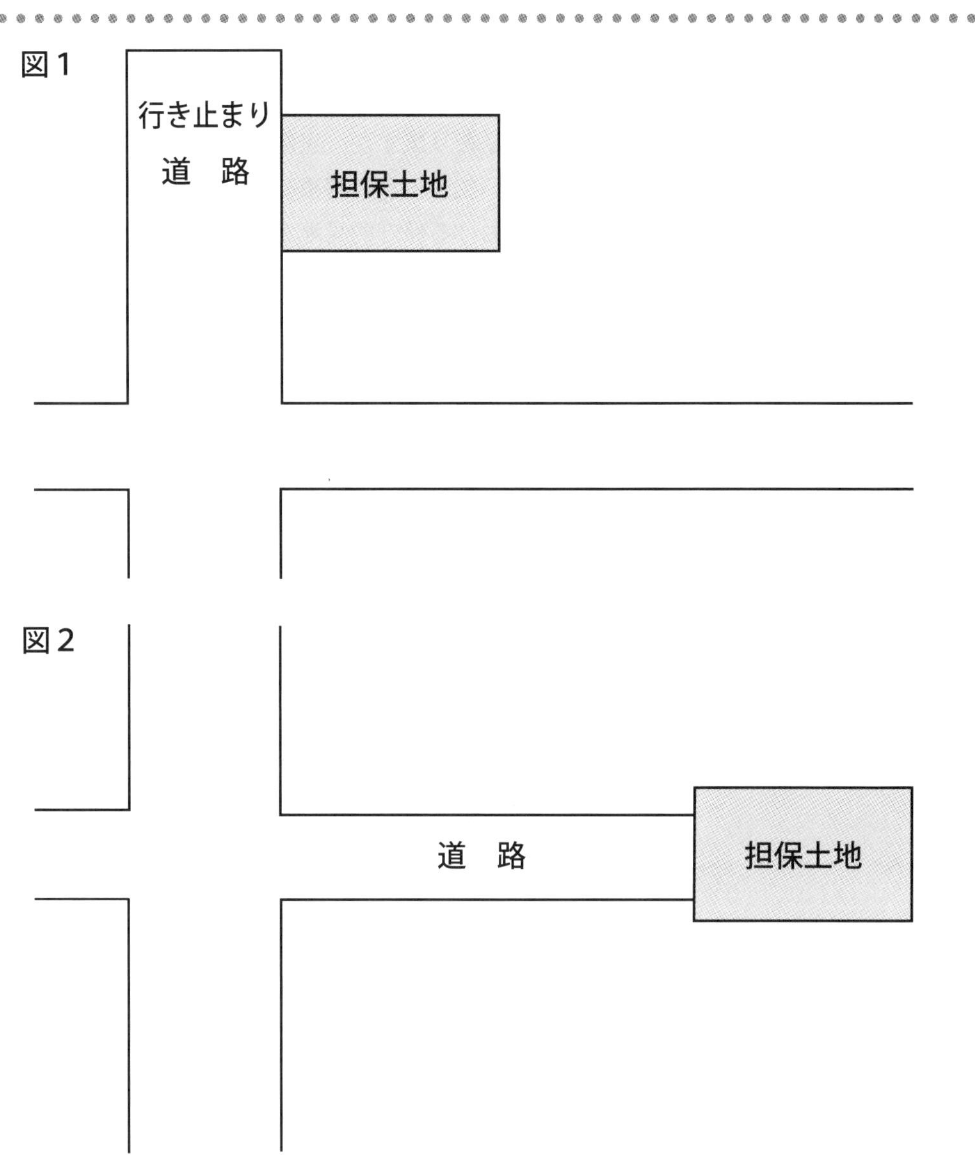

評価ポイント

「行き止まり道路」とは図1のような道路をいい，ミニ開発地域でよく見られます。行き止まり道路は，私道である場合が多いのですが，公道の場合でも立地の関係上，そのようになっている場合があります。

行き止まり道路奥（図２）の画地は系統連続性の他に，幅員が狭かったり，回転広場がない場合には，担保土地まで車でバックで入ることになり非常に不便です。

また，間口が接面道路の幅員相当の長さしかとれず，日照・通風の面でも他の画地に比べて劣ります。

さらに火災等の緊急時の避難にあたり，交通障害が生じる可能性があり危険です。

なお，担保土地が行き止まり道路の途中に中間画地として存する場合（図１）は，火災等の緊急時の避難にあたり交通障害が生じる可能性等を含む系統連続性のデメリットを勘案して補正率を決定します。

行き止まり道路ではない通常の道路に接面する標準的画地から行き止まり道路沿いの担保土地の価格を求める場合には以下の補正率を利用することになります。

ただし，標準的画地を担保土地が接面する行き止まり道路沿いにとっている場合はそれとの比準にあたり補正の必要はありません。

評価額

評価額		標準的画地の時価単価		担保土地の地積		補正率	
□	≒	□	×	□	×（1＋	□	）

●担保土地が行き止まり道路沿いである場合………▲0.04
担保土地が行き止まり道路入口付近にあり，系統連続性に支障がないと判断される場合には，補正の必要はありません。
●担保土地が行き止まり道路奥の場合………▲0.10

◆具体例◆

図１のような行き止まり道路の途中に中間画地として存する担保土地（地積150㎡）があります。標準的画地は通常の道路（行き止まり道路ではない）に面しており，時価は160,000円／㎡です。

この場合の担保土地の評価額は次のようになります。

標準的画地の時価単価		担保土地の地積		補正率		評価額
160,000円／㎡	×	150㎡	×（１＋	▲0.04）	≒	23,000,000円 （153,000円／㎡）

case 24

前面道路との段差1　住宅地

道路との間に段差がある場合

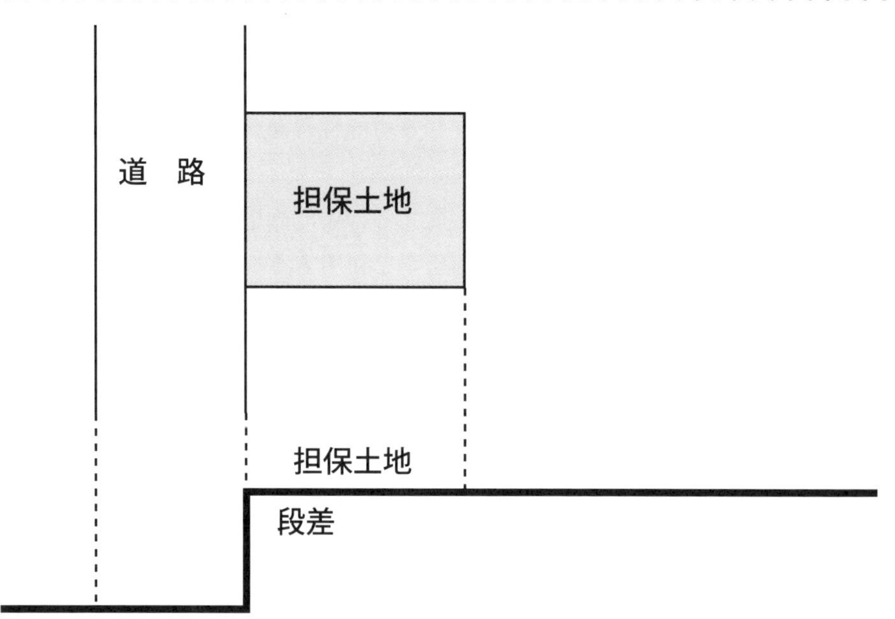

評価ポイント

図のように前面道路との間に段差がある場合でも接道義務を満たしています。建築基準法43条には前面道路との間に段差があるからといって接道を満たすことにならないとの記述はなく，このような場合でも接道義務を満たすことに問題はありません。

ただし，地方公共団体の条例によっては傾斜路や階段等の設置を義務づけたりなど独自の基準を設けている場合もあり，調査が必要です。

前面道路との高低差の良否は，近隣土地の標準的画地との比較において判断することになります。

たとえば，標準的画地よりも担保土地と前面道路との段差が非常に高く，物の搬出，車両や人の出入りに支障がある場合，あるいは反対に標準的画地には段差はないが，担保土地が前面道路よりも低い場合などは高低差の点において，担保土地は標準的画地よりも劣ると判断されることになります。

評価額

評価額		標準的画地の時価単価		担保土地の地積		補正率
	≒		×		×	

住宅地域では次の補正率表を使います。

地域	優る	やや優る	普通	やや劣る	劣る
住宅地域	1.15	1.08	1.00	0.93	0.85

優る………………高低差により快適性および利便性の高い画地
やや優る…………高低差により快適性および利便性のやや高い画地
普通………………標準的画地と同じ高低差
やや劣る…………高低差により快適性および利便性のやや低い画地
劣る………………高低差により快適性および利便性の低い画地
＊七次改訂　土地価格比準表を参考

◆◆ 具体例 ◆◆

図のような道路との間に段差のある住宅地域に存する担保土地（地積150㎡）で，標準的画地の段差（２ｍ）よりも段差が大きく（４ｍ），前面道路からの出入りにやや不便を来すものと判断されるとします（標準的画地を「普通」とした場合，「やや劣る」と判断される）。標準的画地の時価は140,000円／㎡です。

この場合の担保土地の評価額は次のようになります。

標準的画地の時価単価		担保土地の地積		補正率		評価額
140,000円／㎡	×	150㎡	×	0.93	≒	19,500,000円 （130,000円／㎡）

case 25

前面道路との段差２　商業地

道路との間に段差がある場合

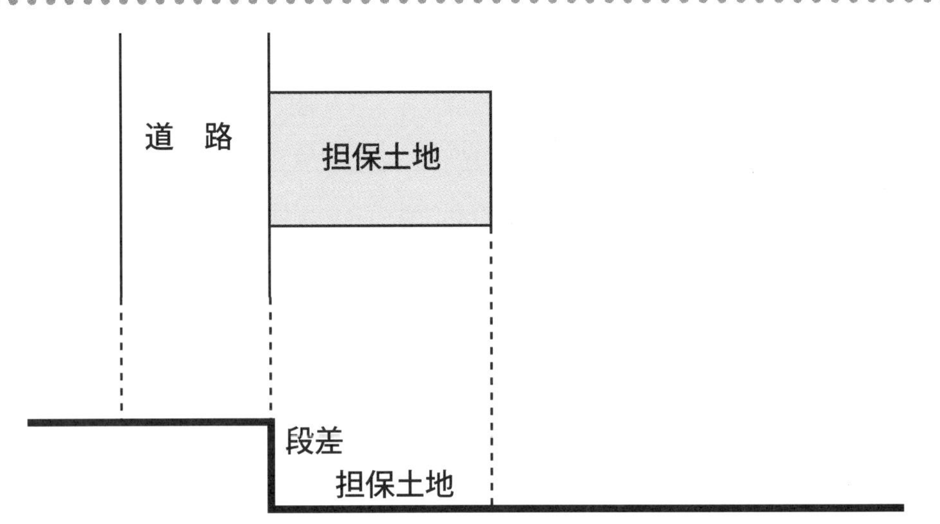

評価ポイント

商業地域では商業性が低い地域ほど，高低差によるメリット，デメリットが大きくなっています。

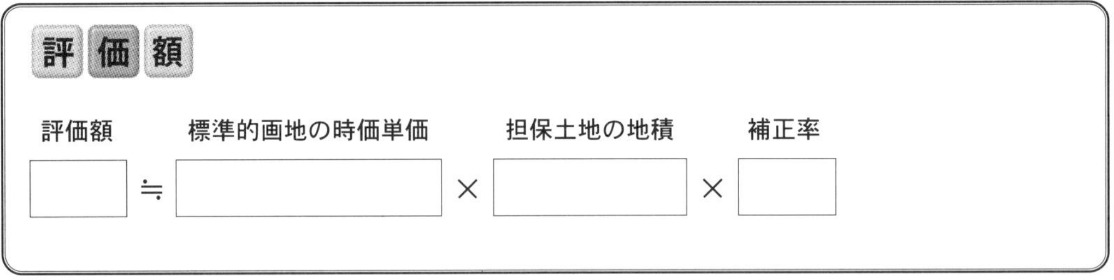

商業地域では次の補正率表を使います。

地域	優る	やや優る	普通	やや劣る	劣る
高度商業地域	1.03	1.02	1.00	0.99	0.97
準高度商業地域	1.03	1.02	1.00	0.99	0.97
普通商業地域	1.07	1.04	1.00	0.97	0.93
近隣商業地域	1.08	1.04	1.00	0.96	0.92
郊外路線商業地域	1.08	1.04	1.00	0.96	0.92

優る………………高低差により利便性の高い画地
やや優る…………高低差により利便性のやや高い画地
普通………………標準的画地と同じ高低差
やや劣る…………高低差により利便性のやや低い画地
劣る………………高低差により利便性の低い画地
＊七次改訂　土地価格比準表を参考

◆◆ 具体例 ◆◆

図のような道路との間に段差のある準高度商業地域に存する担保土地（地積300㎡）で，標準的画地は段差を有していないのに対し，担保土地の段差はマイナス段差（２ｍ）となっています。前面道路からの顧客の出入り，物品の搬出入に不便を来すものと判断されるとします（標準的画地を「普通」とした場合，「劣る」と判断される）。標準的画地の時価は250,000円／㎡です。

この場合の担保土地の評価額は次のようになります。

標準的画地の時価単価		担保土地の地積		補正率		評価額
250,000円／㎡	×	300㎡	×	0.97	≒	72,800,000円
						(243,000円／㎡)

用語解説●

商業の地域区分は次のように考えます。

高度商業地域……　大都市の都心または副都心にあって，広域的商圏を有し，比較的大規模な中高層の店舗，事務所等が高密度に集積している地域
準高度商業地域……高度商業地域に次ぐ商業地域であって，広域的商圏を有し，店舗，事務所等が連たんし，商業地としての集積の程度が高い地域
普通商業地域……　高度商業地域，準高度商業地域，近隣商業地域および郊外路線商業地域以外の商業地域であって，都市の中心商業地域およびこれに準ずる商業地域で，店舗，事務所が連たんし，多様な用途に供されている地域
近隣商業地域……　主として近隣の居住者に対する日用品の販売を行う店舗等が連たんしている地域
郊外路線商業地域…都市の郊外の幹線道路（国道，都道府県道等）沿いにおいて，店舗，営業所等が連たんしている地域

case 26

前面道路との段差３

階段・スロープがない場合

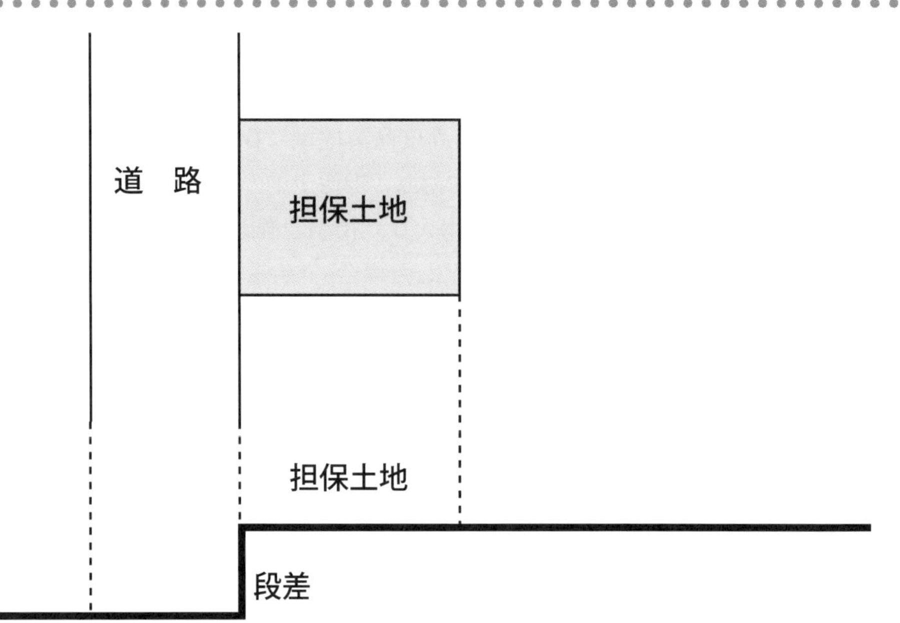

評価ポイント

段差がある場合，接道義務に問題はなくても土地の利用については問題があります。

段差があることにより，人や車両などの出入り，物の搬出などに支障が生じます。そのため階段やスロープを設け，これら支障を解消する必要があります。

しかし，段差があることが必ずしも不利な点ばかりではなく，雨水やその他の排水の良否，景観，通風，日照の点において良好な環境を提供してくれる場合もあります。たとえば，南側に道路がある画地は，当該道路よりもやや高い位置にあることにより良好な日照が得られます。反対に道路よりも低い場合，日照は悪くなり，排水の面でも問題が生じる場合があります。

段差があっても階段やスロープがない場合は，これまで勘案してきた補正に加え，自ら積算した，あるいは専門業者に見積もってもらった設置費用等を控除する必要があります。

評価額

評価額 ≒ 標準的画地の時価単価 × 担保土地の地積 × 補正率 − 階段・スロープ設置費用等

評価額		標準的画地の時価単価		担保土地の地積		補正率		階段・スロープ設置費用等
	≒		×		×		−	

◆◆ 具体例 ◆◆

図のような道路との間に段差のある住宅地域に存する担保土地（地積150㎡）で，標準的画地の段差は１ｍほどなのに対し，担保土地の段差は２ｍほどあります。しかも担保土地は前面道路から出入りするための階段・スロープがありません。専門業者に見積もってもらったところ，設置費用は500,000円とのことでした。担保土地の段差については，標準的画地を「普通」とした場合，「やや劣る」と判断されます。なお，標準的画地の時価は150,000円／㎡です。

この場合の担保土地の評価額は次のようになります。

標準的画地の時価単価		担保土地の地積		補正率		階段・スロープ設置費用等		評価額
150,000円／㎡	×	150㎡	×	0.93	−	500,000円	≒	20,400,000円（136,000円／㎡）

case 27

水　路

前面道路との間に水路がある場合

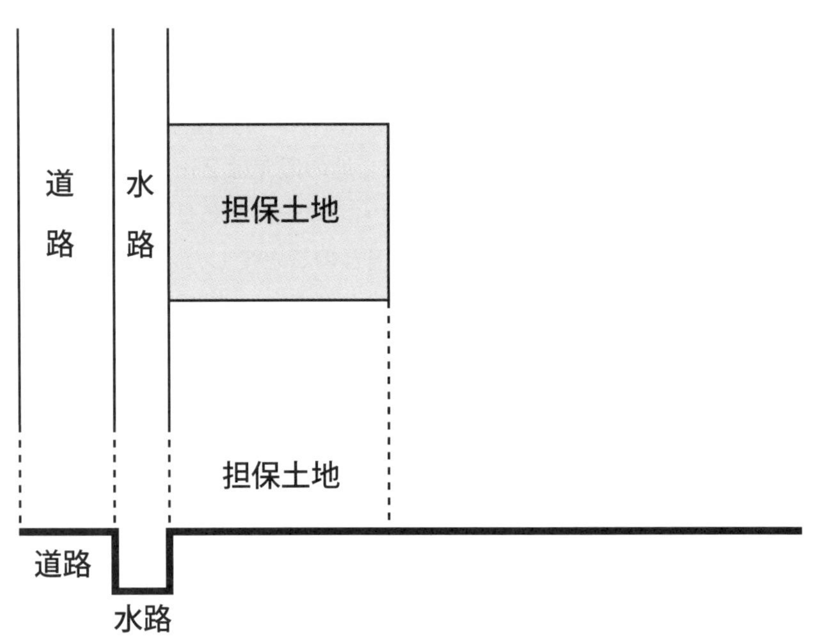

評価ポイント

図のように前面道路と担保土地との間に水路がある場合をよく見かけます。その水路が側溝なのか河川等なのかは大きな問題です。側溝であればその部分は前面道路に含まれることが多いので，担保土地から前面道路までの出入り部分を設置するのに河川占用許可の取得は不要です。ところが，河川や水路であれば，出入りのための通行路橋を設置するにしても，都市ガス管や排水管を通すにしても河川占用許可が必要になります。

河川等か側溝かの区別は，各地方公共団体の担当窓口をよく調べる必要があります。通行路橋が存在する場合は，占用許可の取得の有無も確認しておく必要があります。

調査の結果，側溝であれば，接道義務に問題はありませんが，河川等である場合には現況が通行路橋などの横断用の通路の設置がない状態の場合には，それらの設置に要する費用を減価する必要があります。なぜなら，通常これら通路の設置は占用者の自費で行われるからです。

また，通行路橋などを設置したとしても，その設置部分以外は前面道路とは接していないため，土地の状況からいえば間口狭小の土地ということになります。

評価額

評価額		前面道路との間に水路がないと想定した場合の評価額		間口狭小補正		通行路橋設置費用
□	≒ (	□	×	□	) −	□

＊間口狭小補正については，ケース29を参照ください。

◆◆ 具体例 ◆◆

混在住宅地域にある担保土地で，標準的画地の間口は15mで，条例上，通行路橋の幅員は４mまでしか設置できない場合（前面道路との間に水路がないと想定した場合の評価額は3,800万円，通行路橋設置費用を100万円とします），担保土地の評価額は次のように算出されます。間口狭小補正は該当項目の補正率表によると，混在住宅地域の「相当に劣る」に該当するものと判断され，*補正率は0.82です。

	前面道路との間に水路がないと想定した場合の評価額		間口狭小補正		通行路橋設置費用		
(	38,000,000円	×	0.82	) −	1,000,000円	≒	30,200,000円

＊ここでの間口狭小補正は次のように行います。

担保土地の通行路橋の幅員

$$\frac{4\text{ m}}{15\text{m}} \fallingdotseq 0.27$$

標準的画地の間口

＊通行路橋設置費用は50万円程度～数百万円と幅があり，他に占有料が発生する場合もあるので，水路管理者・施工業者へのヒヤリングを行うことが必要です。

補足説明

河川法では河川に通行路橋などを設置する場合は，河川占用許可の取得を義務づけています。接道義務は直接河川占用許可の有無とは関係ありませんが，幅２m以上の通行路橋が設置されているかどうかにより判断されます。

したがって，通行路橋など前面道路と担保土地とを結ぶ横断通路がない場合は，接道義務を満たさない無道路地ということになります。これに対し，水路が側溝であれば，それが開渠であっても接道義務を充足していることになるわけです。

また，普通河川とは，一級河川，二級河川，準用河川のいずれでもない河川のことで，河川法の適用・準用を受けません。市町村が必要に応じて条例を定め管理しています。

case 28

無道路地

図１　まったくの無道路地

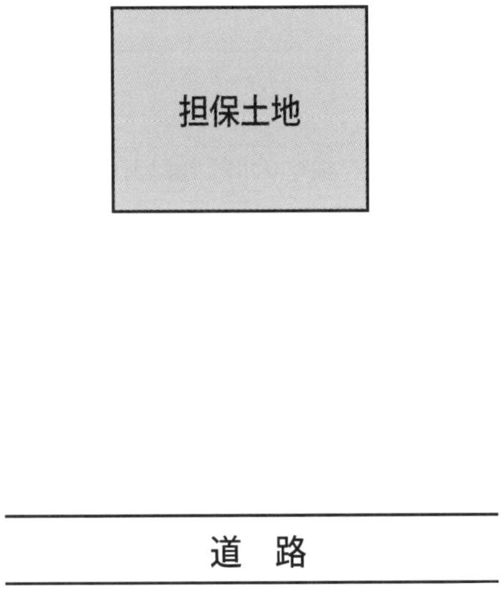

担保土地

道　路

図２　一部接道するが、幅員が足りないため
接道義務を満たさない無道路地

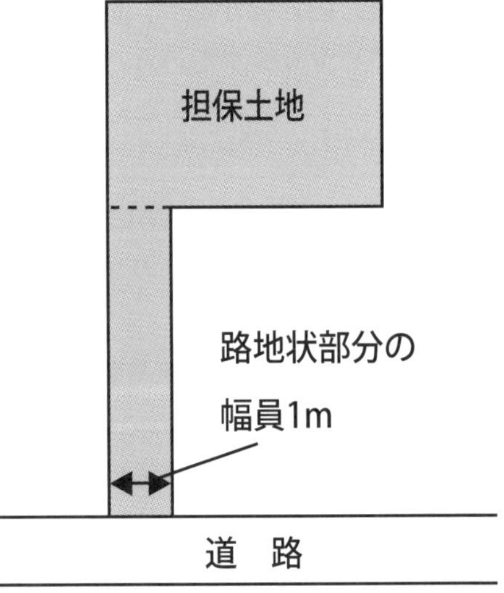

評価ポイント

「無道路地」とは，建築基準法上の道路にまったく接していない土地（図１）をいいます。建築物が建築可能であるためには，都市計画区域内にあっては，担保土地が接道義務を満たす必要がありますが，無道路地はその接道がまったくありません。したがって，建築基準法上，建築物の建築は不可能な土地ということになります。

また，図２は建築基準法上の道路に路地状部分が接しているものの，その幅員が１ｍしかなく，接道義務を満たしていません。この場合も建築物の建築は不可能ですので，無道路地の部類に属します。

無道路地の評価にあたっては，囲繞地（いにょうち）通行権（現在の民法では「公道に至るための土地の通行権」といいます）を主張できる土地を，土地登記簿を閲覧し，分割の経緯等を調査し，特定することが必要です。

そして，囲繞地通行権を主張できる土地が複数ある場合には，その距離・建物の立地状況等から建築基準法上の道路に最も容易に達することができる土地を選択します。

なお，囲繞地通行権を主張しても必ずしも接道義務を満たすのに必要な幅員が得られるとは限りませんので，担保評価においては接道義務を満たすために必要な幅員の買収に要する費用を想定し，これを接道義務を満たすと想定した担保土地の評価額から控除することになります。

評価額

評価額			接道義務を満たすと想定した担保土地の評価額		通路買収費用		調整率
□	≒	（	□	−	□	）×	□

＊調整率は，買収の容易さにより決定します。

◆◆ 具体例 ◆◆

図３のような無道路地があり，囲繞地通行権を主張できる土地がＡで，道路までの距離は10m，接道義務を満たすのに要する幅員は２ｍとします。

標準的画地の価格は180,000円／㎡，無道路地（担保土地）の地積は180㎡です。この場合の担保土地の評価額は以下のとおりです。なお，Ａ地における囲繞地通行権の主張部分には建物等はなく，容易に買収できるものとします。

接道義務を満たすと想定した担保土地の評価額		通路買収費用		調整率		評価額
（180,000円／㎡×180㎡	－	180,000円／㎡×10ｍ×２ｍ）	×	1.0	＝	28,800,000円 （160,000円／㎡）

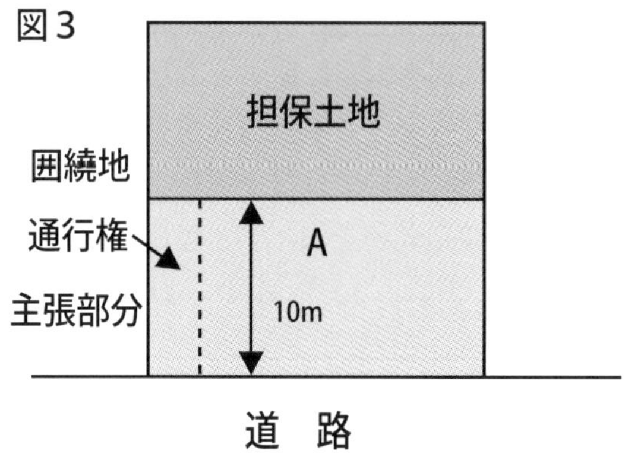

用語解説

「囲繞地通行権（公道に至るための土地の通行権）」は，民法210条に規定されており，ある土地が他の土地に囲繞されて（囲まれて）公路に通じていないときは，その土地の所有者は公路に至るために囲繞地を通行することができるとされ，この囲繞地（担保土地を囲む隣接地）を通行する権利を囲繞地通行権といいます。

さらに民法213条は，（土地を）分割したことにより，公路に通じていない土地が生じたときはその土地の所有者は公路に至るために他の分割者の所有地のみを通行することができるとしています。

したがって，無道路地を建築物の敷地として利用できるようにするためには，囲繞地通行権を主張し通路部分を確保することですが，囲繞地通行権の幅員が接道義務を満たすべく２ｍ以上認められる場合は少なく，判例を見ても，建築基準法上の接道義務規定を念頭に置くものは多いのですが，実際に接道義務を満たすために必要な幅員が認められることは少ないようです。

case 29

間口狭小　住宅地

図1

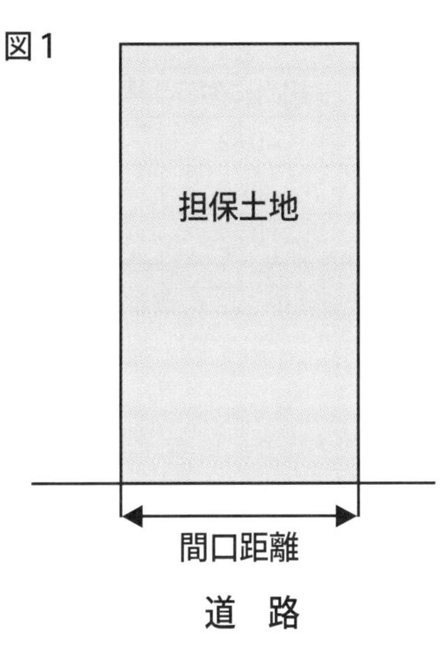

図2

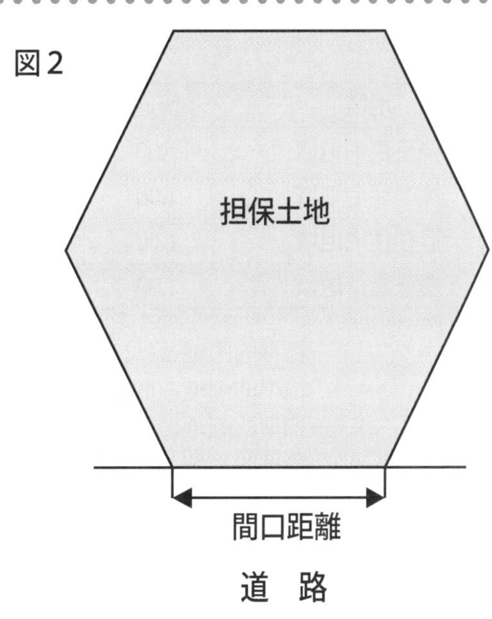

評価ポイント

「間口」とは，前面道路に対し，土地が接する部分をいい，その間口距離の大小は前面道路からの出入りの容易さ，建物設計にあたっての出口設計の自由度を左右する重要な要素です。

したがって，その間口距離の大小は当然に土地の評価額をも左右することになります。しかし，単に間口が狭いといっても近隣地域にある他の画地との比較で判断すべきであり，近隣地域のほとんどすべての画地が対象地と同じ間口距離の場合には補正の必要はありません。

間口に関する補正について，理論的根拠を求めることは難しいのですが，ここでは経験値として土地価格比準表に掲載されている間口狭小に関する補正率表にもとづいた補正率を補正率決定の基準とします。

評価額

評価額		標準的画地の時価単価		担保土地の地積		間口の補正率
	≒		×		×	

補正率表

地域	普通	やや劣る	劣る	相当に劣る	極端に劣る
優良住宅地域	1.00	0.94	0.88	0.82	0.77
標準住宅地域	1.00	0.94	0.88	0.82	0.77
混在住宅地域	1.00	0.94	0.88	0.82	0.77
農家集落地域	1.00	0.93	0.83	――	――

普通………………標準的画地とほぼ同じ間口の画地
やや劣る…………標準的画地の間口の0.6以上0.7未満
劣る………………標準的画地の間口の0.4以上0.6未満
相当に劣る………標準的画地の間口の0.2以上0.4未満
極端に劣る………標準的画地の間口の0.2未満
＊七次改訂　土地価格比準表を参考

◆◆ 具体例 ◆◆

次頁図３のような標準住宅地域に存する担保土地があり，標準的画地の間口は14mなのに対し，５mしかありません。

標準的画地の価格は180,000円／㎡，担保土地の地積は180㎡です。この場合の担保土地の評価額は以下のとおりです。なお，担保土地は不整形ですが，ここでは便宜上，間口狭小についてだけ補正を行うものとします。

①　間口狭小の補正率

担保土地の間口

$$\frac{5\,\text{m}}{14\text{m}} \fallingdotseq 0.36$$

標準的画地の間口

②　担保評価額

上記の補正率表より，「相当に劣る」に該当しますので，その補正率は0.82です。

標準的画地の時価単価		担保土地地積		間口の補正率		評価額
180,000円／㎡	×	180㎡	×	0.82	＝	26,600,000円
						（148,000円／㎡）

図3

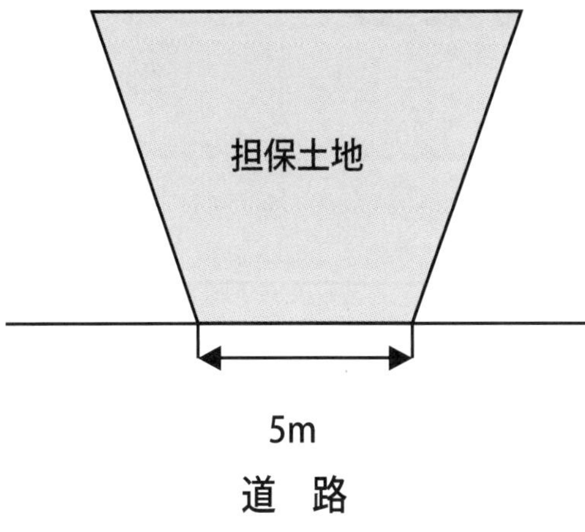

case 30

間口狭小　商業地

図1

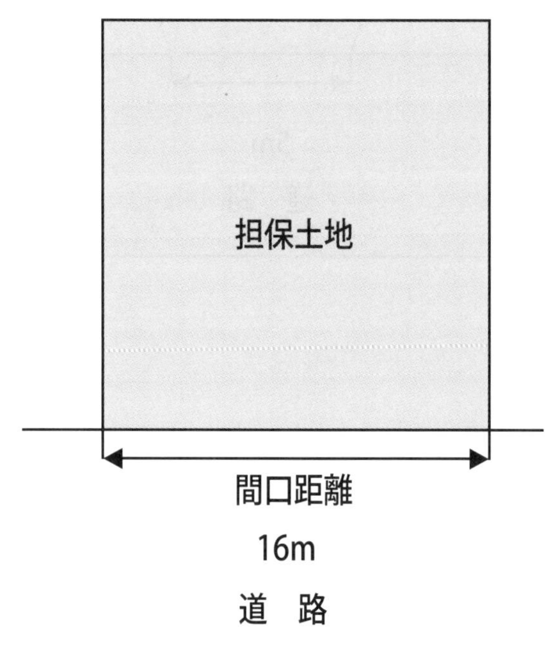

評価ポイント

間口狭小のデメリットは商業性が高度な地域ほど，大きくなります（表2）。

なお，参考として，間口狭小補正については，相続税評価額を算出するための「財産評価基本通達」における路線価方式適用にあたって，次頁表1の間口狭小補正率表があります。相続税評価額はこの表にもとづき間口狭小補正率を求め，それを路線価に乗じて算出することになります。

表１　財産評価基本通達における間口狭小補正率表

間口距離(m)＼地域区分	ビル街地区	高度商業地区	繁華街地区	普通商業・併用住宅地区	普通住宅地区	中小工場地区	大工場地区
4未満	——	0.85	0.90	0.90	0.90	0.80	0.80
4以上6未満	——	0.94	1.00	0.97	0.94	0.85	0.85
6以上8未満	——	0.97		1.00	0.97	0.90	0.90
8以上10未満	0.95	1.00			1.00	0.95	0.95
10以上16未満	0.97					1.00	0.97
16以上22未満	0.98						0.98
22以上28未満	0.99						0.99
28以上	1.00						1.00

評価額

評価額		標準的画地の時価単価		担保土地の地積		間口の補正率
	≒		×		×	

表２　間口狭小補正率表

地域	普通	やや劣る	劣る	相当に劣る	極端に劣る
高度商業地域	1.00	0.96	0.92	0.87	0.83
準高度商業地域	1.00	0.96	0.92	0.87	0.83
普通商業地域	1.00	0.97	0.93	0.90	0.87
近隣商業地域	1.00	0.97	0.93	0.90	0.87
郊外路線商業地域	1.00	0.95	0.90	0.85	0.80

普通………………標準的画地とほぼ同じ間口の画地
やや劣る…………標準的画地の間口の0.6以上0.9未満
劣る………………標準的画地の間口の0.4以上0.6未満
相当に劣る………標準的画地の間口の0.2以上0.4未満
極端に劣る………標準的画地の間口の0.2未満
＜郊外路線商業地域の場合＞
普通………………標準的画地とほぼ同じ間口の画地
やや劣る…………標準的画地の間口よりやや劣る
劣る………………標準的画地の間口より劣る

相当に劣る………標準的画地の間口より相当に劣る
極端に劣る………標準的画地の間口より極端に劣る
＊七次改訂　土地価格比準表を参考

◆◆ 具体例 ◆◆

図１のような普通商業地域に存する担保土地があり，標準的画地の間口は24mなのに対し，16mしかありません。

標準的画地の価格は250,000円／㎡，担保土地の地積は300㎡です。この場合の担保土地の評価額は以下のとおりです。なお，ここでは便宜上，間口狭小についてだけ補正を行うものとします。

①　間口狭小の補正率

担保土地の間口

$$\frac{16\text{m}}{24\text{m}} \fallingdotseq 0.67$$

標準的画地の間口

②　担保評価額

表２の補正率表では，「やや劣る」に該当します。よって，補正率は0.97です。

標準的画地の時価単価		担保土地地積		間口の補正率		評価額
250,000円／㎡	×	300㎡	×	0.97	≒	72,800,000円
						（243,000円／㎡）

case 31

奥行逓減（奥行きが長い場合）1

標準規模の場合

図1 標準的画地

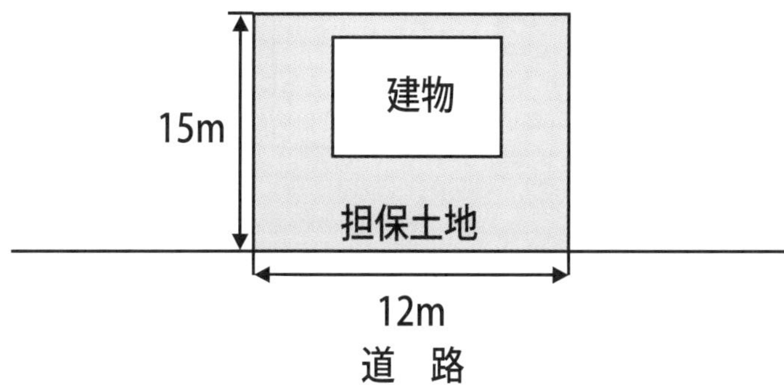

図2 担保土地

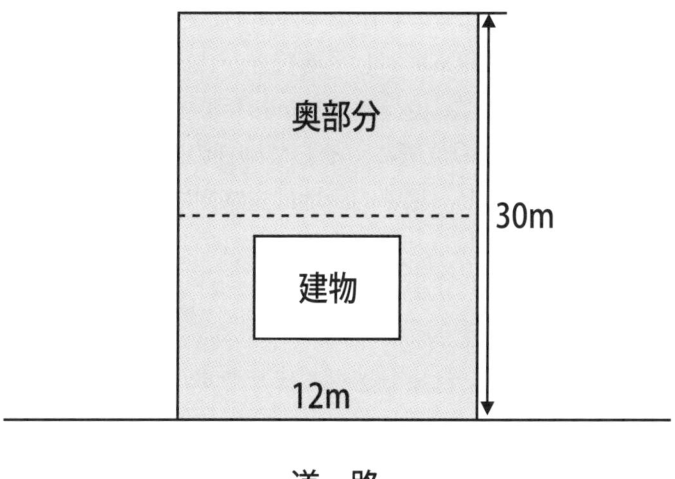

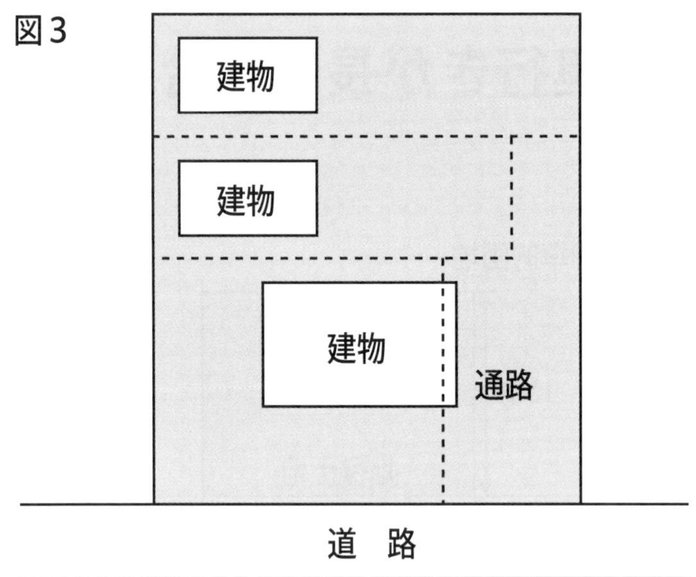

評価ポイント

「奥行逓減」とは，奥行きの度合いをいい，標準的画地の奥行きに対し担保土地の度合いが大きいと，程度により奥部分の利用効率が劣ることになります。

図１が標準的画地で，間口が12mに対し，奥行きが15m，図２は担保土地であり，標準的画地と間口は同じ12mに対し，奥行きが30mあります。

担保土地に標準的画地と同様の位置に，そして同様の規模の建物を建てたとします。近隣地域が標準住宅地域とすると，標準的画地は道路側にきちんと庭を設けることができ，居住するには十分な状況にあるといえます。これに対し，担保土地は点線より道路側の土地だけで標準的画地と同じ状況を作り出せるわけで，点線より奥の部分の土地はいわば余分な土地となっています。

奥部分は確かに庭として使うには十分過ぎるほどですが，規模が大きい場合には他の用途に使うこともできます。

図３のように奥部分を住宅分譲地として処分することを考えることができます。規模的には奥部分に２区画ができますが，建物を合法的に建てるためには接道義務を満たすための通路が必要になります。

しかし，この通路を設けるのに既存の建物を取り壊す必要が生じ，反対に既存の建物を取り壊さなくては通路を設けることはできません。また，通路を設けた場合，自己の居住用部分（道路側）の面積が通路に取られ，標準的画地よりも規模が小さくなり，居住用部分の土地の居住環境は標準的画地よりも劣ることになります。

評価的に見ても，分譲部分は袋地ですので，路地状部分（通路部分）の価値は低くなり，有効宅地部分も通路奥ということで，やはり価値は落ちます。そして，居住用部分も標準的画地よりも居住環境が劣る分，価値は落ちます。よって，標準的画地の時価単価と比較した場合，総合的に担保土地の単価のほうが低くなることになります。

このように，奥行逓減は減価の要因になることがわかります。

奥行きに関する補正について，理論的根拠を求めることは難しいのですが，経験値として土地価格比準表に掲載されている奥行逓減に関する補正率表を利用することができます。

補正率は住宅地域と商業地域に分けて考えます。なお，敷地奥部分を分譲等，分割可能な場合の評価については，次項で解説します。

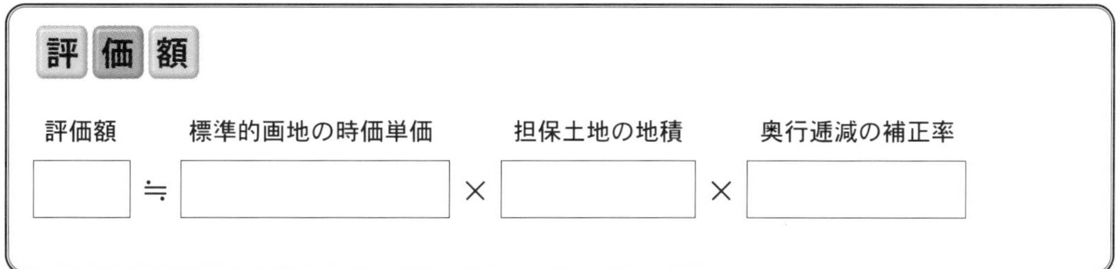

表1　住宅地域における補正率表

地域	普通	やや劣る	劣る	相当に劣る	極端に劣る
優良住宅地域	1.00	0.94	0.88	0.82	0.77
標準住宅地域	1.00	0.94	0.88	0.82	0.77
混在住宅地域	1.00	0.94	0.88	0.82	0.77
農家集落地域	1.00	0.95	0.85	――	――

普通………………標準的画地とほぼ同じ奥行の画地
やや劣る…………標準的画地の奥行の1.5以上2.0未満
劣る………………標準的画地の奥行の2.0以上2.5未満
相当に劣る………標準的画地の奥行の2.5以上3.0未満
極端に劣る………標準的画地の奥行間口の3.0以上
＜農家集落地域の場合＞
普通………………標準的画地とほぼ同じ奥行の画地
やや劣る…………標準的画地の奥行の1.5以上3.0未満
劣る………………標準的画地の奥行の3.0以上
＊七次改訂　土地価格比準表を参考

表２　商業地域における補正率表

地域	普通	やや劣る	劣る	相当に劣る	極端に劣る
高度商業地域	1.00	0.99	0.97	0.96	0.94
準高度商業地域	1.00	0.99	0.97	0.96	0.94
普通商業地域	1.00	0.97	0.93	0.90	0.87
近隣商業地域	1.00	0.97	0.93	0.90	0.87
郊外路線商業地域	1.00	0.97	0.93	0.90	0.87

普通………………標準的画地とほぼ同じ奥行の画地
やや劣る…………標準的画地の奥行の1.3以上1.5未満
劣る………………標準的画地の奥行の1.5以上2.0未満
相当に劣る………標準的画地の奥行の2.0以上3.0未満
極端に劣る………標準的画地の奥行間口の3.0以上
＜郊外路線商業地域の場合＞
普通………………標準的画地とほぼ同じ奥行の画地
やや劣る…………標準的画地の奥行の1.5以上2.0未満
劣る………………標準的画地の奥行の2.0以上3.0未満
相当に劣る………標準的画地の奥行の3.0以上4.0未満
極端に劣る………標準的画地の奥行間口の4.0以上
＊七次改訂　土地価格比準表を参考

◆◆具体例◆◆

図４のような標準住宅地域に存する担保土地があり，標準的画地の奥行は20mなのに対し，36mもあります。標準的画地の価格は150,000円／㎡，担保土地の地積は150㎡です。この場合の担保土地の評価額は以下のとおりです。なお，ここでは便宜上，奥行逓減についてだけ補正を行うものとします。

①　奥行逓減の補正率

担保土地の奥行き

$$\frac{36\text{m}}{20\text{m}} \fallingdotseq 1.80$$

標準的画地の奥行き

②　担保評価額

表１の補正率表では，「やや劣る」に該当します。よって，補正率は0.94です。

標準的画地の時価単価		担保土地地積		奥行逓減の補正率		評価額
150,000円／㎡	×	150㎡	×	0.94	≒	21,200,000円
						（141,000円／㎡）

図4

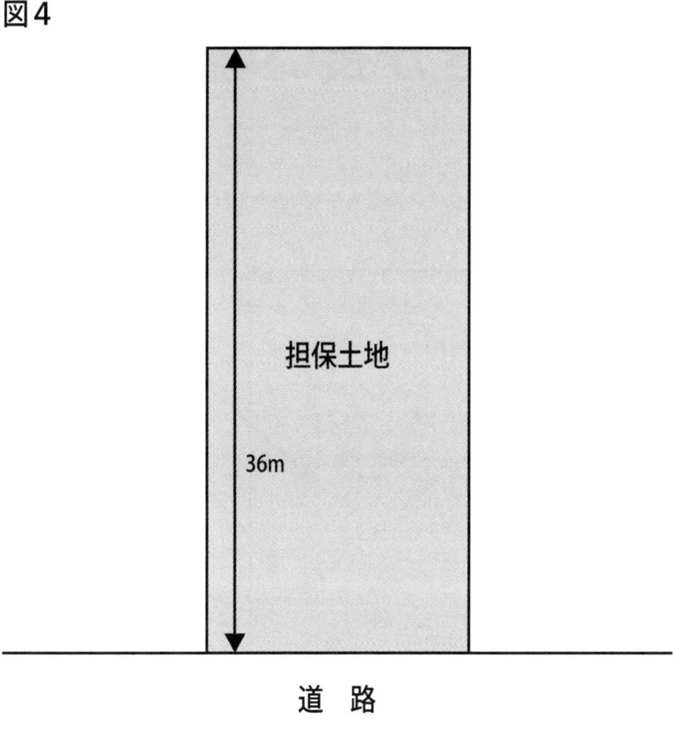

case 32

奥行逓減（奥行きが長い場合）2

規模が比較的大きい場合

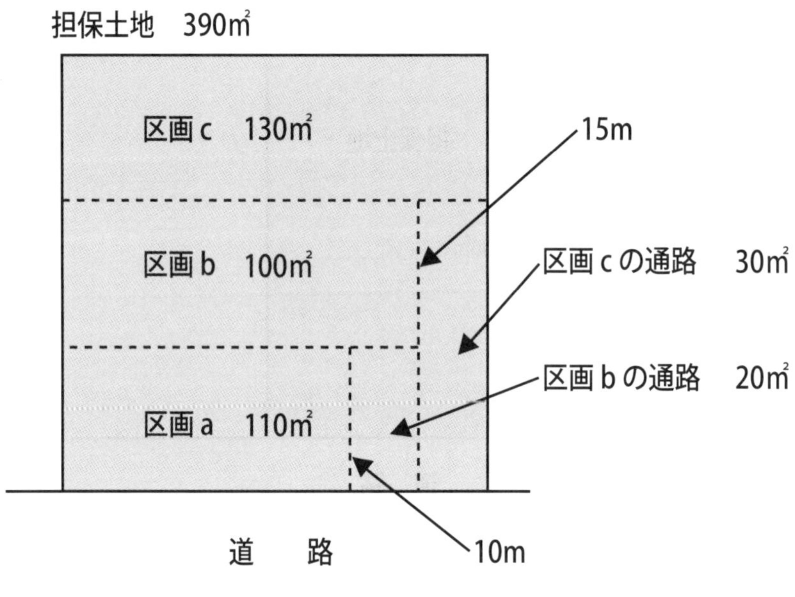

評価ポイント

規模が比較的大きい場合には他の用途に使うこともできます。たとえば図のように奥部分を住宅分譲地として処分することもできます。

この場合，担保土地の評価額を算出する場合には，各画地の評価額を算出し合計すればよいのですが，他の補正も行う必要があり，奥行逓減の補正率だけを求める場合には，面積補正を施した各画地の地積の合計を担保土地の地積で除して求める方法も有効です。

なお，この場合には，図にあるように担保土地の奥部分は区画ｂや区画ｃのように袋地ですので，その補正にあっては袋地の項を参照します。

評価額

住宅地で敷地規模もある程度あり，宅地分譲が可能な場合は，奥行逓減を次の算式により求めることができます。

補正率		A		担保土地の地積
	≒		÷	

A ＝ （区画aの地積×補正率）＋（区画bの有効宅地部分の地積×補正率）＋（区画cの有効宅地部分の地積×補正率）＋（区画bの路地状部分の地積×補正率）＋（区画cの路地状部分の地積×補正率）

◆具体例◆

図のような標準住宅地域に存する奥行逓減の担保土地があり，3区画に分譲できます。

この場合の担保土地の評価額は以下のとおりです。なお，区画aは補正なし，区画bの有効宅地部分は▲15%，区画c有効宅地部分は▲15%，区画bの路地状部分およびcのそれは▲50%の補正率とします。

区画aの地積　補正率
110㎡ × 1.0 ＝110㎡…①

区画bの有効宅地部分の地積　補正率
100㎡ ×（1.0－0.15）＝ 85㎡…②

区画cの有効宅地部分の地積　補正率
130㎡ ×（1.0－0.15）＝ 110.5㎡…③

区画bの路地状部分の地積　補正率
20㎡ ×（1.0－0.5）＝ 10㎡…④

区画cの路地状部分の地積　補正率
30㎡ ×（1.0－0.5）＝ 15㎡…⑤

A ＝ ①～⑤の合計 ＝ 330.5㎡

A　担保土地の地積　補正率
330.5㎡ ÷ 390㎡ ≒ 0.847

case 33

奥行短小（奥行きが短い場合）1

住宅地の場合

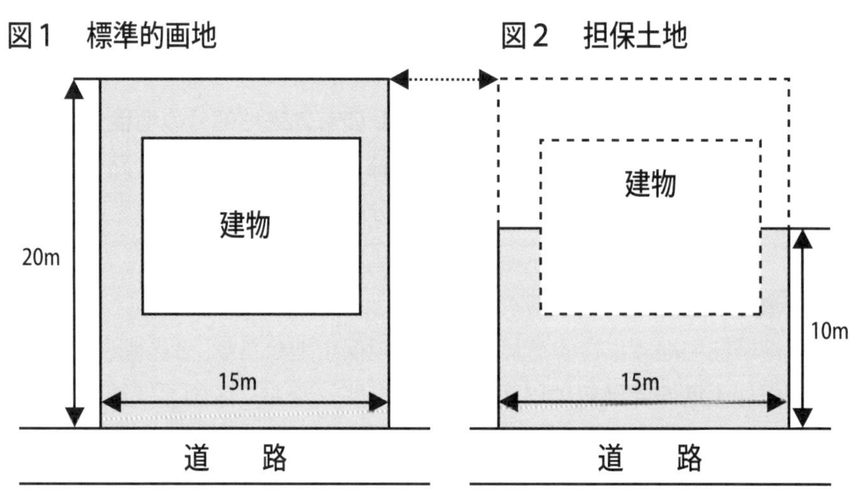

評価ポイント

標準的画地の奥行に比べ，担保土地の奥行が短い場合も，担保土地の利用は標準的画地よりも劣ります。たとえば，標準住宅地域で標準的画地の間口が15m，奥行20mに対し，担保土地の間口が15m，奥行10mの場合，標準的画地は建物が図１の位置に存することにより，道路側に庭部分を設けることができ，土地の利用が効率的になされます。これに対し，図２の担保土地は奥行が短いために，標準的画地と同じ位置に建物を建てることはできません。

仮に担保土地内に建物を建てようとしても，建ぺい率・容積率制限もありますが，それ以上に奥行がないために標準的画地と同一規模の建物を建てることができません。

したがって，担保土地の場合，標準的画地に比べ小さな建物にならざるを得ず，奥行短小も減価の原因になるといえます。

評価額

評価額		標準的画地の時価単価		担保土地の地積		奥行短小の補正率
	≒		×		×	

住宅地域の補正率表

地域	普通	やや劣る	劣る	相当に劣る	極端に劣る
優良住宅地域	1.00	0.96	0.93	0.90	0.86
標準住宅地域	1.00	0.96	0.93	0.90	0.86
混在住宅地域	1.00	0.96	0.93	0.90	0.86
農家集落地域	1.00	0.94	0.88	―――	―――

普通………………標準的画地とほぼ同じ奥行の画地
やや劣る…………標準的画地の奥行の0.6以上0.7未満
劣る………………標準的画地の奥行の0.4以上0.6未満
相当に劣る………標準的画地の奥行の0.2以上0.4未満
極端に劣る………標準的画地の奥行間口の0.2未満
＜農家集落地域の場合＞
普通………………標準的画地とほぼ同じ奥行の画地
やや劣る…………標準的画地の奥行の0.3以上0.6未満
劣る………………標準的画地の奥行の0.3未満
＊七次改訂　土地価格比準表を参考

◆◆ 具体例 ◆◆

図２のような標準住宅地域に存する奥行短小（標準的画地の奥行20m，担保土地の奥行10m）の担保土地（地積150㎡）があります。

この場合の担保土地の評価額は以下のとおりです。なお，標準的画地の時価単価は160,000円／㎡とし，便宜上，奥行短小のみの補正を行うものとします。

① 奥行短小の補正率

担保土地の奥行

$$\frac{10\text{m}}{20\text{m}} \fallingdotseq 0.50$$

標準的画地の奥行

② 担保評価額

上記補正率表では，「劣る」に該当します。よって，補正率は0.93です。

標準的画地の時価単価		担保土地地積		奥行短小の補正率		評価額
160,000円／㎡	×	150㎡	×	0.93	≒	22,300,000円
						（149,000円／㎡）

case 34

奥行短小（奥行きが短い場合）2

商業地の場合

図1　標準的画地　　　図2　担保土地

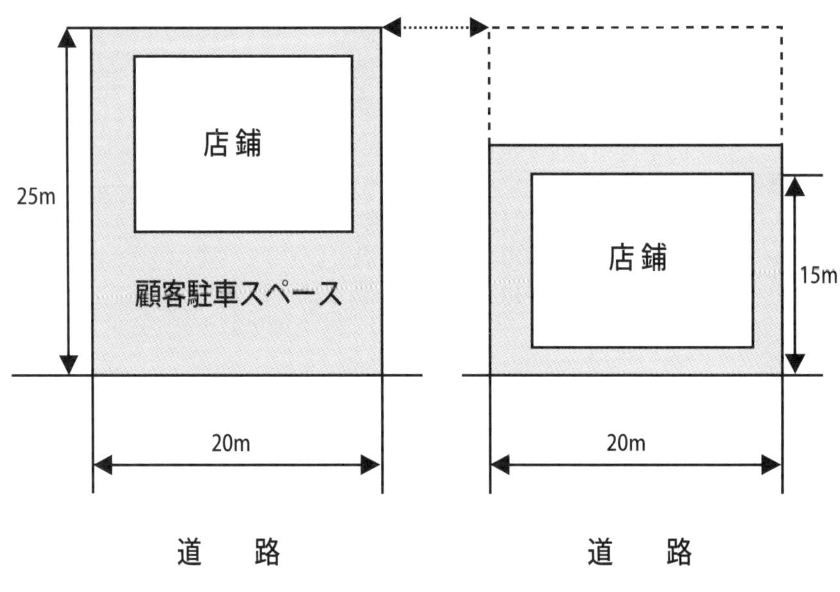

評価ポイント

商業地で奥行短小の場合は次のようなデメリットがあります。たとえば図1の標準的画地は店舗前面に十分な顧客のための駐車スペースをとることができますが，図2の担保土地に同規模の店舗を建築するとした場合，駐車スペースすら設けることができません。

来店型の店舗の場合，駐車スペースの有無は収益に著しく影響を与えます。このような場合は，商業収益の多寡により補正を行う方式，すなわち収益方式が最も妥当ですが，正確な収益を予想できない場合も多く，その場合は経験値にもとづく補正率を適用することを勧めます。

ここではこの補正率における評価について解説します。

評価額

評価額　≒　標準的画地の時価単価　×　担保土地の地積　×　奥行短小の補正率

商業地域の補正率表

地域	普通	やや劣る	劣る	相当に劣る	極端に劣る
高度商業地域	1.00	0.97	0.94	0.91	0.89
準高度商業地域	1.00	0.97	0.94	0.91	0.89
普通商業地域	1.00	0.97	0.93	0.90	0.87
近隣商業地域	1.00	0.97	0.93	0.90	0.87
郊外路線商業地域	1.00	0.97	0.93	0.90	0.87

普通………………標準的画地とほぼ同じ奥行の画地
やや劣る…………標準的画地の奥行の0.6以上0.8未満
劣る………………標準的画地の奥行の0.4以上0.6未満
相当に劣る………標準的画地の奥行の0.2以上0.4未満
極端に劣る………標準的画地の奥行間口の0.2未満

◆◆具体例◆◆

図２のような近隣商業地域に存する奥行短小（標準的画地の奥行25m，担保土地の奥行15m）の担保土地（地積300㎡）があります。

この場合の担保土地の評価額は以下のとおりです。なお，標準的画地の時価単価は250,000円／㎡とし，便宜上，奥行短小のみの補正を行うものとします。

①　奥行短小の補正率

担保土地の奥行

$$\frac{15m}{25m} = 0.60$$

標準的画地の奥行

②　担保評価額

上記の補正率表では，「やや劣る」に該当します。よって，補正率は0.97です。

標準的画地の時価単価　担保土地地積　奥行短小の補正率　評価額

250,000円／㎡　×　300㎡　×　0.97　≒　72,800,000円

（243,000円／㎡）

case 35

段差 1

敷地規模がある程度あり，道路面に対し垂直に段差があって，数区画がとれる場合

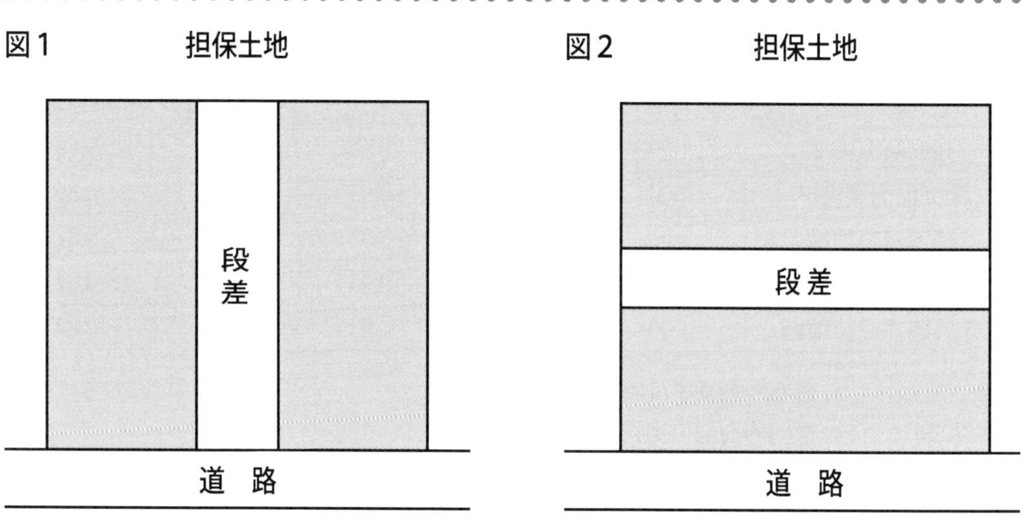

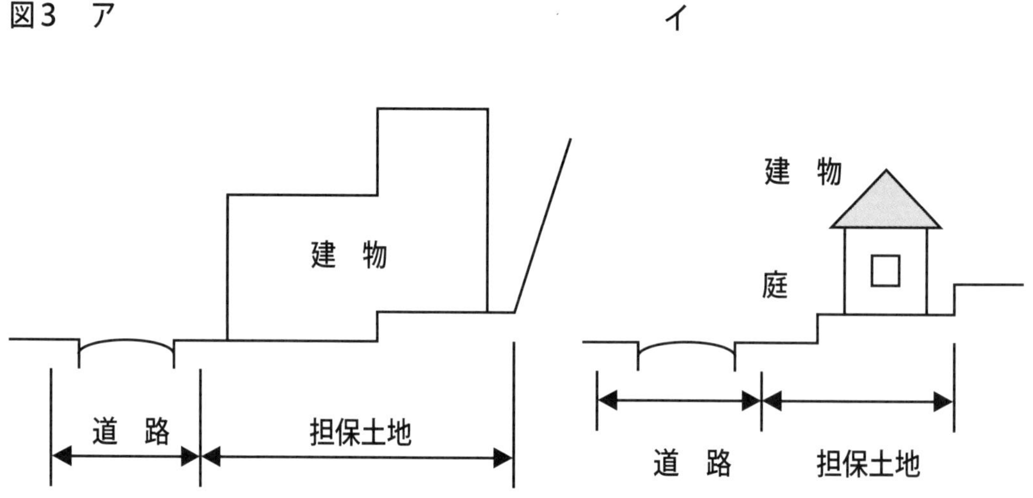

図4　ア　担保土地　　　　　　イ　担保土地

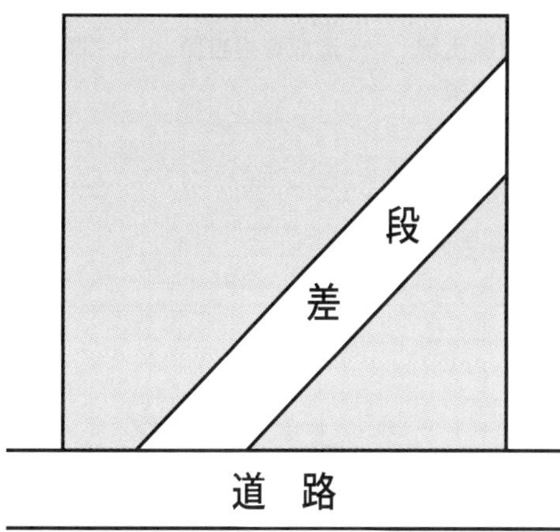

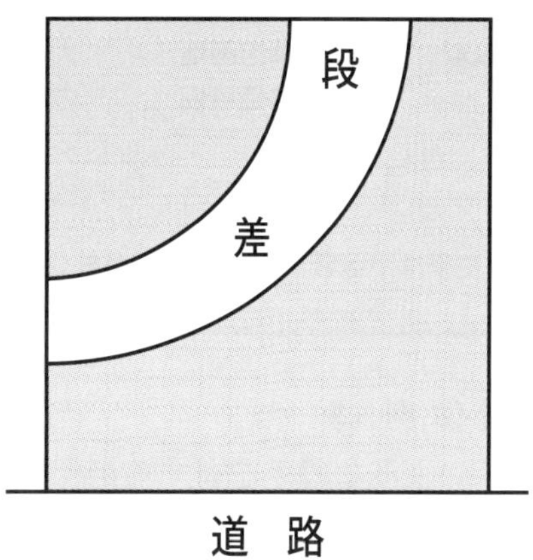

評価ポイント

担保土地内に段差がある場合，いくつかのパターンが考えられます（図１～４）。

① 敷地規模がある程度あり，接面道路に対し垂直に段差があって数区画がとれる場合（図１）

この場合，担保土地のほぼ全体を有効活用できるため，減価の程度は少なくなります。

② 敷地規模がある程度あり，接面道路に対し平行に段差があって，数区画がとれる場合（図２）

この場合，接面道路に対し段差が平行にあるため奥の区画が袋地（路地状部分を持つ土地）となるよう分割することが考えられます。

③ 敷地規模は１区画程度であるが，段差があってもその状態を所与として利用できる場合（図３ア・イ）

たとえば図３アのように建物が段差を利用して建てられる場合，またイのように道路側を庭として利用できる場合等が考えられます。

④ 段差が存することにより，盛土や切土の必要がある場合（図４ア・イ）

図４は段差の位置が悪いため，どうしても盛土，切土をしなければ建物を建てることはできません。

ここでは，①について解説します（②～④の解説は次項以降で行います）。①の場合は，規模が大きいことによる補正（大規模地１～３を参照）と，数区画に区分した場合の造成費相当額を控除することになります。

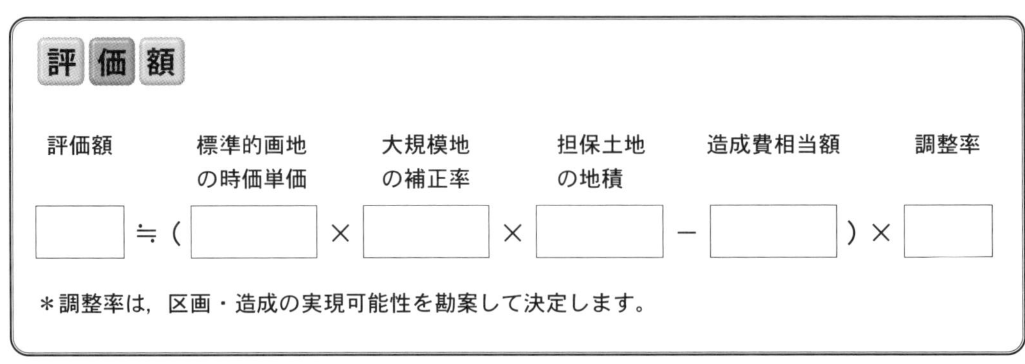

評価額
評価額
標準的画地の時価単価
大規模地の補正率
担保土地の地積
造成費相当額
調整率
□ ≒（□ × □ × □ － □）× □
＊調整率は，区画・造成の実現可能性を勘案して決定します。

◆◆ **具体例** ◆◆

図５のような段差を有する担保土地（地積425㎡）があります。段差部分を中心として標準的画地（地積204㎡，間口12m，奥行17m）程度の画地を２区画造成できる状態です。標準的画地の時価単価は150,000円／㎡であるとすると，この担保土地の評価額は次のようになります。なお，擁壁工事費等の造成費は680,000円とし，区画造成も容易であると判断されるとします。

標準的画地の時価単価		大規模地の補正率		担保土地の地積		造成費相当額			調整率		評価額
（150,000円／㎡	×	408㎡／425㎡	×	425㎡	－	680,000円	）	×	1.0	≒	60,500,000円（142,000円／㎡）

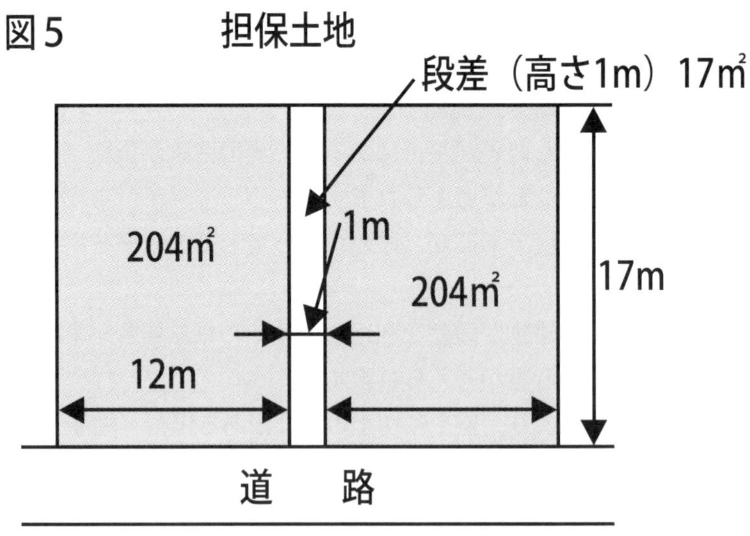

case 36

段差 2

敷地規模がある程度あり，道路面に対し平行に段差があって，数区画がとれる場合

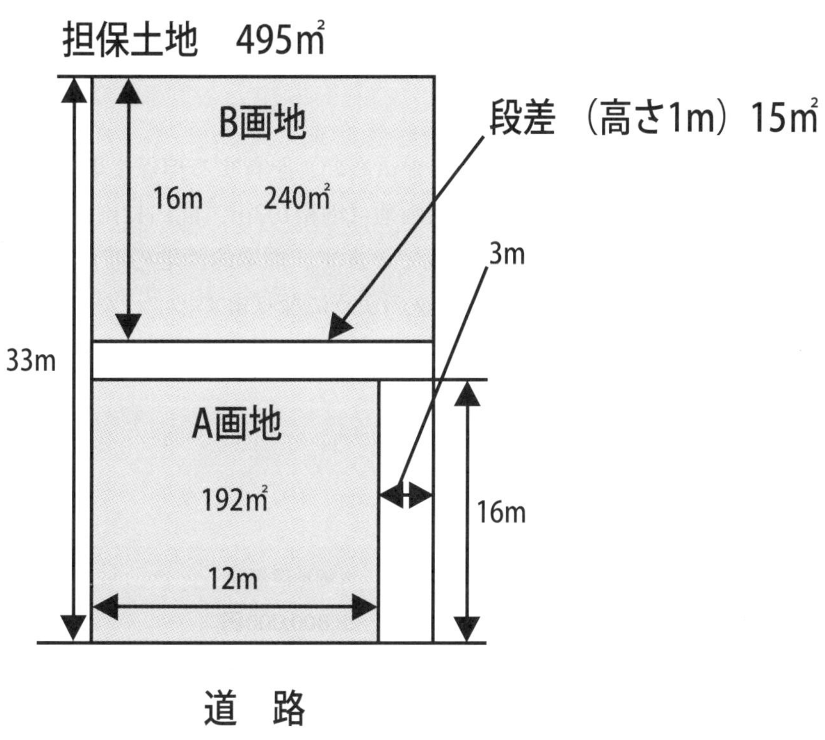

評価ポイント

この場合は，規模が大きいことによる補正（大規模地１～３を参照）に加え，造成費相当額の控除ならびに袋地となる画地の補正（袋地１，２を参照）を行う必要があります。

なお，画地ごとに評価額を算出し，その合計額から造成費相当額を控除する方法が袋地補正を適正にでき，妥当と思われます。

評価額

評価額		A画地の評価額		B画地の評価額	………	造成費相当額		調整率
□	≒［（	□	＋	□	＋………）－	□	］×	□

＊調整率は，区画・造成の実現可能性を勘案して決定します。

◆◆具体例◆◆

図のような段差（A画地に対して１ｍ高い）を有する担保土地（地積495㎡）があります。段差部分を中心として標準的画地（地積192㎡，間口12m，奥行16m）程度のA画地と袋地たるB画地の２区画造成できます。標準的画地の時価単価は150,000円／㎡とすると，この担保土地の評価額は次のようになります。

なお，擁壁工事費等の造成費は600,000円とし，区画造成も容易であると判断されるとします。

●各画地の評価額算出

A画地：

標準的画地の時価単価		担保土地の地積		A画地評価額
150,000円／㎡	×	192㎡	＝	28,800,000円

B画地：袋地１の評価方法にもとづき次のように算出します。

なお，有効宅地部分は安全性を見て，「市場性が劣り，厳しく評価する場合」の補正率を適用します。有効宅地部分の補正率は路地状部分の長さが16mなので▲15%，路地状部分の補正率は幅員が３ｍなので▲30%となります（次頁表等参照）。

標準的画地の時価単価		有効宅地部分補正率		有効宅地部分の地積	路地状部分補正率		路地状部分の地積
150,000円／㎡	×［	（１＋▲0.15）	×	240㎡＋	（１＋▲0.3）	×	（３ｍ×16m）］

B画地評価額
≒　35,600,000円

●担保土地全体の評価額算出

	A画地の評価額		B画地の評価額		造成費相当額		調整率		評価額
［（	28,800,000円	＋	35,600,000円）	－	600,000円	］×	1.0	＝	63,800,000円 （129,000円／㎡）

袋地1　評価方法

①　有効宅地部分の補正率

・市場性が高く緩めに評価する場合………補正なし

・通常に評価する場合………一律▲10％

・市場性が劣り，厳しく評価する場合

路地状部分の長さ（A）	補正率
10m未満の場合	▲10％
10m以上20m未満	▲15％
20m以上の場合	▲20％

②　路地状部分の補正率

・幅員（B）が３m以上………▲30％

・幅員（B）が２m以上３m未満………▲50％

case 37

段差３

敷地規模は１区画程度であるが，段差の存する状態を所与として利用できる場合

図１

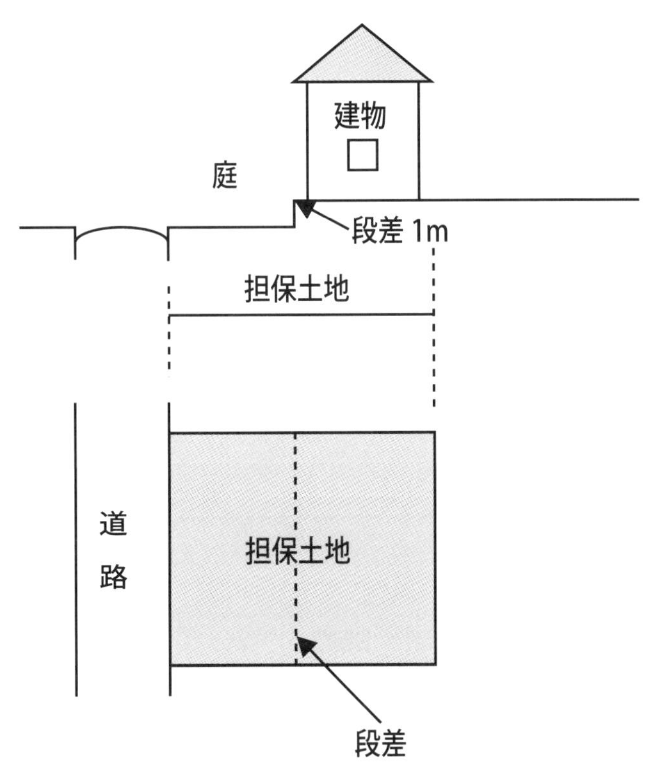

評価ポイント

盛土・切土等による段差解消を行うよりも，段差を活かして建物を建てることができ，しかも期間や費用面からもその方が有利と判断される場合もあります。

段差を活かして建物を建てることのほうが有利であるとの判断は，段差解消の場合と，段差を活かす場合の，段差があることによる設計・施工の難易の面，設計料や建築費用の増加，盛土・切土を伴う場合の費用面等を正確に積算して行うのが本来です。しかし，実際には，既存の担保建物等が段差を利用した形で建築されている場合に，当該担保土地は段差を利用して建物を建てることが可能であり，そのほうが費用面等で有利であるとの判断を下されることが多いようです。

また，評価方法ですが，上記のような設計・施工等の費用面等の正確な積算は難しく，時間がかかります。そこで，段差解消に要する費用等を勘案する方法で評価します。なぜならば，段差解消をするよりも費用面等で有利と判断されることから段差を利用した建物建築を行う，あるいは行われているわけですから，段差解消費用等を勘案する方法が最も安全性を勘案した担保評価額になるからです。

評価額

評価額		標準的画地の時価単価		担保土地の地積		段差解消費相当額		調整率
□	≒（	□	×	□	−	□	）×	□

＊調整率は，設計・施工の難易，施工に要する期間の状況等を勘案して決定します。

◆◆ **具体例** ◆◆

図１のような段差（１ｍ）を有する担保土地（地積180㎡）があり，その上には段差を利用した形で建物が建っています。担保土地は段差を有する以外はほぼ標準的画地と同じ条件です。標準的画地の時価単価を150,000円／㎡とすると，この担保土地の評価額は次のようになります。

なお，段差解消費用等は施工業者の積算にもとづき600,000円とし，また施工は，段差がある分，資材の搬入等の面で通常施工よりもやや困難性を有し，時間を要するものと判断されるとします。よって，その困難性に基づく調整率を0.9とします。

	標準的画地の時価単価		担保土地の地積		段差解消費相当額		調整率		評価額
（	150,000円／㎡	×	180㎡	−	600,000円	）×	0.9	≒	23,800,000円
									（132,000円／㎡）

case 38

段差４

敷地規模は１区画程度であるが，段差があることにより，盛土や切土の必要がある場合

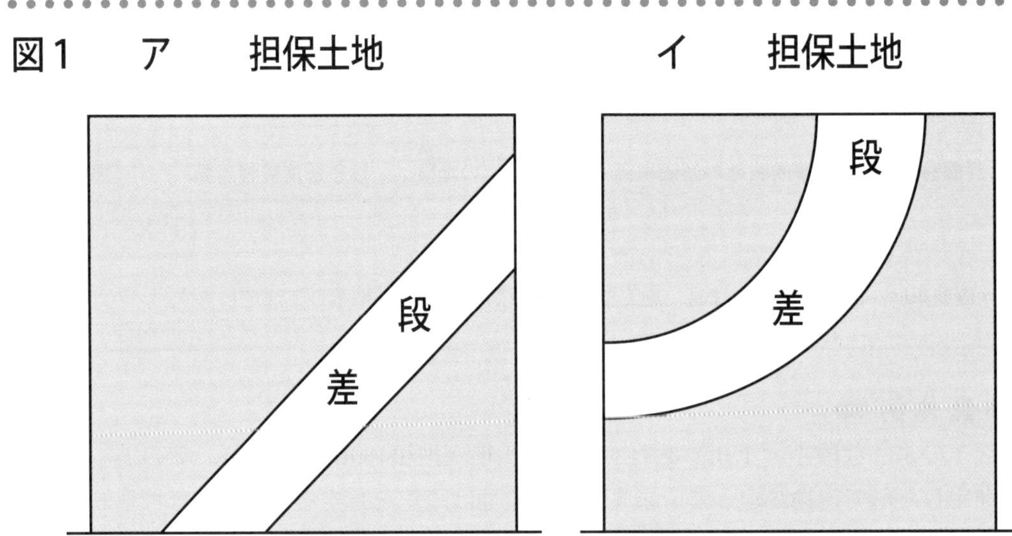

評価ポイント

盛土・切土等による段差解消を行うほうが，段差を利用して建物を建てるよりも期間や費用面から有利と判断される場合には，盛土や切土に要する費用等を控除する方法で評価します。

なお，盛土・切土等による段差解消を行うほうが有利であるとの判断は，段差解消の場合と，段差を活かす場合の，段差があることによる設計・施工の難易の面，設計料や建築費用の増加，盛土・切土を伴う場合の費用面等を正確に積算比較して行うのが本来です。

しかし，実際には，担保土地上に建物が存しない場合に，段差を解消する形で評価することが多いようです。

評 価 額

評価額		標準的画地の時価単価		担保土地の地積		段差解消費相当額		調整率
	≒（		×		−		）×	

＊調整率は，段差解消の難易，施工に要する期間の状況等を勘案して決定します。

◆◆ 具体例 ◆◆

図２のような段差（２m）を有する担保土地（地積150㎡）があり，現在更地です。担保土地は段差を有する以外はほぼ標準的画地と同じ条件です。標準的画地の時価単価を150,000円／㎡とすると，この担保土地の評価額は次のようになります。

なお，段差解消費用等は施工業者の積算にもとづき1,200,000円とし，また施工は，接面道路の幅員が狭いため，やや困難性を有し，時間を要するものと判断されるため調整率を0.9とします。

	標準的画地の時価単価		担保土地の地積		段差解消費相当額		調整率		評価額
（	150,000円／㎡	×	150㎡	−	1,200,000円	）×	0.9	≒	19,200,000円
									（128,000円／㎡）

図２

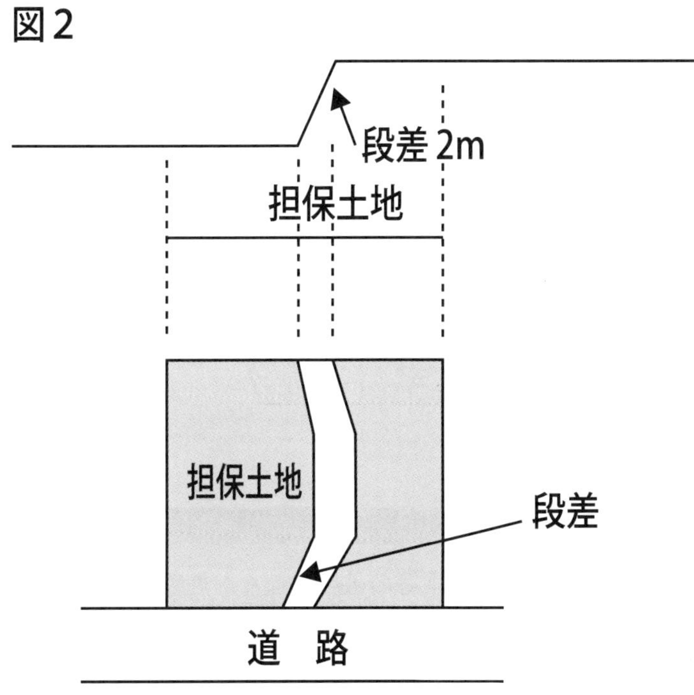

case 39

軟弱地盤

周辺地域に比べ軟弱地盤である場合

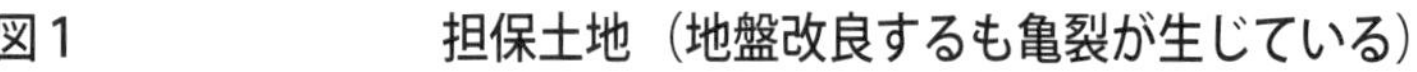

図1　担保土地（地盤改良するも亀裂が生じている）

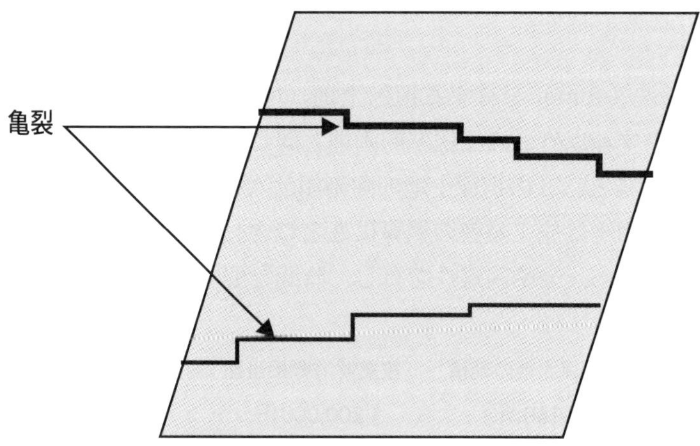

図2　担保土地（地盤改良をする場合）

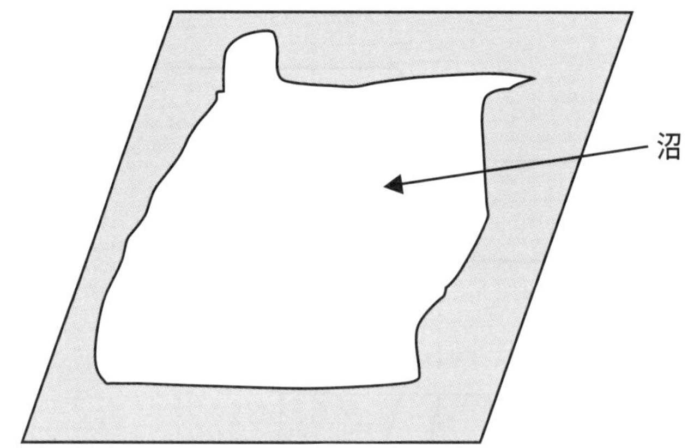

評価ポイント

すでに地盤改良が行われ，地盤沈下等の被害もなく，地盤の状態が良好な場合には補正の必要はありませんが，地盤の改良が不十分な場合や，これから地盤改良を行う必要がある土地（たとえば，沼地，休耕田，湿地等），あるいは，地盤改良まで必要ないが基礎を工夫しなければならない等の場合には補正の必要があります。

評価額

担保評価にあっては，次の2類型に区分し評価をします。

① 地盤の改良が不十分あるいは基礎を工夫しなければならない場合

通常，近隣地域の標準的建物（たとえば木造2階建）からすれば，布基礎（図3）でいいのに，鉄筋コンクリートのべた基礎（図4）にしなければならなかったり，あるいは標準的建物が鉄筋コンクリート造5階建ビルの場合など，岩盤に達する杭の長さが通常の2倍かかるなど，基礎を強固にしなければなりません。

基礎部分は建物価値に属するものではありますが，この場合は土地が軟弱であるがゆえに必要となるコストですので，当該コストを土地にかかるコストと考えます。

近隣地域の標準的画地と軟弱地盤である担保土地における標準的建物の建築にかかる1㎡当たりの基礎工事・土工事費を施工業者等に聞くなどして把握したうえで，次の算式により減価額を把握します。

図3　布基礎

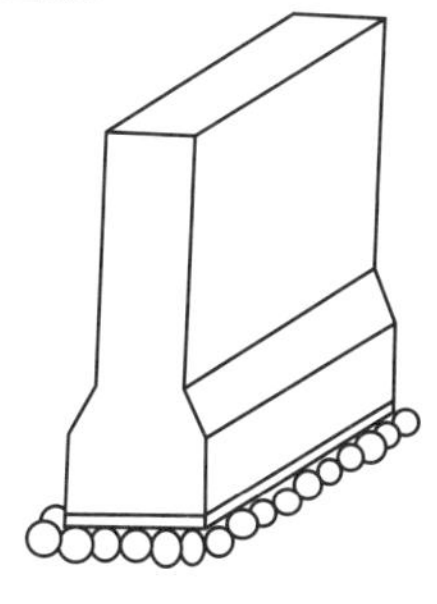

図4　べた基礎

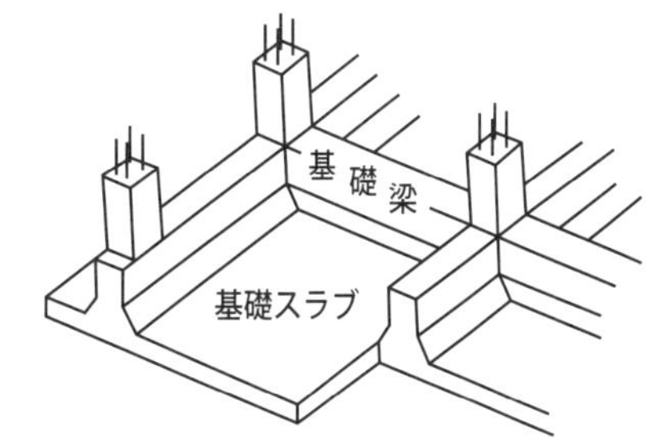

減価額		担保土地における標準的建物を建築する場合における1㎡あたりの基礎工事費・土工事費		標準的画地における1㎡あたりの基礎工事費・土工事費		標準的建物の延べ面積
□	≒ (	□	−	□	) ×	□

② 地盤改良を行う必要がある場合

この場合は，地盤改良工事が減価額になります。

なお，地盤改良の種類は次頁表のとおりです。また，図5はサンドドレーン工法の解説図です。

減価額		担保土地における地盤改良に要する費用
□	≒	□

締め固め	振動，バイブロフローテーション，載荷，転圧，突き固め
脱水締め固め	重量排水：かま場排水，深井戸排水 強制排水：ウェルポイント排水，サンドドレーン，ペーパードレーン 電気排水
固結	セメント注入，薬物注入
置き換え	（弱い土を掘り取って強い土と入れ換える）
混合	粘土調整，セメント混合，薬液混合

図５　　サンドドレーン工法

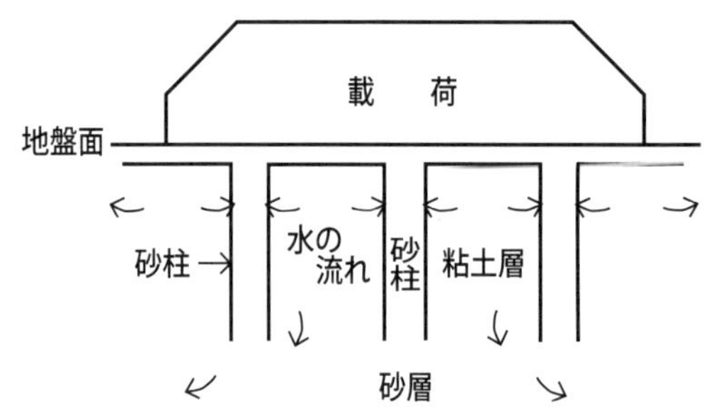

◆◆ **具体例** ◆◆

図１のような地盤改良土地である普通住宅地域に存する担保土地（地積150㎡）があります。施工業者に聞いたところ基礎を鉄筋コンクリートのべた基礎にすれば標準的建物を建てることができるそうです。また，その場合の施工費は通常（2.5万円／㎡）よりも１㎡あたり１万円余計にかかるとのことでした。

この場合の担保土地の減価額は次のように求められます。

なお，標準的建物の延床面積は120㎡です。

担保土地における標準的建物を建築する場合における１㎡あたりの基礎工事費・土工事費	標準的画地における１㎡あたりの基礎工事費・土工事費	標準的建物の延べ面積	減価額
[(25,000円／㎡＋10,000円／㎡) －	25,000円／㎡] ×	120㎡ ＝	1,200,000円

用語解説

① 布基礎……連続フーチング基礎ともいい，壁下部分で壁の方向に連続したT字形の基礎をいいます（図3）。

② べた基礎……建物の底面全部を基礎スラブとしたもので，地盤が軟弱な場合にこの方法が適用されます（図4）。

③ バイブロフローテーション工法……砂質地盤に適用されます。地盤に穴をあけ，砂利や粗砂などの透水性のよい材料を穴の中に入れながら水噴射ノズルのついた振動機の上下運動により締め固めていく工法です。

④ サンドドレーン工法……軟弱粘性土地盤に適しています。地盤中に砂柱を作り，地盤上に載荷します。砂柱を水路として排水するので速く圧密します（図5）。

⑤ ペーパードレーン工法……サンドドレーン工法ですが，砂の代わりに紙等を使ったものです。

case 40

上水道がない場合

担保土地に上水道がない場合

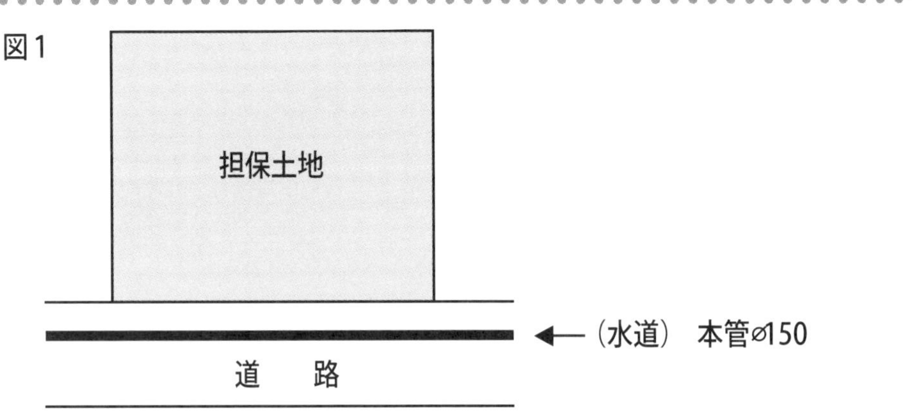

評価ポイント

通常，担保土地に建物があれば，上水道が引かれていますが，なかには井戸を利用している場合もあります。実際に上水道が引かれているかどうかは，市区町村役場の水道課等に行き，水道配管図を閲覧することにより，前面道路における上水道本管の埋設状況が確認できます（図１）。

調査の結果，担保土地に上水道が引かれていない場合には，前面道路に本管があるかどうかを確認し，あれば，引込みが可能です。しかし，本管から道路部分および敷地への引込費用は土地所有者（利用者）負担とされることが多く，また，水道加入金等の負担の存する場合もありますので，どのくらいの金額かを調査しておく必要があります。

前面道路にも本管が入っていない場合，埋設されている道路の本管から前面道路まで，そして，敷地まで引くことになるのですが，その費用はやはり土地所有者（利用者）の負担とされる場合が多いようです。

担保土地が更地で，その最有効使用がマンション等の共同住宅の場合には，たとえ前面道路に本管が埋設されていても，その管径が戸数分の供給量に合わない場合もありますので，このような場合にも供給可能な管径の太い本管を埋設しなければなりません。

担保評価にあたっては，担保土地に上水道がない場合，①前面道路に本管が埋設されているか，②本管はあるが管径が細いか，など上水道がない状態がどのような状態なのかを調査し，さらに引込費用が担保土地所有者（利用者）の負担なのかどうか，水道加入金等があるかどうか，ある場合はいくらかなども調査します。

引込費用および水道加入金等が担保土地所有者（利用者）の負担であれば，その費用と引込期間を考慮し，評価額を算出します。なお，井戸の利用になる場合は，その費用と期間を考慮することになります。

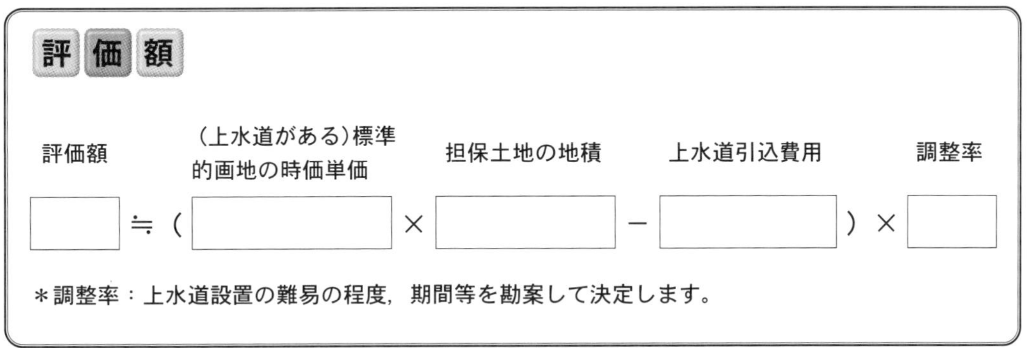

◆◆ 具体例 ◆◆

図２のような上水道のない担保土地（地積150㎡）があります。引込長さは15m，引込費用は60,000円／m，水道加入金は300,000円です。標準的画地は上水道が引き込まれており，その時価単価は150,000円／㎡です。引込工事は道路管理者の承諾があれば可能であり，工事に要する期間も１か月と通常の期間です。

この場合の担保土地の評価額は次のようになります。

（上水道がある）標準的画地の時価単価		担保土地の地積	上水道引込費用		調整率
［150,000円／㎡	×	150㎡	－（60,000円 × 15m ＋ 300,000円）］	×	1.0

評価額
＝　21,300,000円
（142,000円／㎡）

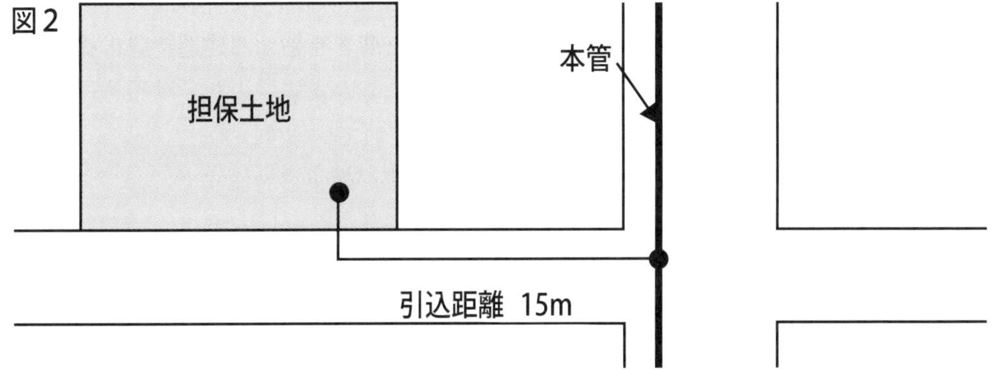

図2

case 41

高圧線下地 1

住宅地の場合

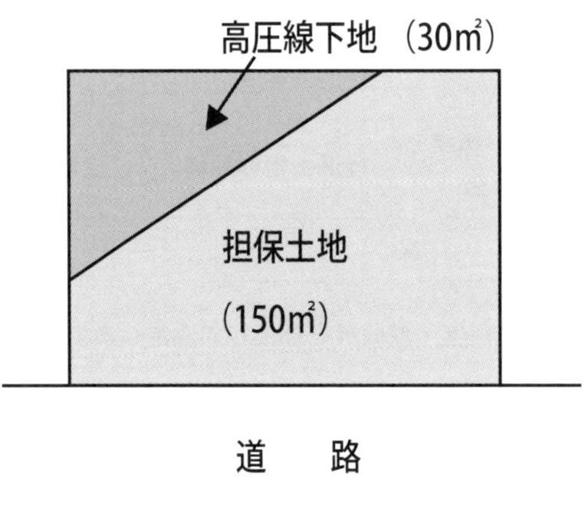

評価ポイント

「高圧線下地」とは特別高圧架空電線路下にある土地をいいます。

「特別高圧架空電線路」とは，電気設備に関する技術基準に定めるものをいい，特別高圧線の電圧が170,000Ｖ未満の場合には送電線の位置により建築できる建物の高さに制限が加えられます。

高圧線下地にあるかどうか，およびその規制内容は，電気事業者に聴取するか，土地登記簿を閲覧することになります。

ただし，必ずしも地役権が設定されているとは限らず，また，電気事業者は第三者には教えてくれない場合もあるので，そのような場合は所有者に確認することが必要です。

高圧線下地の場合には，通常土地登記簿に地役権設定登記がなされており，「電線路の最下垂時における電線の高さから○○ｍを控除した高さを超える建造物等の築造もしくは立竹木の植栽禁止」といった規制内容が登記されています。また，地役権図面には地役権設定範囲，すなわち，規制される範囲が記載されています。

なお，電圧が170,000Ｖ以上の場合には，建物の建築が禁止されます。

住宅地における担保評価では，居住の快適性への影響を勘案します。

主として高圧線下地であることによる嫌悪感を補正率に換算することになります。

評価額

評価額		標準的画地の時価単価		担保土地の地積		高圧線下地であることによる補正率
	≒		×		×	

補正率表

分類		補正率
170,000Ｖ以上		0.50
170,000Ｖ未満	高圧線下地積の担保土地地積に占める割合	
	20％未満	0.90
	20％以上50％未満	0.75
	50％以上80％未満	0.60
	80％以上	0.50

＊(財)日本不動産研究所編・改訂８版不動産評価ハンドブック・大成出版社の評価補正率を参考とした。

◆◆ 具体例 ◆◆

図のように一部（30㎡）が高圧線下地である担保土地（地積150㎡）があります。高圧線下地である点を除き，その他の要因は標準的画地とほぼ同様です。なお，高圧線は170,000Ｖ未満で，標準的画地の時価単価は150,000円／㎡です。この場合の評価額は次のとおりとなります。

① 補正率

高圧線下地積		担保土地の地積				割合		補正率
30㎡	÷	150㎡	×	100	≒	20％	⇒	0.75

② 担保評価額

標準的画地の時価単価		担保土地の地積		高圧線下地であることによる補正率		評価額
150,000円／㎡	×	150㎡	×	0.75	≒	16,900,000円 （113,000円／㎡）

送電線における離隔距離および水平隔離距離

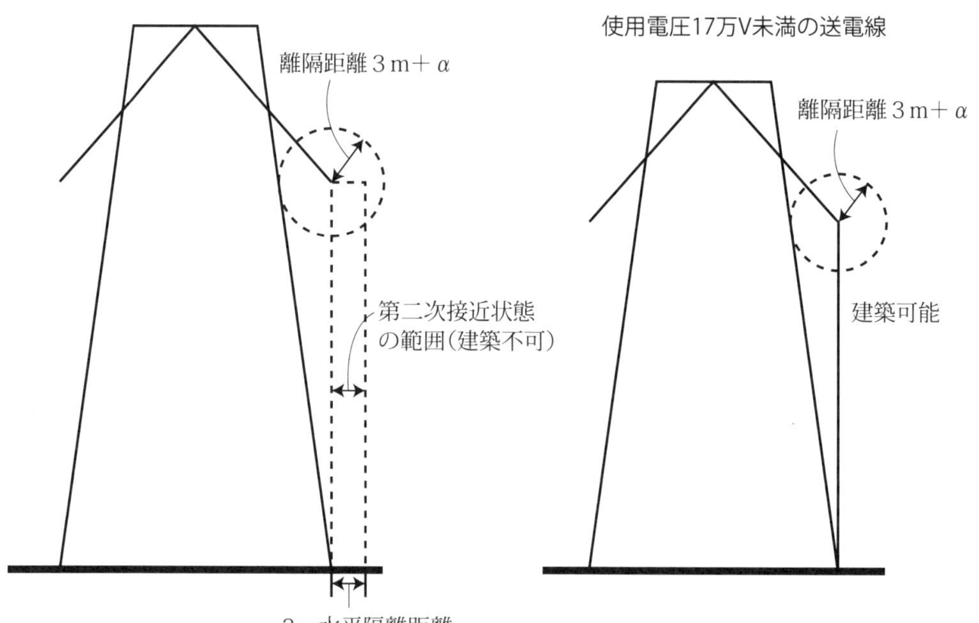

補足説明

電気設備に関する技術基準を定める省令（以下，電気設備基準という）は，電気事業法にもとづき定められたもので，電気事業者が，電気設備に関して公共の安全を確保するために守るべきものとして定められた基準です。

したがって，土地所有者等に対して直接土地利用を制限しているものではなく，電気事業者の義務として送電線路等を施設する際に安全上または保安上の条件として，たとえば特別高圧架空電線路を施設するときは，建造物または工作物等と一定の離隔距離を保つことを義務づけたものです。

高圧線の使用電圧が170,000Ｖ以上では建造物との水平離隔距離３ｍ以内（第二次接近状態）に送電線を電気事業者が施設してはならないことになっており，結果的にその部分には建物が建てられないということになるわけです。

高圧線下地の土地登記簿の権利部乙区に設定される地役権の内容は，通常，次のようになっています。

地役権設定
平成○年○月○日受付
第○○○○○号
原　因　平成○年○月○日地役権設定契約
目　的　電線の支持物を除く電線路を施設することおよびその保守運営のための土地立入り，もしくは通行の容認ならびに当該電線路の最下垂時における電線の高さから○○mを控除した高さを超える建造物等の築造，もしくは立竹木の植栽禁止
範　囲　送電線路線下○側保安線より○側の土地○○㎡
要役地　○○市○○町○○○番地

case 42

高圧線下地 2

商業地の場合

図1　　標準的画地

5階	7百万円
4階	7百万円
3階	7百万円
2階	8百万円
1階	10百万円

図2　　担保土地

4階	7百万円
3階	7百万円
2階	8百万円
1階	10百万円

評価ポイント

商業地域では，賃貸収入，あるいは商業収入（または分譲収入）にもとづき補正率を求めます。

なお，住居地域でも，高層マンションが連立する地域にあっては高圧線下地であることにより，高さに影響が出ることになり，この場合にも商業地域の補正方法にもとづき補正率を求めることになります。

評価額

評価額		標準的画地の時価単価		担保土地の地積		高圧線下地であることによる補正率
	≒		×		×	

商業地域での高圧線下地であることによる補正率は次のようになります。

高圧線下地であることによる補正率 ≒ 担保土地における想定賃貸マンション（ビル）の年間賃貸収入の合計 ／ 標準的画地における想定賃貸マンション（ビル）での年間賃貸収入の合計

◆◆具体例◆◆

5階建商業ビルが標準的使用である商業地域の場合，担保土地（地積250㎡）全体が高圧線下地のため，4階建商業ビルしか建てることができません。

標準的使用である5階建商業ビルの年間賃貸収入は図1のとおりであり，担保土地のそれは図2のとおりです。なお，標準的画地の時価単価は250,000円／㎡です。この場合の担保土地の評価額は次のとおりとなります。

① 補正率

担保土地における想定賃貸マンション（ビル）での年間賃貸収入の合計

1階10百万円＋2階8百万円＋3階7百万円＋4階7百万円＝32百万円

―――――――――――――――――――――――――――――

1階10百万円＋2階8百万円＋3階7百万円＋4階7百万円＋5階7百万円＝39百万円

標準的画地における想定賃貸マンション（ビル）での年間賃貸収入の合計

補正率

≒ 0.821

② 担保評価額

標準的画地の時価単価		担保土地の地積		高圧線下地であることによる補正率		評価額
250,000円／㎡	×	250㎡	×	0.821	≒	51,300,000円
						(205,000円／㎡)

第２

公法的規制

case 43

セットバック部分

建築基準法42条２項道路に接道のため，セットバックが必要となる場合

図１

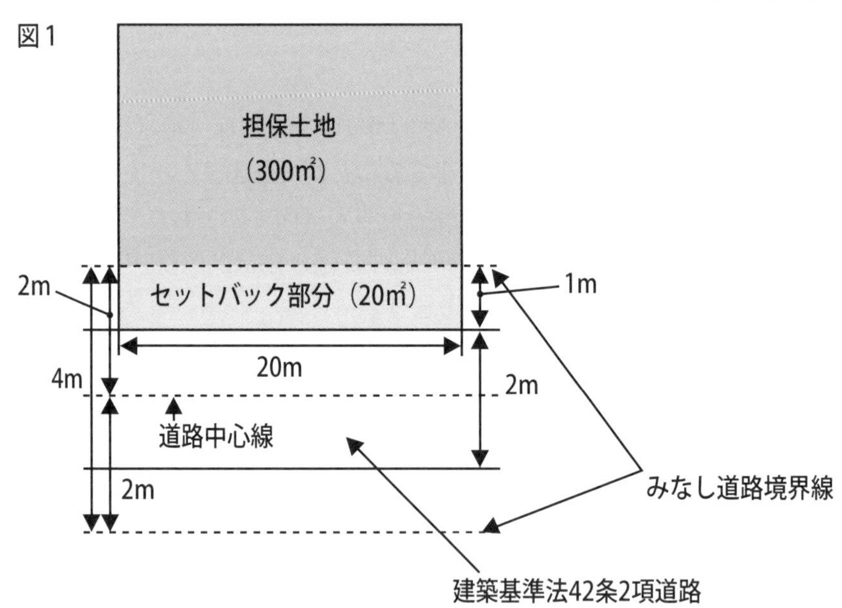

評価ポイント

担保土地が，幅員４ｍ未満（特定行政庁が指定する区域内においては６ｍの場合もある）の道路に接続し，当該道路が特定行政庁により，建築基準法42条２項にもとづき，道路としての指定を受けている場合には，幅員が４ｍ（６ｍ指定区域では６ｍ）になるように，道路の両サイドをセットバックしなければなりません。

図１では，担保土地は幅員２ｍの建築基準法42条２項道路に20ｍ接しており，地積は300㎡です。

道路幅員は２ｍしかありませんので，道路中心線を基準に両サイドを２ｍずつセットバックした線が道路境界線とみなされます。したがって，担保土地内に道路境界線が引かれるかたちとなり，この道路境界線と実際の塀との間の土地，すなわち，図１の□部分を「セットバック部分」といいます。

この部分には新しく建物や塀などは建てることはできず，また現在ある建物はそのまま使えますが，滅失後は当該部分に建物を建てることはできません。

ところで，このセットバック部分は，建ぺい率・容積率の算定に使われる敷地面積には含まれません。すなわち，建ぺい率制限の数値が60％の場合，最大建築面積は建物の敷地として利用できる面積に建ぺい率制限の数値を乗じます。したがって，図１のケースでは，最大建築面積は168㎡（280㎡×0.6）となるわけです。容積率制限における最大延べ面積も同様に算出します。

評価額

評価額		標準的画地の時価単価		担保土地の地積		セットバック部分の地積		補正率	
□	≒	□	×（	□	－	□	×	□	）

セットバック部分の補正率は，利用状況等から多少の価値を認める考え方もありますが，建物の敷地として利用できてこそ担保価値を有すると考えられるので，評価上の安全性を重視し，当該利用に供することができないセットバック部分は価値はないものと考えてよいでしょう。よって，補正率は1.0（100％）となります。

◆◆具体例◆◆

図１のようなセットバックを必要とする担保土地（地積300㎡）があります。セットバック部分は評価の安全性を重視し価値なしと判断します。標準的画地はセットバックの必要はなく，時価単価は150,000円／㎡であるとすると，この担保土地の評価額は次のようになります。なお，ここでは便宜上，セットバック部分以外の補正はないものとします。

① セットバック部分の面積の算出

セットバック距離		間口		セットバック部分の面積
1ｍ	×	20ｍ	≒	20㎡

② 担保評価額

標準的画地の時価単価		担保土地の地積		セットバック部分の地積		補正率		評価額
150,000円／㎡	×（	300㎡	－	20㎡	×	1.0	）＝	42,000,000円
								（140,000円／㎡）

case 44

前面道路の幅員による容積率制限

前面道路の幅員による制限により近隣地域の容積率よりも担保土地の容積率が低い場合

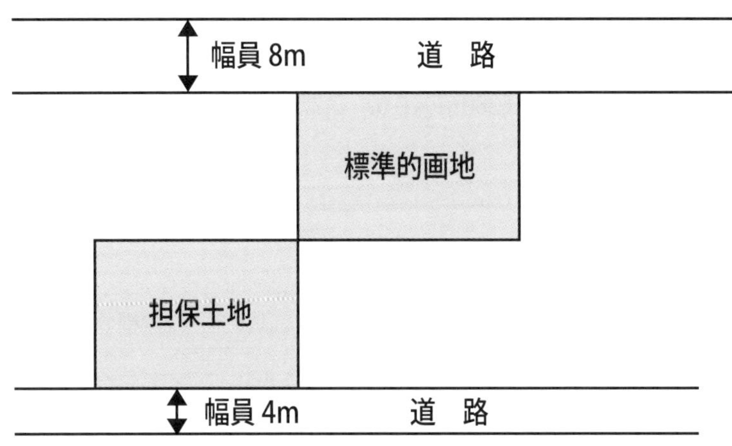

評価ポイント

前面道路の幅員による容積率の制限とは，担保土地の前面道路（前面道路が２以上あるときは，その幅員の最大のもの）の幅員が12m未満である場合で，担保土地が属する用途地域が，特定行政庁が都道府県都市計画審議会の議を経て指定する区域内の建築物を除き，住居系であれば，その接する前面道路の幅員に0.4を，その他の用途地域であれば0.6を乗じた数値が法定容積率よりも低い場合には，当該数値が担保土地の容積率制限の数値となります（次頁表１参照）。

表１

	用途地域	幅員に乗ずる数値
住居系	第一種低層住居専用地域，第二種低層住居専用地域	0.4
	第一種中高層住居専用地域，第二種中高層住居専用地域，第一種住居地域，第二種住居地域，準住居地域	0.4 （特定行政庁が都道府県都市計画審議会の議を経て指定する区域内の建築物は0.6）

その他	近隣商業地域，商業地域，準工業地域，工業地域，工業専用地域，用途地域の指定がない区域	0.6 （特定行政庁が都道府県都市計画審議会の議を経て指定する区域内の建築物は0.4または0.8（数値は特定行政庁が都道府県都市計画審議会の議を経て定める））

＊高層住居誘導地区内の３分の２以上が住居用途の建築物は0.6

図は，第一種中高層住居専用地域に属する担保土地で，当該用途地域の指定容積率が200％，前面道路の幅員が４ｍです。この場合の容積率制限の数値（基準容積率）は次のように算出されます。

前面道路幅員　　　　　　　　　　**基準容積率**　**指定容積率**

４ｍ　×　0.4　×　100　≒　160％　＜　200％

よって，基準容積率は160％となります。

なお，前面道路が建築基準法42条２項道路で，幅員が４ｍ未満の場合は，４ｍあるものとして，これに幅員に乗ずる数値をかけることになります。

近隣地域全体が前面道路の幅員による制限を受け，容積率が指定容積率よりも低い場合は，標準的画地も当然に低い容積率ですから，個別的要因による補正を行う必要はありません。

また，一戸建住宅地は，通常，容積率を制限いっぱいに使用している場合は少ないため，容積率が低くてもデメリットにはなりませんが，小規模の住宅地および商業地，またはマンション用地等においては，容積率が低いことによるデメリットが生じます。

この場合に容積率が低いことによる補正率を求めるのですが，基準容積率目一杯の床面積を要する建物を想定し，これを賃貸したものとする賃料収入の標準的画地におけるそれに対する割合，あるいは階層における基本賃貸料の差異を床面積に表わす階層別効用比率を適用して，修正床面積を算定し，これの標準的画地の修正床面積に対する割合をもって補正率とする方法があります。

評価額

評価額		標準的画地の時価単価		担保土地の地積		容積率が低いことによる補正率
	≒		×		×	

◆◆ 具体例 ◆◆

商業地域に属する担保土地（当該用途地域の指定容積率400％，前面道路の幅員６m，建ぺい率80％，地積200㎡）に５階建の商業ビルを建設する場合，標準的画地（前面道路の幅員８m，時価単価250,000円／㎡）の地積が200㎡でその修正床面積が676㎡とすると，補正率および評価額は次のように算出されます。

なお，商業ビルの各階ごとのレンタブル比と階層別効用比率は地元不動産業者から聴取した結果，表２のようになるとします。

① 基準容積率

前面道路幅員							基準容積率		指定容積率
6m	×	0.6	×	100	≒		360％	＜	400％

よって，基準容積率は360％

② 補正率

表２

階	床面積	レンタブル比	階層別効用比率	修正床面積
１階	160㎡	70％	130	145.6㎡
２階	160㎡	85％	110	149.6㎡
３階	160㎡	85％	100	136.0㎡
４階	160㎡	85％	90	122.4㎡
５階	80㎡	70％	90	50.4㎡
計	720㎡	――――	――――	604.0㎡

担保土地上の想定ビル修正床面積　　標準的画地上の想定ビル修正床面積

$$\frac{604.0㎡}{200㎡} \div \frac{676.0㎡}{200㎡} \fallingdotseq 0.893$$

担保土地の地積　　標準的画地の地積

③ 担保評価額

標準的画地の時価単価		担保土地の地積		容積率が低いことによる補正率		評価額
250,000円／㎡	×	200㎡	×	0.893	≒	44,700,000円
						（224,000円／㎡）

case 45

容積率が異なる地域に担保土地がまたがっている場合

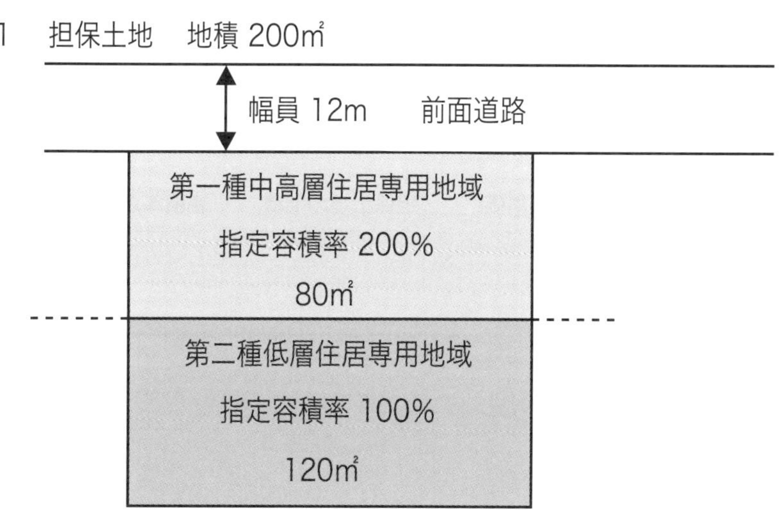

評価ポイント

容積率が異なる地域に担保土地がまたがっている場合とは，図1のようなケースをいいます。

図1では担保土地が第一種中高層住居専用地域（指定容積率200%）と第二種低層住居専用地域（指定容積率100%）とにまたがっており，地積200㎡のうち，第一種中高層住居専用地域には80㎡，第二種低層住居専用地域には120㎡が属しています。また，前面道路の幅員は12mです。

この場合の担保土地の容積率制限数値は，次のようになります。

第一種中高層住居専用地域　**第二種低層住居専用地域**

地　積　**容積率**　**地　積**　**容積率**

$$\frac{80\text{m}^2 \times 200\% + 120\text{m}^2 \times 100\%}{200\text{m}^2} \fallingdotseq 140\%$$

担保土地の地積

なお，このとき，前面道路の幅員が12m未満の場合には，前面道路の幅員による制限を受けることになります。

また，このように異なる用途地域にまたがる場合は，担保土地は過半の用途地域の規制を受けます。図1の場合は，第二種低層住居専用地域の規制を受けます。

担保評価では，担保土地が容積率の異なる地域にまたがっており，担保土地の容積率制限が，標準的画地におけるそれと比較して低くなってしまう場合には，前項同様，補正が必要です。当該規制によって補正が必要なのは，それによって価値に影響を受けやすい小規模宅地および商業地，またはマンション用地等です。補正率は前項の方法にもとづいて算出することになります。ただし，小規模の住宅地については次項も参照してください。

評価額

評価額		標準的画地の時価単価		担保土地の地積		容積率が低いことによる補正率
	≒		×		×	

◆◆ 具体例 ◆◆

前項の具体例参照

補足説明

担保土地が３以上の異なる容積率の地域にまたがり，しかも前面道路が２つあり，いずれも幅員が12m未満の場合には，次の例に沿って容積率制限を求めます。

図２の担保土地は地積150㎡のうち，近隣商業地域（容積率400％）に40㎡，準住居地域（容積率200％）に30㎡，第一種低層住居専用地域（容積率100％）に80㎡とそれぞれ属しています。前面道路の幅員がそれぞれ６ｍと４ｍの場合，容積率制限の数値は次のように算出されます。

① 近隣商業地域の容積率

$6\text{m} \times 0.6 \times 100 \fallingdotseq 360\% \leqq 400\% \qquad \therefore 360\%$

なお，前面道路が２以上ある場合は，幅員が最も広い道路を前面道路とし，それに0.6を乗ずることになります。

② 準住居地域の容積率

$6\text{m} \times 0.4 \times 100 \fallingdotseq 240\% > 200\% \qquad \therefore 200\%$

③ 第一種低層住居専用地域の容積率

$6\text{m} \times 0.4 \times 100 \fallingdotseq 240\% > 100\% \qquad \therefore 100\%$

④ 容積率制限

$$\frac{40\text{m}^2 \times 360\% + 30\text{m}^2 \times 200\% + 80\text{m}^2 \times 100\%}{150\text{m}^2} \times 100 \fallingdotseq 189.3\%$$

図2

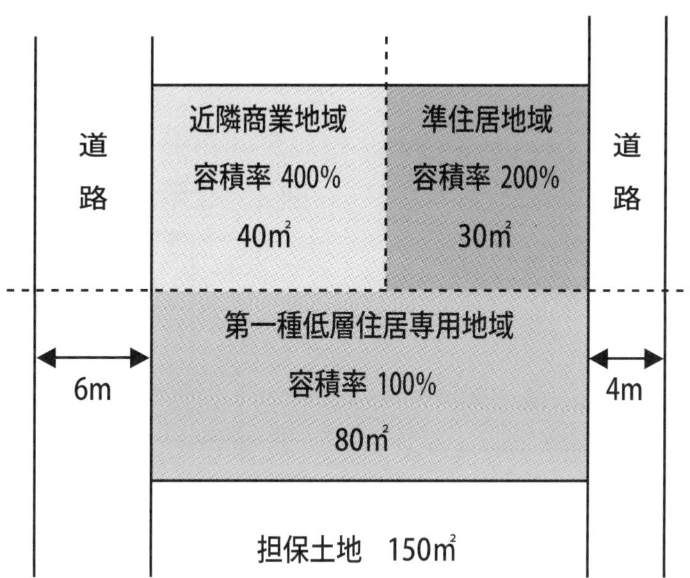
道
路
近隣商業地域
容積率 400%
40㎡
準住居地域
容積率 200%
30㎡
道
路
第一種低層住居専用地域
容積率 100%
80㎡
6m
4m
担保土地　150㎡

case 46

建ぺい率制限が緩和される場合

図１　通常の場合

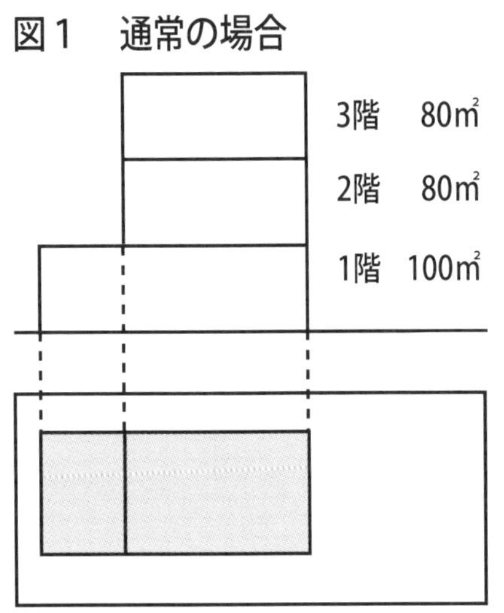

図２　上階が1階の位置と異なる場合

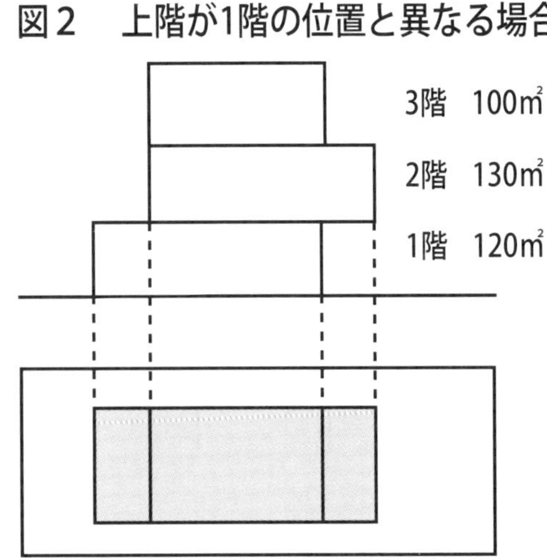

図３　地階を有する場合

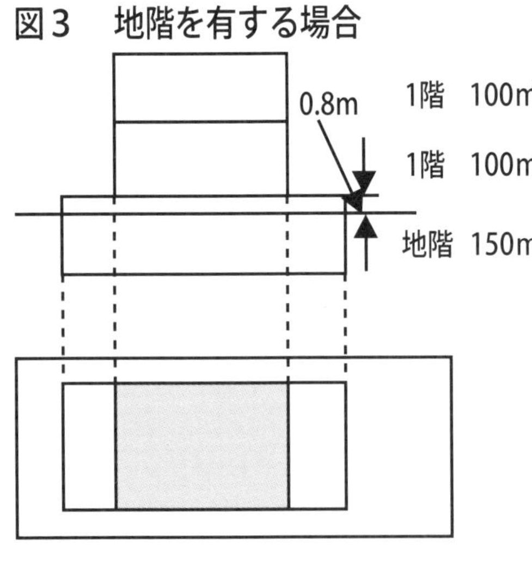

図４　軒，ひさし，はね出し緑等があるる場合

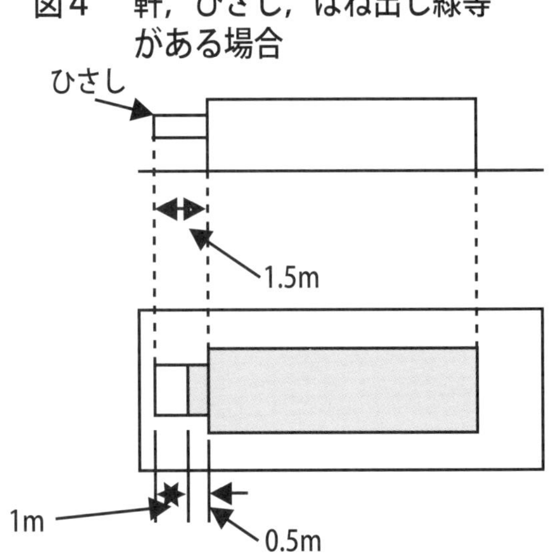

評価ポイント

建ぺい率は建築物の建築面積の敷地面積に対する割合をいいます。建築面積とは，建築物の外壁またはこれに代わる柱の中心線で囲まれた部分の水平投影面積をいいますが，これは次のように算出します（平面図の網掛部分が建築面積としてカウントされます)。

① 通常の場合　図1のように1階の位置を基準にして上階が積み重なっている場合には，1階の床面積が建築面積になります。

② 上階が1階の位置と異なる場合　図2のような場合には建物を真上から見た場合の面積（水平投影面積）が建築面積になります。

③ 地階を有する場合　地階のうち，地下の深さが1m以上あり，かつ地上に出た部分（地盤面上）が1m以下にある部分は建築面積に算入されません。よって，図3の地階部分は地盤面上0.8mにある部分ですので，建築面積には算入されません。

④ 軒，ひさし，はね出し縁等がある場合　図4のように，これらが外壁またはこれに代わる柱の中心線から水平距離1m以上突き出ている場合には，その端から1m後退した線で囲まれた水平投影面積が建築面積になります。

ところで，建ぺい率制限は表1の場合には緩和されます。

表1

No.	条　件	建ぺい率増加分
1	建ぺい率制限が80％とされている地域外で，かつ，防火地域内にある耐火建築物等・準防火地域内の耐火建築物等	＋10％
2	街区の角にある敷地またはこれに準ずる敷地で特定行政庁が指定するものの内にある建築物	＋10％
3	1と2のいずれも満たす場合	＋20％

また，表2の場合には建ぺい率制限は適用されません（敷地全体に建築物を建てることができます)。

表2

1	建ぺい率制限が80％とされている地域内で，かつ，防火地域内にある耐火建築物
2	巡査派出所，公衆便所，公共用歩廊その他これらに類するもの
3	公園，広場，道路，川その他これらに類するものの内にある建築物で特定行政庁が安全上，防火上および衛生上支障がないと認めて許可したもの

建ぺい率制限が影響を与えるのは敷地が狭小な住宅地や商業地あるいはマンション用地です。このような敷地の場合は建ぺい率制限の緩和はその担保価値にプラスの影響を

与えます。

なお，建ぺい率制限は容積率制限とともに建築可能な建築物のボリュームを規制しますので，両者を常に一体で把握したうえで，担保評価を行う必要があります。特に敷地が狭小な住宅地や商業地の場合には，両者の把握が重要になります。

担保評価にあっては，ケース44の算出方法にもとづいて補正率を求め，評価額を算出することになります。

評価額

評価額		標準的画地の時価単価		担保土地の地積		建ぺい率が標準的画地のそれと異なることによる補正率
	≒		×		×	

◆◆ **具体例** ◆◆

ケース44の具体例参照。

補足説明

「建ぺい率制限の緩和」は，次の一定の要件に該当する場合になされます。

① 建ぺい率制限が80%とされている地域外で，かつ，防火地域内にある耐火建築物

② 街区の角にある敷地またはこれに準ずる敷地で特定行政庁（建築主事を置く市町村の市町村長，その他の市町村については都道府県知事）が指定するものの内にある建築物

上記①もしくは②を満たす場合は建ぺい率制限が10%緩和され，両者を満たす場合には20%緩和されます。したがって，建ぺい率制限が60%の敷地では①のみを満たすと70%となり，両者を満たすと80%となります。しかし，次の場合には，建ぺい率制限は適用になりません（無制限（＝建ぺい率100%）となります）。

A．商業地域等，建ぺい率制限が80%とされている地域内で，かつ，防火地域内にある耐火建築物

B．巡査派出所，公衆便所，公共用歩廊その他これらに類するもの

C．公園，広場，道路，川その他これらに類するものの内にある建築物で特定行政庁が安全上，防火上および衛生上支障がないと認めて建築審査会の同意を得て許可したもの

case 47

用途規制がある場合

異なる用途地域に担保土地がまたがっている場合

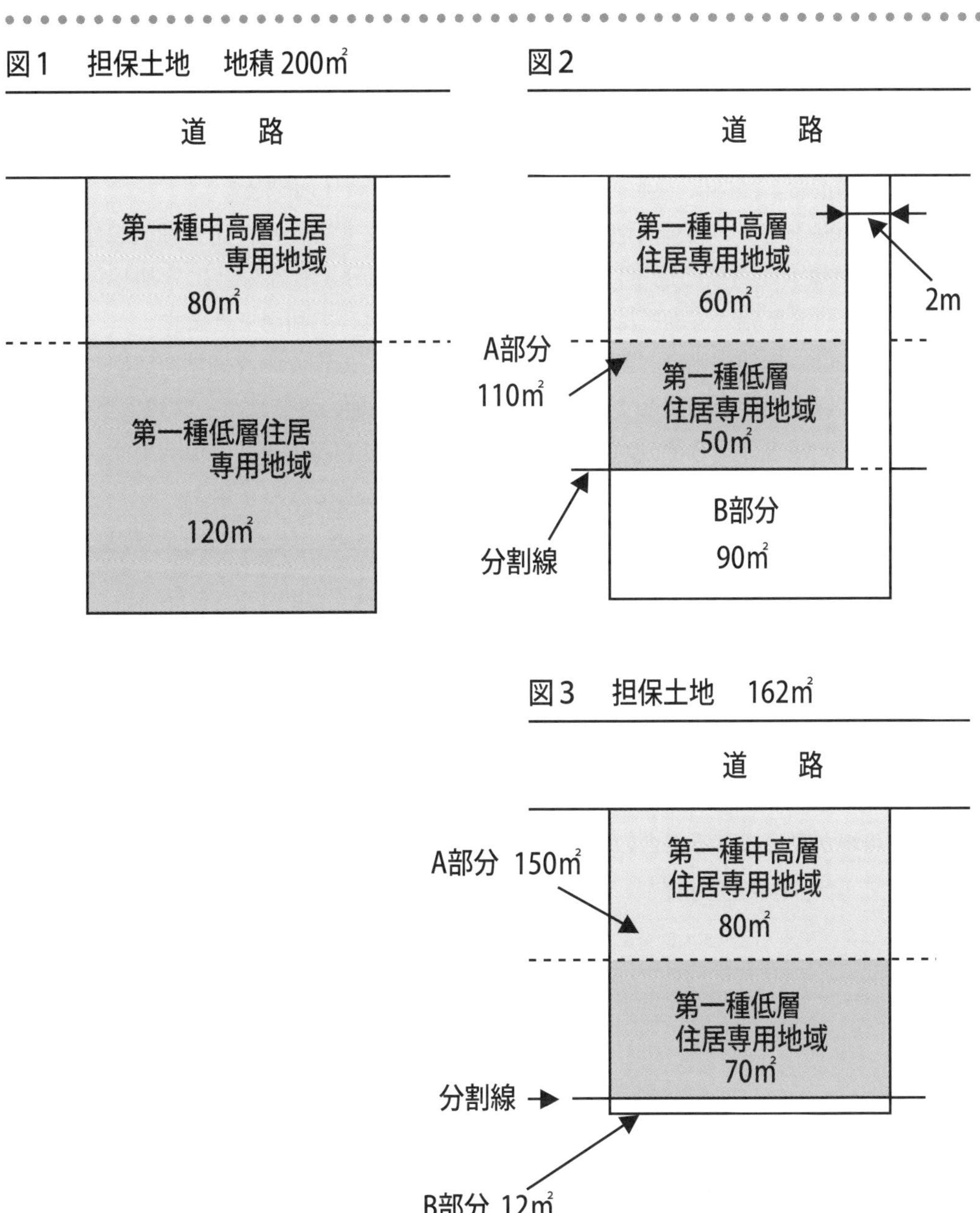

評価ポイント

担保土地が異なる用途地域にまたがっている場合には過半の用途地域の用途規制を受けます。

たとえば，図１の担保土地は第一種中高層住居専用地域に80㎡，第一種低層住居専用地域に120㎡が属していますが，過半の用途地域は第一種低層住居専用地域ですので，担保土地には低層の一般住宅しか建てることができません。このとき近隣地域の標準的使用が店舗用地であった場合に，担保土地は標準的使用と異なる利用しかできないわけですから，当然に担保価値は標準的画地よりも劣ることになります。

このとき補正および担保評価はどのように行えばよいでしょうか。

図２は，担保土地での店舗用地としての利用を可能にするため，第一種低層住居専用地域部分が担保土地面積の過半にならないようにＡ部分とＢ部分とに分割したものです。このとき，Ｂ部分は袋地ではありますが一般住宅として利用できます。

この場合には，担保評価はＡ部分とＢ部分とに区分し，別々の評価額を算出し，それを合算して担保土地の評価額とすることができます。袋地の評価はケース17によります。

これに対し，図３は，Ｂ部分が何ら建物の敷地として利用できない場合です。この場合はＢ部分を利用不可地として次のように補正をすることになります。

評価額

評価額		標準的画地の時価単価		担保土地の地積		用途規制により利用不可地が見込まれることによる補正率
□	≒	□	×	□	×	□

利用不可地が見込まれる場合の補正率

$$\text{補正率}\ \square \fallingdotseq \frac{\square_{\text{担保土地地積}} - \square_{\text{利用不可地地積}}}{\square_{\text{担保土地地積}}}$$

◆◆ 具体例 ◆◆

担保土地（地積162㎡）が第一種中高層住居専用地域に80㎡，第一種低層住居専用地域に82㎡またがっています。近隣地域の標準的使用は店舗用地であり，店舗用途が可能なように担保土地を分割すると図３のように12㎡が利用不可地となります。

なお，標準的画地の時価単価は250,000円／㎡です。担保土地の評価額は以下のように求めます。

① 利用不可地が見込まれる場合の補正率

$$\frac{\underset{\text{担保土地地積}}{162㎡} - \underset{\text{利用不可地地積}}{12㎡}}{\underset{\text{担保土地地積}}{162㎡}} \fallingdotseq 0.926$$

② 担保評価額

標準的画地の時価単価		担保土地の地積		用途規制により利用不可地が見込まれることによる補正率		評価額
250,000円／㎡	×	162㎡	×	0.926	≒	37,500,000円 （231,000円／㎡）

case 48

都市計画道路予定地

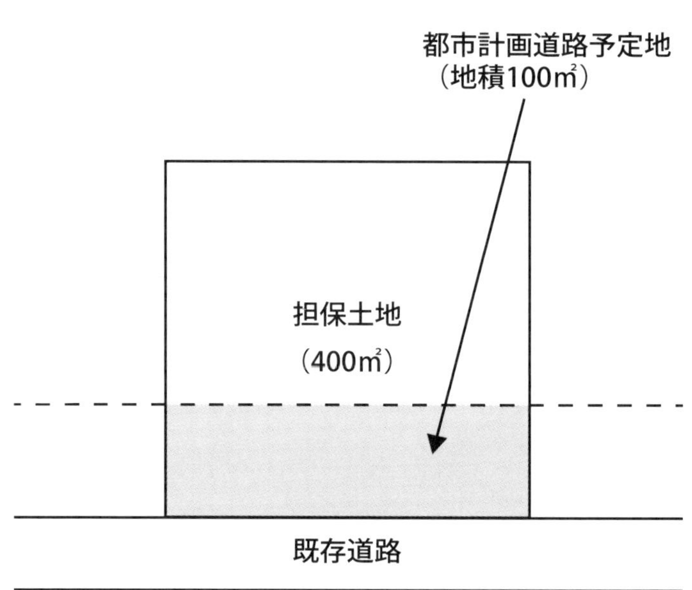

評価ポイント

担保土地が都市計画道路予定地（計画決定段階）場合，通常は２階建て以下の木造等の建物しか建築できません。また都市計画道路予定地の担保土地内の位置によって形状の制約も受けることになります。

都市計画道路予定地の場合，いずれは道路用地として時価で買収されることから，宅地としての通常の用途に供する場合に利用の制限があるとしても，買収までの期間が短期間であれば，担保土地の価格に与える影響は小さいと考えられます。しかし，一般的には，道路用地として買収されるまでの期間は相当長期間であることから，その土地の利用用途（商業地，住宅地等），高度利用度および地積の関係によって土地価格に影響を及ぼすことになります。

すなわち，地域の土地利用が高層化されているなど立体的利用が進んでいるほど都市計画事業による土地の効用が阻害される割合は大きくなり，また，評価対象地に占める道路予定地の面積の割合が大きくなるほど，土地価格に及ぼす影響は大きくなります。

評価額

評価額		標準的画地の時価		担保土地の地積		補正率
□	≒	□	×	□	×	□

補正率は表１によります。

表１

地区区分＼容積率＼地積割合	ビル街地区，高度商業地区			繁華街地区，普通商業・併用住宅地区			普通住宅地区，中小工場地区，大工場地区	
	600％未満	600％以上700％未満	700％以上	300％未満	300％以上400％未満	400％以上	200％未満	200％以上
30％未満	0.91	0.88	0.85	0.97	0.94	0.91	0.99	0.97
30％以上60％未満	0.82	0.76	0.70	0.94	0.88	0.82	0.98	0.94
60％以上	0.70	0.60	0.50	0.90	0.80	0.70	0.97	0.90

（注）地積割合とは，その宅地の総地積に対する都市計画道路予定地の部分の地積の割合をいいます。
（国税庁ホームページより）

◆◆ 具体例 ◆◆

図のように担保土地には都市計画道路予定地が含まれています。担保土地全体の地積は400㎡，都市計画道路予定地の地積は100㎡，普通商業地域に存し，容積率は200％，標準的画地の時価単価は150,000円/㎡です。担保土地は都市計画道路予定地を含むこと以外に補正する要因はないものとします。

都市計画道路予定地の地積割合

100　÷　400　＝　25％

表１より，普通商業地区・容積率300％未満・地積割合30％未満の補正率は0.97（▲３％）となります。

標準的画地の時価		担保土地の地積		補正率		評価額
150,000円／㎡	×	400㎡	×	0.97	＝	58,200,000円
						（145,500円／㎡）

case 49

最低敷地面積の制限がある場合

担保土地が最低敷地面積に満たない場合

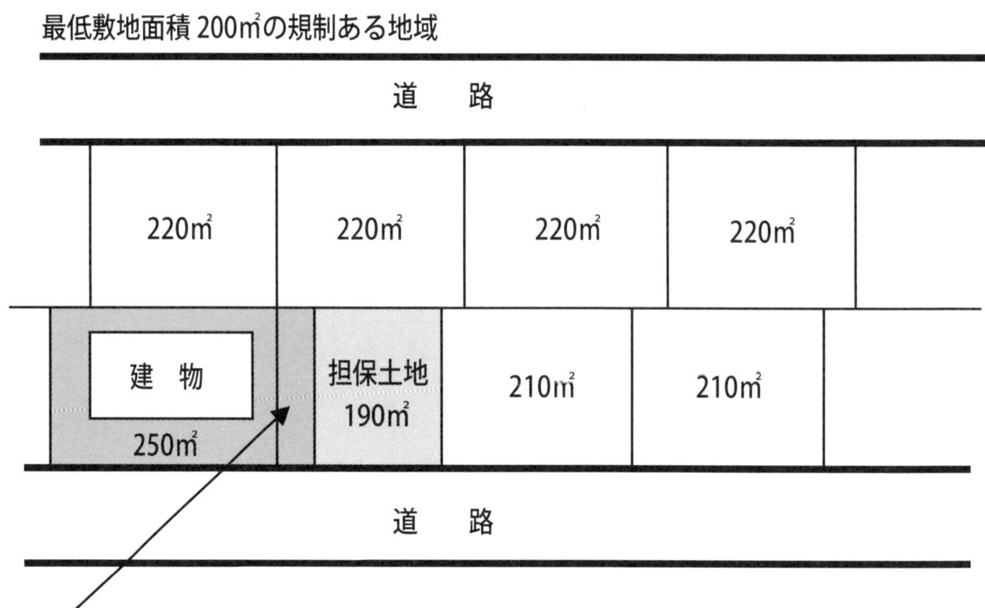

A部分：隣接地の一部　(最低敷地面積を満たすに必要な土地)

評価ポイント

担保土地が，最低敷地面積に満たない場合には，既存不適格敷地であるかどうかを確認する必要があります。既存不適格敷地である場合には，建築物の建築は可能なのですから，最低敷地面積に満たないことによる減価の必要はありませんが，標準的画地の敷地規模よりも規模が小さいことによる市場調整は必要かと思います。

一方，既存不適格敷地ではない場合には，次のように評価をします。

なお，市場性がないと判断される場合には，ゼロとして評価しても担保としての安全性を考慮すれば仕方がないものと思われます。

評価額

評価額		標準的画地の時価単価		担保土地の地積		最低敷地面積を満たすために必要な買収土地面積		市場調整率
□	≒	□	×（	□	−	□	）×	□

＊市場調整率は最低敷地面積を満たすために必要な土地買収に要する期間や費用を勘案して決定します。

◆◆ 具体例 ◆◆

図のような担保土地（地積190㎡）があります。最低敷地面積が200㎡の地域に属していますが，担保土地の地積は，この最低敷地面積に不足しているため，担保土地上に建築物を建てることはできません。

隣地を調査してみますと，担保土地が最低敷地面積を満たすに必要な地積たる10㎡ほどはちょうど庭として利用されており，隣接地は当該10㎡部分（A部分）がなくても建ぺい率制限に反することはありませんので，交渉次第で比較的容易に標準的画地程度の時価でA部分を購入することができそうです。

なお，標準的画地の時価単価は150,000円／㎡です。

この場合，担保土地の評価額は以下のように求めます。

標準的画地の時価単価		担保土地の地積		最低敷地面積を満たすために必要な買収土地面積		市場調整率
150,000円／㎡	×（	190㎡	−	10㎡	）×	1.0

評価額
＝　27,000,000円
（142,000円／㎡）

case 50

市街化調整区域 1

集落等の従来からの現況宅地の場合

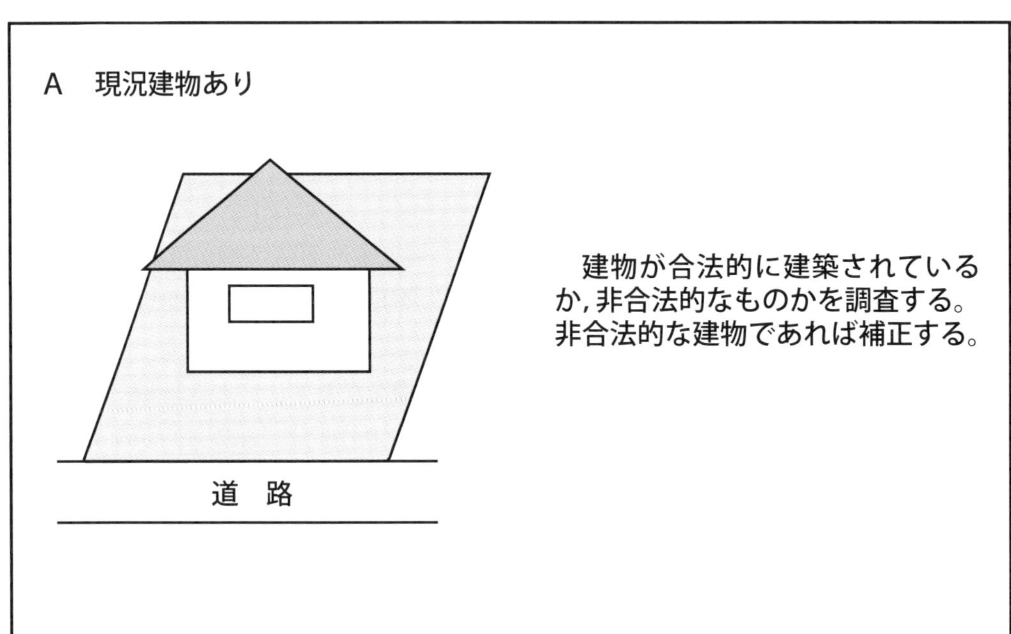

A　現況建物あり
建物が合法的に建築されているか，非合法的なものかを調査する。非合法的な建物であれば補正する。
道　路

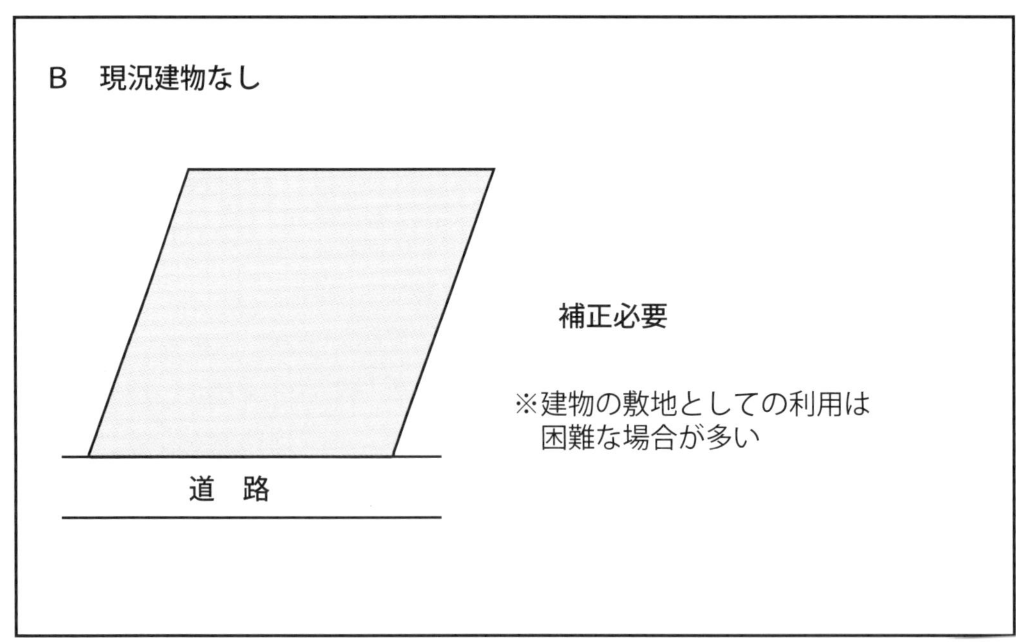

評価ポイント

市街化調整区域は市街化を抑制すべき区域であり，その趣旨からすると，農林漁業用の建築物等一定の例外を除き，原則として建築物の新築，開発行為は禁止されています。

市街化調整区域内の既存宅地制度は平成13年５月18日に廃止され，経過措置期間も平成18年５月18日に終了しました。

よって，市街化調整区域では原則的には建物の建築はできませんが，既存建物が存する等一定の要件を満たせば新築・建替え等が可能であり，市街化区域には劣りますが，一定の市場性があるといえます。一般的には合法的に建築された既存建物が存すれば，同用途・同規模であれば建替え可能な場合が多いようです。因みに大阪府では，既存建物が適法に建築されており，かつ，農家住宅，分家住宅等の属人性にかかる要件に抵触しなければ，同一用途・同規模（1.5倍まで可能）での建替えが可能です。ただし，地方自治体によって規制の内容が異なるので，詳細な調査が必要です。特に，建築時の経緯には留意する必要があります。

既存建物がない場合は，さらによく調べる必要があります。地目が宅地だと，建築できる場合もありますが，地目が宅地以外であれば，建物の敷地としての用途はほぼ困難でしょう。

手順としては，担保土地上の建物存否およびその適法性，さらに農家・分家住宅に該当しないことを確認したうえで評価を行います。

標準的画地は，市街化調整区域内における公示地・基準地等から設定します。公示地等の内容をよく確認し，担保土地と類似する利用状況のポイントを選びます。

評価額

評価額		標準的画地の時価単価		担保土地の地積		補正率
	≒		×		×	

補正率は次のようになります。

A．既存建物が存する場合

① 建物が合法的に建築されているケース

特に補正をする必要はありません

② 建物が非合法に建築されているケース

原則として建物は建築不可のため，資材置場や駐車場としての利用しかできません。よって補正率は▲50程度です。

B．建物が存しない場合

原則として建物は建築不可のため，資材置場や駐車場としての利用しかできません。よって補正率は▲50程度です。

＊なお，建物が存しない場合でも，地方自治体によっては一定の要件を満たせば建築可能な場合もありますので，地域の実情に応じて詳しい調査が必要です。

◆◆具体例◆◆

市街化調整区域内にある担保土地（地積300㎡）は現況資材置場となっています。役所調査等の結果，過去に建物が建てられていたこともなく，その他，建築可能となる要件も満たしていませんでした。よって，担保土地に建物は建てられず，現況のように資材置場等の利用しかできませんので，評価額は以下のようになります。

なお，標準的画地の時価単価は100,000円/㎡，建築不可という以外に補正すべき要因はないものとします。

標準的画地の時価単価		担保土地の地積		補正率		評価額
100,000円／㎡	×	300㎡	×	（１－0.5）	＝	15,000,000円 （50,000円／㎡）

case 51

市街化調整区域2

市街化調整区域内に開発された分譲住宅地の場合

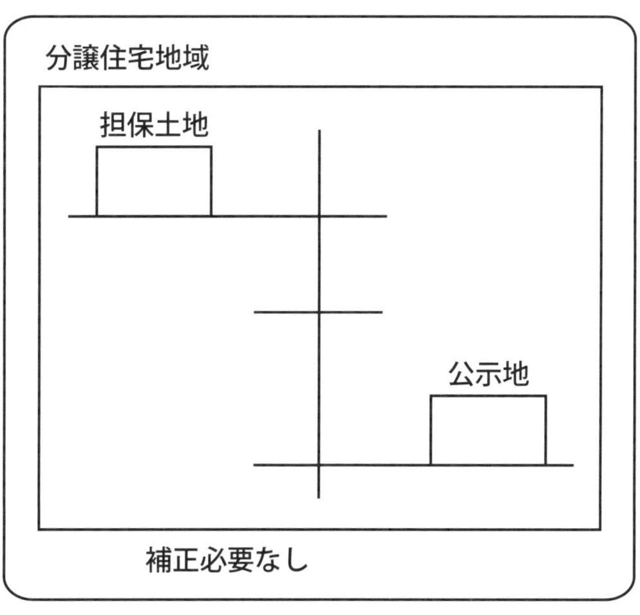

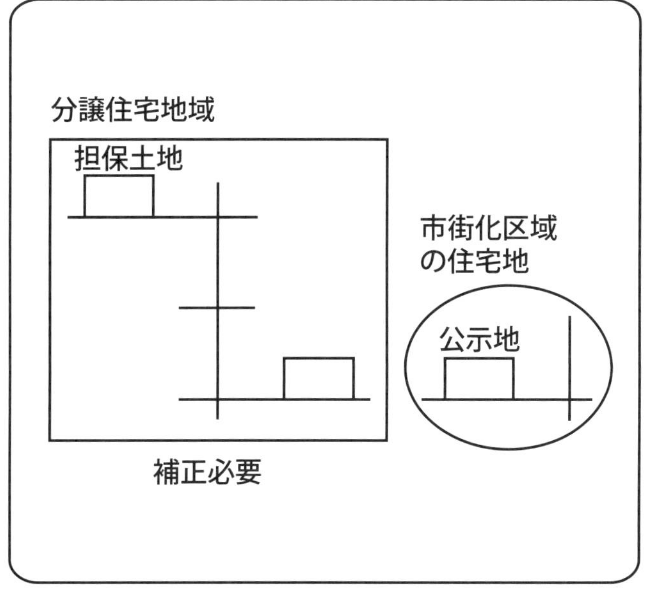

評価ポイント

従来，市街化調整区域内では，一定規模以上の大型の住宅分譲地を開発することができました。しかし，平成19年施行の改正都市計画法により大規模開発の基準が廃止され，現在では地区計画に沿った形での開発許可要件へと改正されました。

従来の許可基準は，人口増加等により，必要な市街地面積が将来増大することを前提としていましたが，人口減少社会を迎え，増大する人口を受け止めるための大規模開発の必要性が低下したためです。よって，計画的な市街化を図るうえで支障がないと認められるものを地域で判断する，ということになりました。

このような形で市街化調整区域内に開発された大規模な分譲住宅地域は全国に存在しており，各々がそれ自体で１つの街を形成している状態になっています。一方で，開発されてから数十年経過している地域もめずらしくなく，地域住民の高齢化等の問題も出てきていますが，底堅い需要のある地域も存在します。そのため担保評価にあたって，標準的画地とすべき公示地・基準地等を同一分譲住宅地域内で見つけることができる場合もあります。その場合は，標準的画地の用途は住宅に限定されているので，担保土地につき，限定宅地であることの補正は必要ありません。

しかし，標準的画地とすべき公示地等が同一分譲地域内にない場合には，他の市街化調整区域内の公示地等を標準的画地とし，それと比較して求めることができます。ただ，現在では全国地価マップ等において固定資産税路線価，固定資産税標準宅地等が閲覧できますので，このような地域でも価格水準の把握や標準的画地の設定は比較的容易になってきています。

なお，市街化区域内の住宅地と比較する場合は，当該住宅地の用途地域に留意して担保土地と比較する必要があります。なぜならば，担保土地は住宅用途に限定されていますが，市街化区域内の住宅地は他の用途への転用が可能な場合が多いからです。このような場合は価格差として現れることが多く，その場合は補正が必要となります。

この場合の補正率は0.8～0.9が妥当と思われます。

評価額

評価額		標準的画地の時価単価		担保土地の地積		補正率
	≒		×		×	

◆◆ 具体例 ◆◆

担保土地（地積200㎡）は市街化調整区域内における大規模な住宅分譲地内に存しています。当該分譲地内には標準的画地とすべき公示地等がないため，市街化区域内の住宅地を標準的画地として比較する必要があります。その標準的画地の時価単価が150,000円／㎡で，担保土地が限定宅地であること以外に補正はないものとした場合，評価額は以下のように求められます。なお，補正率は0.8とします。

標準的画地の時価単価		担保土地の地積		補正率		評価額
150,000円／㎡	×	200㎡	×	0.8	＝	24,000,000円
						（120,000円／㎡）

用語説明●

市街化調整区域内の宅地のうち，都市計画法34条各号における開発許可を得て，開発行為により造成された宅地を「限定宅地」といいます。

限定宅地には本ケースのような分譲住宅地のほか，周辺居住者の利便施設，農産物の処理加工場，沿道サービス施設，大規模流通業務施設などがあります。

case 52

市街化調整区域３

分家住宅

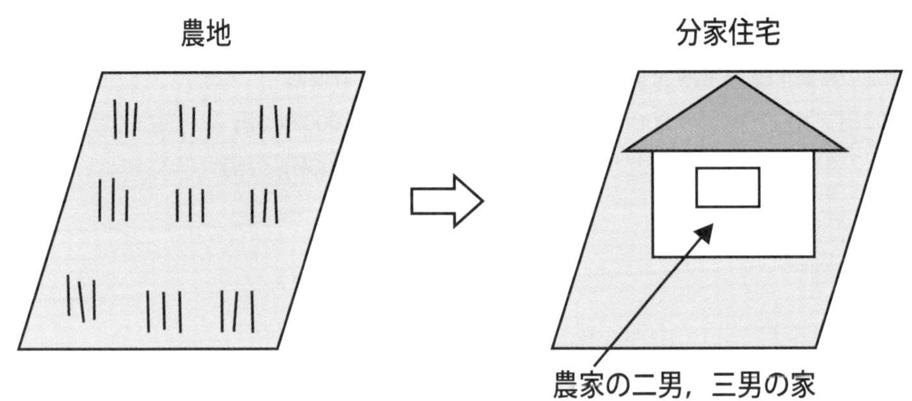

評価ポイント

「分家住宅」とは農家の二男，三男が分家する場合の住宅をいい，分家した者のみが当該地を居宅として利用できます。

第三者がこの分家住宅を購入しても，これを当該第三者の居宅として利用することはできません。

したがって，分家住宅は市場性に問題があります。

しかし，分家した者に，倒産，破産，その他のやむを得ない事情がある場合には，申請により，開発審査会の承認を得ることによって，他への用途変更が認められます。

たとえば，一般住宅への用途変更により，購入した第三者の居宅として使用できることになります。

また，地域によっては，分家住宅が適法な状態で一定期間（５年や10年など）以上経過していれば，専用住宅への切り替えが可能となる場合もありますので，役所での調査が重要となります。

用途変更が可能な場合にはある程度の価値を認めることはできますが，用途変更が確実か否かは開発審査会の承認が得られてはじめてわかるものですので，担保評価にあっては，安全性をみてゼロ評価としておくのが無難かと思われます。

分家住宅は，第三者の利用が可能かどうか，その物件の個別的な状況に左右されますので，やはり担保評価としては，保守的見地からゼロ評価としておくことが無難でしょう。

ただし，担保物件の処分は，土地所有者等に倒産，破産等のやむを得ない事情の存する場合に限られますので，市区町村役場での聴取の結果，そのような事情の存する場合に承認が得られる可能性が高いとの判断ができるときには，補正をしたうえでの担保評価を行うことも可能かと思われます。

評価額

●原則的取扱い………ゼロ評価

●開発審査会の承認が得られる可能性が高いと判断できる場合

評価額		標準的画地の時価単価		担保土地の地積		補正率
	≒		×		×	

＊ここでの補正率は市場調整率とほぼ同義です。率は地域によって異なりますが，私的経験からすれば0.7程度が妥当かと思われます。

◆◆ 具体例 ◆◆

図のような市街化調整区域内における分家住宅地である担保土地（地積290㎡）があります。市役所都市計画課等の最寄部署での聞き込みによると，土地所有者に倒産，破産等の事情の存する場合，これまでの状況からすると開発審査会の承認が得られる可能性が高いとのことです。

なお，標準的画地の時価単価は100,000円／㎡です。担保土地が分家住宅であること以外に補正はないものとした場合，評価額は以下のように求められます。

標準的画地の時価単価		担保土地の地積		補正率		評価額
100,000円／㎡	×	290㎡	×	0.7	＝	20,300,000円
						（70,000円／㎡）

case 53

市街化調整区域４

幹線道路沿道の流通業務施設

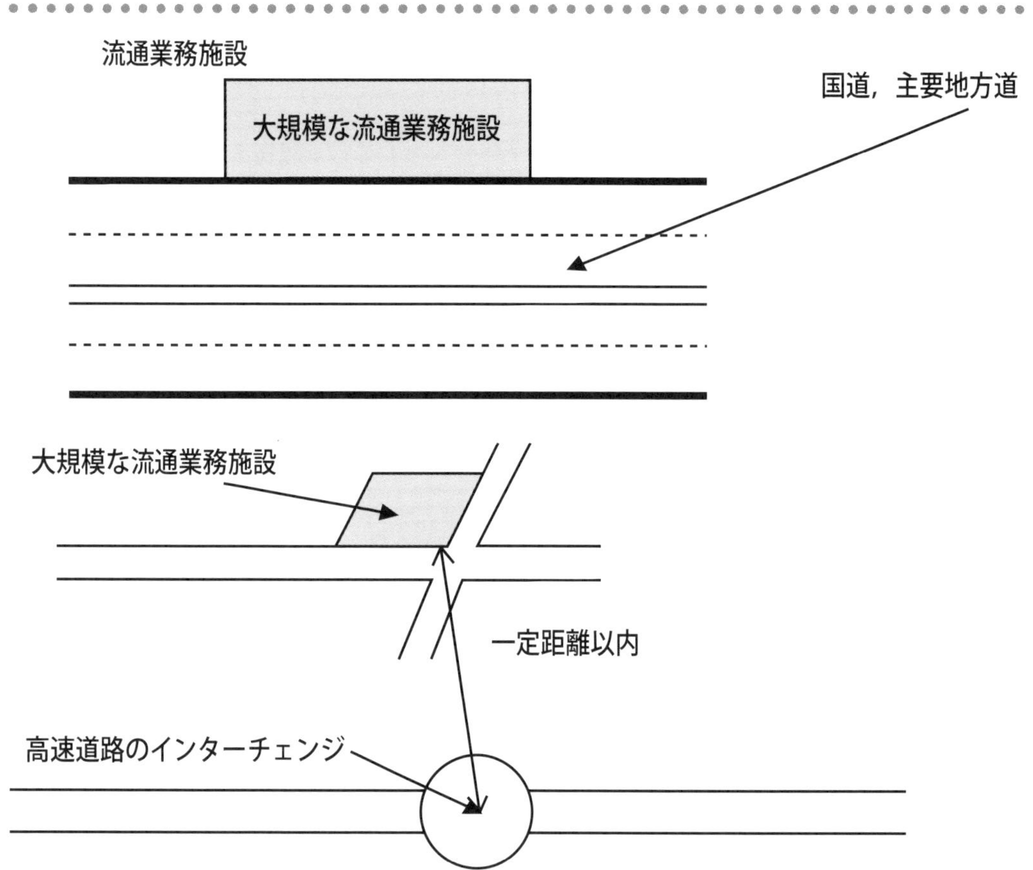

評価ポイント

市街化調整区域内で開発許可が受けられる流通業務施設とは次のようなものをいいます（愛知県の開発審査会基準より抜粋）。

幹線道路の沿道等における流通業務施設の立地について知事が指定する区域内における流通業務施設のための開発行為または建築行為で，貨物自動車運送事業法２条２項に規定する一般貨物自動車運送事業の用に供される施設，または倉庫業法２条２項に規定する倉庫業の用に供する倉庫のうち自己の業務用のもので，一定の要件に該当するもの。

また，具体的な要件としては以下のようなものがあります。

・申請地からインターチェンジに至るまでの主要な道路が幅員６メートル以上であるこ

と。

・積載重量5トン以上の大型自動車が8台以上配置され，または1日当たりの発着貨物が80トン以上ある施設であること。

・原則として現に供用されている四車線以上の国道，県道，または市町村道に接する区域にあること

・高速自動車国道のインターチェンジの一般道路への出入口またはインターチェンジの料金徴収所から，1キロメートル以内の距離にある区域

上記の要件は地方自治体の規定によって異なりますので調査しておく必要があります。

なお，この大規模な流通業務施設は，購入した第三者が引き続き流通業務施設用途を営むことはできますが，他用途への転用はできません。

担保評価にあっては，比較する標準的画地が同じ大規模な流通業務施設であれば補正の必要はありませんが，たとえば，住宅用途に限定された限定宅地を標準的画地とした場合には，担保土地の用途が市場性の劣ると思われる流通業務施設に限定されていることによる補正と大規模地であることによる補正が必要になります。

評価額

評価額		標準的画地の時価単価		担保土地の地積		補正率
	≒		×		×	

＊ここでの補正率は市場調整率とほぼ同義です。担保土地の用途限定による補正と大規模地であることによる補正を勘案することになります。率は地域によって異なりますが，私的経験からすれば0.4～0.7程度が妥当かと思われます。

◆◆具体例◆◆

担保土地（地積3,000㎡）は，市街化調整区域内における大規模な流通業務施設です。標準的画地は住宅限定の限定宅地（地積200㎡）で，時価単価は100,000円／㎡です。地元不動産業者に聞き込みをしたところ，流通業務施設としての需要はやや弱含みであるとの回答を得ました。担保土地が大規模な流通業務施設で規模が大きいこと以外に補正はないものとした場合，評価額は以下のように求められます。

なお，補正率は市場性を勘案し，安全性を見て，0.4であると判断したものとします。

標準的画地の時価単価		担保土地の地積		補正率		評価額
100,000円／㎡	×	3,000㎡	×	0.4	＝	120,000,000円
						（40,000円／㎡）

case 54

市街化調整区域5

農地の場合

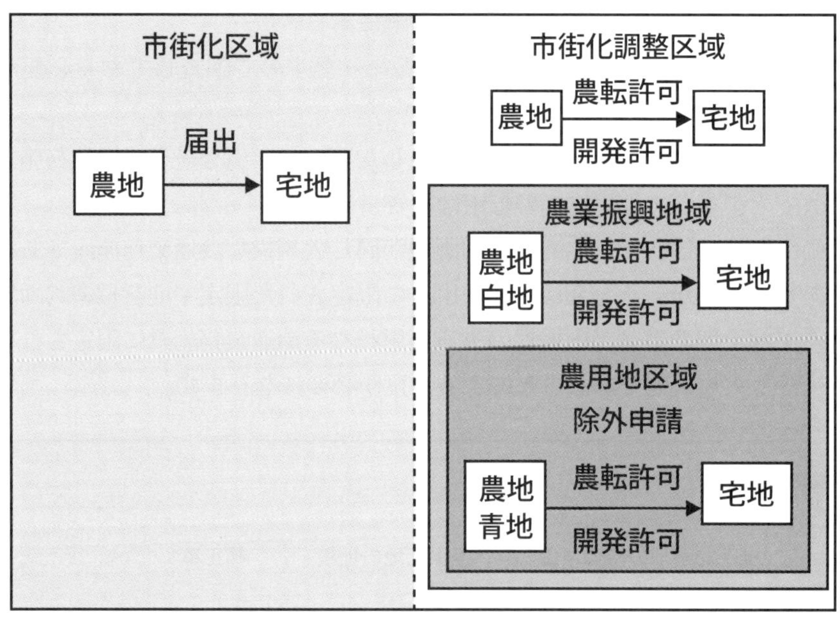

評価ポイント

1．市街化区域内に存する場合

農地が市街化区域内に存する場合には，農地転用許可は必要ではなく，農業委員会への農地転用の届出だけで宅地化が可能ですから，宅地化する盛土，地盤改良等の費用を標準的画地の価格から控除することになります。すでに盛土等がなされている場合には，その必要はありませんから，当初より宅地としての評価を行うことができます。

2．市街化調整区域内に存する場合

問題は市街化調整区域内の農地です。農地でありながら，すでに休耕地化している場合，あるいは農地法違反ですが，盛土・地盤改良等がなされ，資材置場・駐車場，場合によっては建物が建っているものもあります。これらはもはや農地として評価することはできませんから，宅地としての評価を行うことになります。

宅地としての評価にあたっては，開発許可および農地転用許可がなされていれば問題はありません。この場合は，開発許可の目的にもとづいて宅地化後の用途を想定し，宅地化後の評価額を算出し，これから宅地化に要する費用を控除することになります。

これに対して，開発許可および農地転用許可の取得がなされていない場合は，これらの許可が可能な地域かどうかを調査する必要があります。担保土地が農業振興地域の整備に関する法律における農業振興地域内の農用地区域内に存する場合は，農用地区域からの除外申請が通る地域かどうかを確認し，そのうえで，開発許可の可能性を調査することになります。調査の結果，除外申請および開発許可の可能性がないという場合には，農地として評価することになります。農地として評価する場合は，次を見てください。

なお，農地としての市場性がある場合は価格水準が把握できる可能性がありますが，できない場合は，担保土地周辺の宅地価格から求めます。

評価額

●農地としての市場性が確認できる場合

評価額		標準的画地の時価単価		担保土地の地積		＊1補正率		＊2農地化の費用
	≒		×		×		−	

＊1 ここでの補正率は市場調整率とほぼ同義です。率は地域によって異なりますが，私的経験からすれば0.1程度が妥当かと思われます。

＊2 農地転用許可がなされていないにもかかわらず，すでに盛土，地盤改良等がなされている場合は，農地に戻すための費用がここで控除されます。

●農地としての市場性が確認できない場合………ゼロ評価

◆◆ 具体例 ◆◆

登記簿上の地目が農地となっている市街化調整区域内における担保土地（地積1,000㎡）があります。現地調査では盛土がなされ，資材置場として利用されていることが確認されています。市役所農業委員会等の最寄部署での聞き込みによると，担保土地はいまだ農地転用許可がなされていないということであり，農業振興地域内ではありますが農用地ではない（白地）ということでした。地元不動産業者に聞くと，農地でも取引が比較的多く，市場性がみられるとのことでした。また，地元土木業者がいうには農地化する費用は3,000,000円とのことです。なお，標準的画地の時価単価は100,000円／㎡です。担保土地は農地化する以外に補正はないものとした場合，評価額は以下のように求められます。

標準的画地の時価単価		担保土地の地積		補正率		農地化の費用		評価額
100,000円／㎡	×	1,000㎡	×	0.1	−	3,000,000円	＝	7,000,000円 （7,000円／㎡）

case 55

国立公園

国立公園の特別地域・普通地域と公園事業

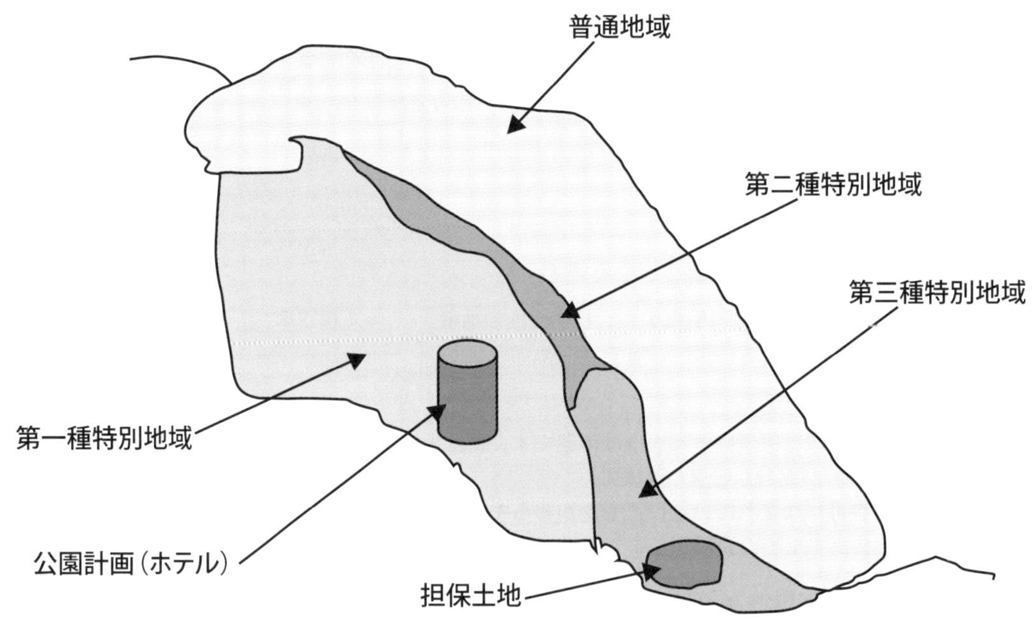

評価ポイント

通常，国立公園や国定公園には特別地域が定められています。特別地域は第一種から第三種まであり，第一種特別地域が最も規制が厳しく，新規の建築・建設はまったくできません。したがって，このような場合は，担保不適格と考えるべきかと思います。ただし，第一種特別地域に指定される以前より存する建築物・工作物については，既存建築物・工作物の床面積の範囲内で改築が許されます。しかしこの既得権は属人的ですので，このような場合もやはり担保不適格にすべきかと思います。

これに対し，第二種特別地域と第三種特別地域には一定の許可基準が決められています（第二種特別地域の方が第三種特別地域よりも規制が厳しくなっています）。許可基準をクリアすれば建築が可能となるわけですから，市場性が確認できれば担保価値を認めてもよいと思われます。

特別地域以外の地域は普通地域とされ，一定基準を超える場合に，都道府県知事への届出が必要になります。この地域が最も規制の緩い地域で，市場性も高い地域といえるでしょう。

なお，宿舎（ホテル等），野営場，休憩所，駐車場，水族館等といった公園計画にもとづいて施行される公園事業は，それが特別地域の中で行われたとしても当該特別地域の規制は適用除外とされるため，当該規制が適用されるとした場合に比べて考えられないほど規模の大きいリゾートホテルも建てることができたりします。

このような公園事業は，第三者が事業土地・建物を購入しても権利者の変更申請を行えば当該第三者も利用することができますので，任意売却等の処分の現実性はあります。ただし，用途が公園事業の中でも認可された事業に限定されますので，担保評価にあっては一概には判断できず，個別に市場性を十分に調査し，評価する必要があります。調査の結果，担保不適格となる場合もありえます。

評価額

評価額 ≒ 標準的画地の時価単価 × 担保土地の地積 × 補正率

補正率は下記の補正率表のとおりです。なお，担保土地上の建物等が認可を得た公園事業である場合は，これとは別に市場性を十分に調査して判断することになります。

補正率表

担保土地の存する地域 ＼ 標準的画地の存する地域	第二種特別地域	第三種特別地域	普通地域	国立公園等以外
第一種特別地域	ゼロ評価	ゼロ評価	ゼロ評価	ゼロ評価
第二種特別地域	補正なし	0.9	0.8	0.75
第三種特別地域	1.1	補正なし	0.89	0.83
普通地域	1.24	1.13	補正なし	0.94

＊なお，特別地域等の規制によって担保土地上に標準的建物規模が建築できない場合には，次の算式によって補正率を修正します。

担保土地に建築できる建物の規模（延べ面積）

修正後補正率 [ ] ≒ [ ] / [ ] × [ ] 前頁表の補正率

標準的画地における標準的建物規模（延べ面積）

◆◆ 具体例 ◆◆

担保土地（地積200㎡）は国立公園の第三種特別地域（建ぺい率制限20%，容積率制限60%）内にあります。標準的画地は普通地域内にあり，時価単価は80,000円／㎡で，標準的建物（２階建）の規模（延べ面積）は100㎡です。また，担保土地が国立公園の第三種特別地域内に存すること以外に補正はないものとした場合，評価額は以下のように求められます。

① 補正率

担保土地に建築できる建物の規模（延べ面積）

担保土地の地積　建ぺい率制限　標準的階数　　担保土地の地積　容積率制限

200㎡ × 20% × ２階 ≒80㎡（≦ 200㎡ × 60% ≒120㎡）

―――――――――――――――――――――――――――

100㎡

標準的画地における標準的建物規模（延べ面積）

補正率

×0.89≒ 0.712

② 担保評価額

標準的画地の時価単価		担保土地の地積		補正率		評価額
80,000円／㎡	×	200㎡	×	0.712	＝	11,392,000円
						（57,000円／㎡）

case 56

風致地区の規制がある場合

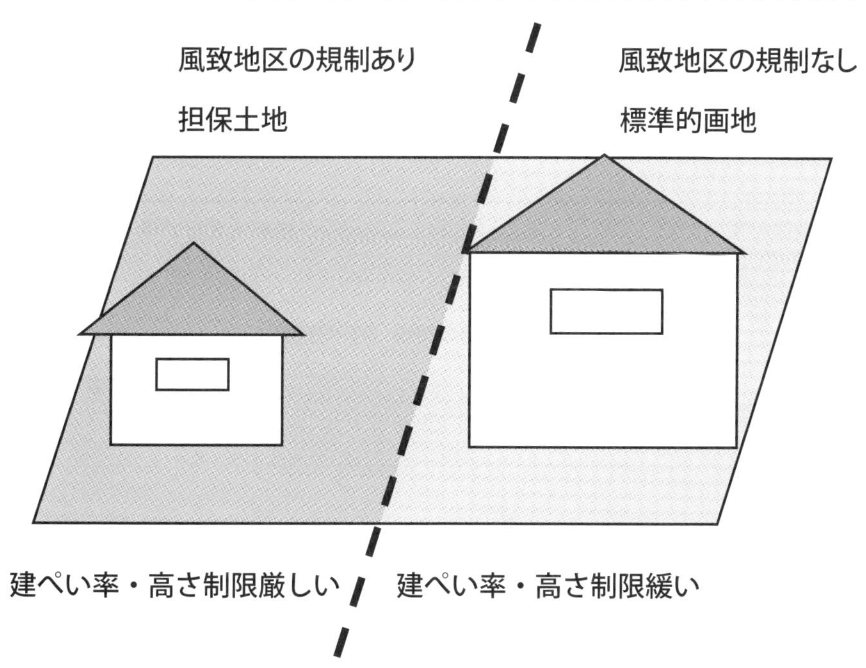

評価ポイント

風致地区は都市の風致を維持するために定められる地区ですが，地区内の許可基準は地方公共団体の条例によって定められることになっています。たとえば，豊中市では風致地区に特に区分はありませんが，静岡市では第１種と第２種に区分しています。

風致地区での許可基準として建ぺい率，建築物等の道路からの後退距離，隣地からの後退距離，建築物の高さ制限等があります。

担保評価にあたっては，比較すべき標準的画地が同じ風致地区内に存する場合には補正の必要はありませんが，異なる風致地区あるいは風致地区外に標準的画地が存する場合には，標準的建物の規模（床面積）・構造（階数）とほぼ同程度の規模・構造の建物を担保土地内に建築できる場合は，道路からの後退距離などの規制があることによる補正のみを行い，規模等が異なる場合には，建物規模等を比較する形での補正をも行う必要があります。

なお，風致地区の規制は地方公共団体の条例によって異なることから，規制があることによる補正率は，地方公共団体の条例の規制内容により異なるものとなります。

補正率は，風致地区内に区分が設けられていない場合は0.96程度，区分が設けられている場合は規制内容に応じて0.96～0.9程度が妥当と思われます。

評価額

評価額 ≒ 標準的画地の時価単価 × 担保土地の地積 × 補正率

＊なお，風致地区の規制によって担保土地上に標準的建物規模が建築できない場合には，次の算式によって補正率を修正します。

修正後補正率 ≒ 担保土地に建築できる建物の規模（延べ面積） ／ 標準的画地における標準的建物規模（延べ面積） × 補正率

表１　風致地区条例の許可基準参考例

	建築物の高さ	建ぺい率	道路からの後退距離	隣地からの後退距離	建築物の接する地盤面の高低差	緑地率
豊中市	15m未満	40%以下	1.8m以上	１m以上	－	500㎡未満：20% 500～1000㎡未満：25% 1000㎡以上：30%
静岡市						
（第１種）	８m未満	20%以下	３m以上	1.5m以上	６m以下	50%以上
（第２種）	15m未満	40%以下	２m以上	１m以上	９m以下	30%以上

◆◆具体例◆◆

担保土地（地積200㎡）は風致地区（建ぺい率制限40％，指定容積率100％）内にあります。標準的画地は風致地区以外にあり，時価単価は120,000円／㎡で，標準的建物（２階建）の規模（延べ面積）は180㎡です。また，担保土地が風致地区内に存すること以外に補正はないものとした場合，評価額は以下のように求められます。

① 補正率

担保土地に建築できる建物の規模（延べ面積）

担保土地の地積　建ぺい率制限　標準的階数　　担保土地の地積　容積率制限

$$\frac{200㎡ \times 40\% \times 2階 \fallingdotseq 160㎡（\leqq 200㎡ \times 100\% \fallingdotseq 200㎡）}{180㎡} \times 0.96 \fallingdotseq 0.85$$

標準的画地における標準的建物規模（延べ面積）

補正率

×0.96≒　0.85

② 担保評価額

標準的画地の時価単価		担保土地の地積		補正率		評価額
120,000円／㎡	×	200㎡	×	0.85	＝	20,400,000円
						（102,000円／㎡）

case 57

砂防指定地

担保土地の一部が砂防指定地の場合

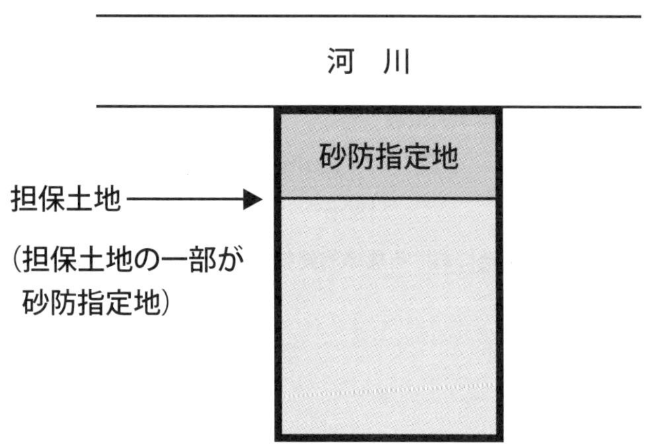

評価ポイント

砂防施設を要する土地や治水上砂防のため一定の行為を禁止・制限する必要がある土地について，砂防法にもとづき指定された土地を「砂防指定地」といいます。

砂防指定地では一定の行為が都道府県の条例や規則により禁止されています。

たとえば，施設または工作物の新築・改築・移転・除却，土地の掘削・盛土・切土等の行為，土石・鉱物の採取等が禁止され，これらの行為を行う場合には都道府県知事の許可が必要とされます。

砂防指定がなされていても，規制対象である工作物（擁壁，橋，道路，フェンス，塔，給水タンクなど）に建物が含まれていない場合があるので，砂防指定地の規制内容をよく調査する必要があります。

したがって，担保評価にあっては，建物の建築に規制がある場合とそうでない場合とに区分して補正を行う必要があります。もちろん，標準的画地も同様に砂防指定の影響を受けている場合には，補正の必要はありません。

また，砂防指定地は図のように担保土地の一部になされる場合もあります。この場合は，その指定された部分のみが規制の対象になり，当該部分のみを補正することになります。

評価額

①担保土地の全体が砂防指定地の場合

評価額 ≒ 標準的画地の時価単価 × 担保土地の地積 × 補正率

評価額		標準的画地の時価単価		担保土地の地積		補正率
	≒		×		×	

②担保土地の一部が砂防指定地の場合

評価額		標準的画地の時価単価		担保土地の地積		砂防指定地の地積		補正率	
	≒		×[		−		×(1 −		)]

補正率は次のとおりです。

●建物の建築に規制はなく，砂防指定による市場性の減価はない場合………1.0

●建物の建築に規制はなくても，工作物の新築等の規制により，標準的画地に比べて利用上の不便を生じている場合………0.5

●建物の建築に規制があり，また，砂防施設があることにより実質上当該部分の使用ができない場合………0.0

◆◆ 具体例 ◆◆

担保土地（地積200㎡）の一部が砂防指定地（20㎡）です。砂防指定地では，建物の建築に規制等があって，実質上当該部分の使用ができません。なお，標準的画地には砂防指定はなされておらず，その時価単価は120,000円／㎡です。

担保土地の一部が砂防指定地となっている以外に補正はないものとした場合，評価額は以下のように求められます。

標準的画地の時価単価		担保土地の地積		砂防指定地の地積		補正率		評価額
120,000円／㎡	×［	200㎡	−	20㎡	×（1 −	0.0)］	＝	21,600,000円
								（108,000円／㎡）

case 58

災害危険区域・急傾斜地崩壊危険区域

担保土地が危険区域にある場合

図１

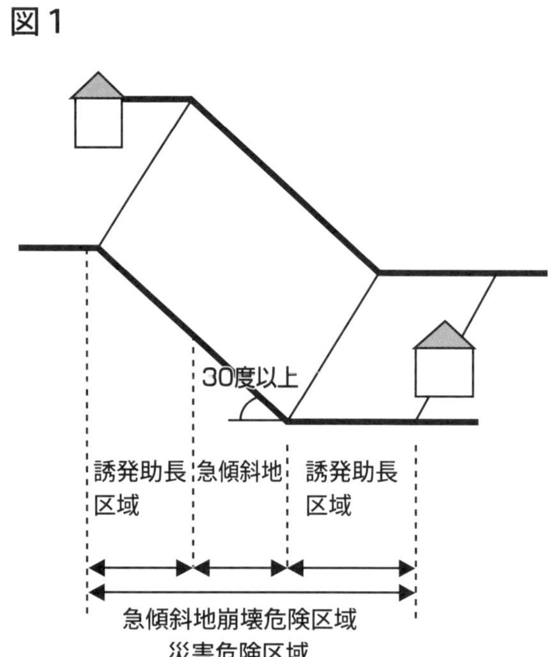

図２　海岸沿いの場合

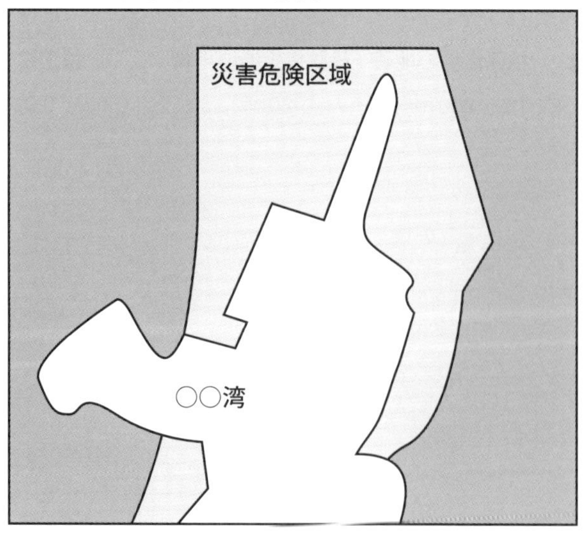

評価ポイント

「災害危険区域」とは，急傾斜地の崩壊や津波，高潮，出水等による危険の著しい区域のことをいい，建築基準法39条にもとづき地方公共団体が指定します。災害危険区域内では地方公共団体の条例で，居住の用に供する建築物の建築等が制限されます。東日本大震災による津波の被害を受けて，新たにこの区域を指定した自治体も数多くあります。

「急傾斜地崩壊危険区域」とは，「急傾斜地の崩壊による災害の防止に関する法律」にもとづくもので，傾斜度が30度以上ある土地の崩壊により発生する災害から人命を守るために都道府県知事が指定します。急傾斜地崩壊危険区域では，工作物や建築物の設置が禁止され，また，切土，掘削，盛土等も禁止されます。急傾斜地崩壊危険区域として指定されている区域は災害危険区域としても指定されている地域が多いようです（横浜市など)。地方自治体の関連部署でよく確認することが必要です。

担保評価に際しては，担保土地の全体が災害危険区域に存する場合と，担保土地の一部が災害危険区域に存する場合とに区分して補正する必要があります。もちろん，比較する標準的画地が担保土地と同一の状況であれば補正する必要はありません。

評価額

①担保土地の全体が危険区域に存する場合

評価額 ≒ 標準的画地の時価単価 × 担保土地の地積 × 補正率

②担保土地の一部が危険区域に存する場合

評価額 ≒ 標準的画地の時価単価 ×［担保土地の地積 － 危険区域の地積 ×（1 － 補正率）］

補正率は次のとおりです。

- 建物の建築許可が周辺の状況から容易に下り，標準的画地に比べ差異がみられない場合………1.0
- 建物の建築許可の取得が難しく，当該部分の利用が劣る場合………0.0

具体例

担保土地（地積200㎡）の一部が災害危険区域に存しており，その地積は60㎡です。役所関連部署での確認によると，建物の建築許可の取得は難しいようです。なお，標準的画地は災害危険区域には属しておらず，その時価単価は120,000円/㎡です。

担保土地の一部が危険区域となっている以外に補正はないものとした場合，評価額は以下のように求められます。。

標準的画地の時価単価		担保土地の地積		危険区域の地積		補正率		評価額
120,000円／㎡	×［	200㎡	－	60㎡	×	（1 － 0.0)］	＝	16,800,000円
								(84,000円／㎡)

補足説明●

【その他の災害関連法令】

・地すべり防止区域（地すべり等防止法）

地すべりとは，地下水などの影響により斜面の一部や全部がゆっくりと斜面下方に移動する現象のことです。

地すべり防止区域とは，この地すべり地域の面積が一定規模以上のもので，河川，道路，官公署，学校などの公共建物，一定規模以上の人家，農地に被害を及ぼすおそれのあるものとして，国土交通大臣や農林水産大臣が指定した土地のことです。

この土地においては，地下水を増加させる行為，地表水の浸透を助長する行為，のり切，切土，工作物の設置など地すべりの原因となる行為が制限されます。

・土砂災害特別警戒区域（土砂災害防止法）

建築物に損壊が生じ，住民等の生命または身体に著しい危害が生じるおそれがあるとして，都道府県知事が指定した区域です。この区域では，住宅分譲等の開発行為に対する許可制，建築物の構造規制（都市計画区域外も建築確認の対象）等が定められています。

case 59

土壌汚染がある場合

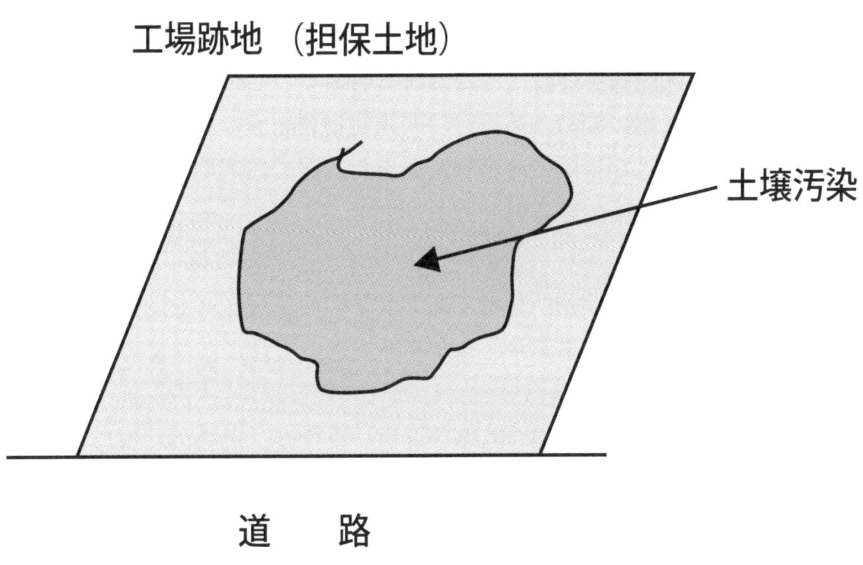

評価ポイント

工場跡地などは従前の工場の職種にもよりますが，土壌汚染が存在する確率が高いようです。このような土壌汚染の危険性の高い土地については土壌汚染調査を行ったうえで取引されることが慣例となっています。

土壌汚染調査には，専門機関が行う調査として概況調査とボーリングや機械器具等を使った詳細調査があります。また，鑑定評価においては不動産鑑定士が行う独自調査があります。

担保評価では，評価担当者が独自調査を実施し，土壌汚染の可能性が認められた場合に概況調査等を外部の専門機関に依頼するケースが多いようです。

独自調査は主として以下のようなものがあります。

1　諸官公署窓口での調査

①　土壌汚染対策法による要措置区域，形質変更時要届出区域の指定状況及び指定区域等の履歴情報

②　有害物質使用特定施設の履歴情報（現在も含む）

そのほかに，下水道法，水質汚濁防止法における特定施設の届出記録の有無，地方自治体条例等も調査します。

2　現況利用（周囲・隣接地も含む）状況の調査

調査時点で工場が存すれば使用材料や放置物，臭気等で可能性の判定ができますが，跡地の場合は判定がなかなか難しいものです。埋立跡や野積みドラム缶などは汚染が疑われます。隣接地も含め調査することが必要です。

3　登記事項証明書（閉鎖謄本含む）・過去住宅地図での地歴調査

建物登記簿の種類が工場の場合，あるいは閉鎖建物登記簿における建物の種類が工場である場合は汚染の可能性が排除できません。また，過去住宅地図で以前の利用状況が判明し，汚染の可能性を判断できる場合もあります。

4　商業登記記録の調査

建物の種類が工場の場合，建物所有者である会社の商業登記簿を閲覧し，その事業目的によって有害物質を使用する事業かどうか判断できる場合があります。

5　所有者等へのヒアリング

担保評価の場合は実施できない場合も多いと思いますが，過去の状況などが判明することもあるので，極力実施することをお勧めします。困難な場合は地元精通者（地元の不動産業者等）へのヒアリングも有効です。ただし，守秘義務に十分留意し，無用な風評の発生やトラブルを避けるよう工夫が必要です。

担保評価にあっては，どの範囲にどの程度の土壌汚染が存在するのかわかっていればよいのですが，独自調査だけではそれらはわかりません。担保評価は安全性を十分に勘案しなければなりませんから，この場合は，担保土地全体を汚染の範囲とみなすことがよいでしょう。

評価方法としては，原則として汚染がないものとした土地価格から汚染除去費用等を控除し，必要に応じて心理的嫌悪感にもとづく減価（スティグマ減価）を行います。

汚染除去費用等は担保土地の状況，汚染の範囲，程度等によって異なるので，汚染の可能性が排除できないのであれば，外部の専門業者に概況調査程度は依頼したほうがよいでしょう。

表１は，特定有害物質使用可能性のある工場と生産品目の一覧表です。参考までに掲載しておきます。

評価額

評価額		汚染がないものとした担保土地の総額		汚染除去費用等		スティグマ減価	
□	≒（	□	−	□	）×（1−	□	）

◆◇ **具体例** ◇◆

担保土地（地積600㎡）はメッキ工場の跡地であり，独自調査の結果，土壌汚染の可能性が疑われるため，外部の専門業者に概況調査を依頼しました。その結果，土壌汚染の可能性は大きく，汚染面積は約200㎡，汚染除去費用の見積額は詳細調査も含め2,000万円でした。また，当該地域の用途地域は準工業地域であり，周辺は住宅地化が進んでいることから，スティグマによる減価を10％と判定しました。

汚染がないものとした担保土地の総額		汚染除去費用等		スティグマ減価		評価額
（ 90,000,000円	−	20,000,000円	）×（	1 −0.1）	＝	63,000,000円（105,000円／㎡）

表1　特定有害物質使用可能性のある工場および生産品目一覧表

工場の種類	検出された汚染物質
化学工場	カドミウム，砒素，鉛，水銀，セレン，トリクロロエチレン，テトラクロロエチレン，ダイオキシン類等
薬品工場	全シアン，水銀，ベンゼン，鉛，砒素，トリクロロエチレン，テトラクロロエチレン
病院・医療研究施設	水銀，砒素，鉛，全シアン，ホウ素
ガス製造工場	砒素，ベンゼン，全シアン，鉛，カドミウム，水銀
電気機械製造工場	トリクロロエチレン，テトラクロロエチレン，砒素，鉛，水銀，全シアン
電子機器製造工場	トリクロロエチレン，ダイオキシン類
金属製品製造加工工場	トリクロロエチレン，六価クロム，セレン，鉛，砒素
メッキ工場	六価クロム，全シアン
自動車工場	トリクロロエチレン
造船工場	砒素，ダイオキシン類
クリーニング工場	テトラクロロエチレン
繊維製品製造加工工場	トリクロロエチレン，テトラクロロエチレン，砒素，鉛，水銀
光学製品製造工場	トリクロロエチレン，テトラクロロエチレン
写真現像処理工場	全シアン

生産品目	有害物質	健康への影響
電子工業，電池，染料，インキ，塗料	カドミウム	急性胃腸炎，呼吸困難，発癌性

医薬，農薬，触媒，蛍光塗料，有機合成，電気メッキ	全シアン（青酸，青酸カリ等）	猛毒（呼吸停止），昏睡，嘔吐，めまい，不整脈
合金，ハンダ，防錆ペイント，殺虫剤	鉛	骨組織に沈着，発癌性
メッキ，酸化剤，皮なめし，染色	六価クロム	皮膚炎，鼻中隔穿孔，発癌性
半導体製造，殺虫剤，農薬，脱硫剤	砒素	肝硬変，腎障害，皮膚炎，発癌性
電気機器，医薬，農薬，触媒，顔料	総水銀	肺水腫，中枢神経障害，脳障害，発癌性
変圧器，複写機，インキ溶剤，熱触媒	PCB	肝臓障害（死亡），吐き気，腹痛，発癌性
金属機械脱脂洗浄剤，溶剤，塗料	トリクロロエチレン	めまい，頭痛，意識喪失，肝臓障害，発癌性
ドライクリーニング溶剤，石鹸溶剤	テトラクロロエチレン	麻酔症状，頭痛，歩行障害，発癌性
染料，合成ゴム，医薬品，防虫剤洗浄剤	ベンゼン	麻酔症状，頭痛，呼吸困難，白血病発癌性
フロンガス原料，消化剤，脱脂洗浄剤	四塩化炭素	中枢神経障害，急性呼吸障害，発癌性
乾式複写機感光剤，電子製品，着色	セレン	結膜炎，皮膚熱傷，嗅覚欠如，発癌性
脱酸素剤，ホウロウ，ガラス，顔料	ほう素	嘔吐，下痢，無力症，一定量以上で致死
防腐剤，メッキ，化学ガラス，歯科用セメント	ふっ素	目障害，肺水腫，皮膚凍傷

出典：（社）土壌環境センター「土壌環境保全対策の制度の在り方について」

case 60

埋蔵文化財包蔵地内の場合

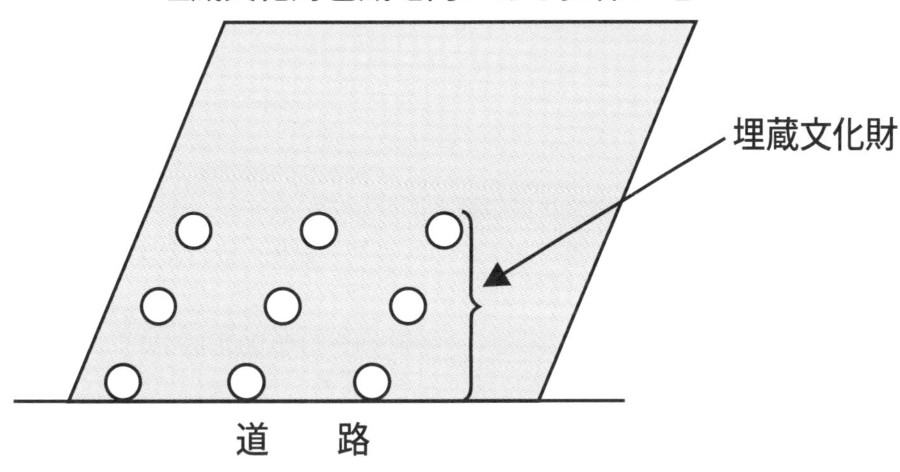

評価ポイント

担保不動産が周知の埋蔵文化財包蔵地に存する場合，建物等を建てる前に試掘調査，さらには発掘調査を命じられる場合があります。発掘に要する費用は，申請者（土地所有者等）が負担する場合が多いようです。場合によっては発掘調査によって長期間土木工事がストップしたり，設計変更が必要になる場合もあるため，担保評価ではそのような工事停止期間も勘案する必要があります。

役所調査（主に教育委員会）では，周知の埋蔵文化財包蔵地に該当するか否かを調べますが，そのほかに試掘，発掘調査の履歴および埋蔵文化財の存否，試掘を行う場合の日数なども調査します。

原則的には，埋蔵文化財包蔵地でないとした担保土地の価格から試掘・発掘費用を控除し，工事停止期間の長さを勘案した補正を行います。

しかし，担保評価においては，実際に試掘等を行うわけでもなく，試掘費用等の算定にも限界がありますので，担保土地が周知の埋蔵文化財包蔵地に存する場合は一定の減価を行っているケースが多いようです。

なお，標準的画地が同一の埋蔵文化財包蔵地に存する場合，試掘済の場合は減価補正の必要はありません。

評価額

担保土地の評価額		標準的画地の時価単価（埋蔵文化財包蔵地に存しない）		担保土地の地積		補正率
	≒		×		×	

◆具体例◆

担保土地（地積200㎡）は埋蔵文化財包蔵地に存していますが，役所調査の結果，近隣ではそれほど重要な文化財は発掘されていないため，試掘のみ行えばよいとのことでした。

標準的画地は埋蔵文化財包蔵地にはなく，時価単価は100,000円/㎡です。担保土地が埋蔵文化財包蔵地内に存すること以外に補正はないものとし，減価率を２％（0.98）とすると，評価額は以下のように求められます。

標準的画地の時価単価		担保土地の地積		補正率		評価額
100,000円／㎡	×	200㎡	×	0.98	＝	19,600,000円 （98,000円／㎡）

補足説明●

埋蔵文化財関係統計資料（平成28年３月　文化庁文化財部記念物課）によると，開発事業にともなう緊急発掘調査において，試掘確認調査の単価が約226千円/件に対し，本発掘調査が14,300千円/件（いずれも全国平均）となっており，発掘調査に進むと莫大なコストがかかるようです。

よって，開発事業予定地等で役所調査等により発掘調査まで必要になる可能性が高い場合は，専門業者へのヒアリング等も実施し，別途リスク判断を行うべきでしょう。

case 61

既存不適格建築物の場合（建物評価）

担保建物の建築当時は床面積が指定容積率内であったものが，その後指定容積率が厳しくなり，現在の床面積の数値が指定容積率に違反している場合

図1　容積率に関し既存不適格の場合

建築当初　指定容積率300%

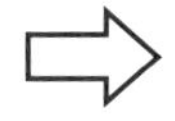

現在　指定容積率200%

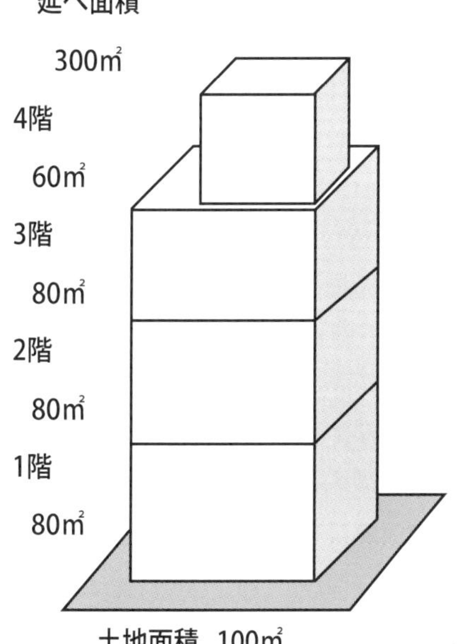

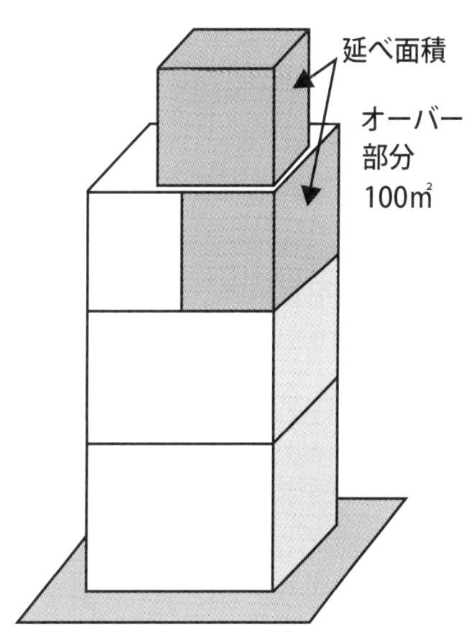

図2　新築時（準住居地域）

基準時（第二種住居地域に指定換え）

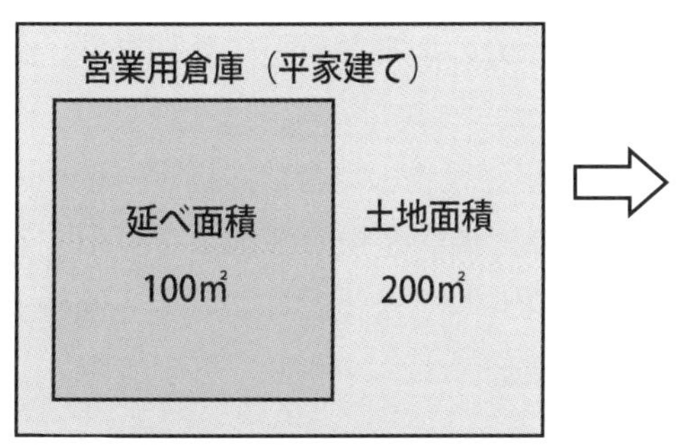

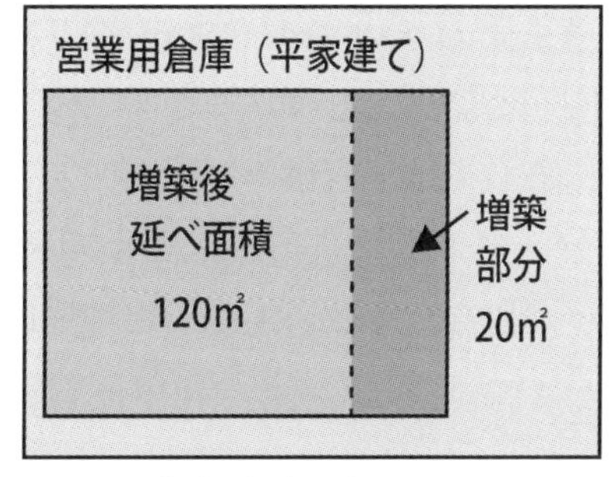

指定建ぺい率 60%

指定容積率 200%

指定建ぺい率 60%

指定容積率 200%

評価ポイント

「既存不適格建築物」とは，建築当初は建築基準法およびこれに関する命令もしくは条例の規定に適合していましたが，その後，これら規定の変更により，適合しなくなった建築物をいいます。

本来ならば違反建築物ですが，法文の変更は当人の責任ではありませんので，「既存不適格建築物」として新法の適用を除外しています。

しかし，建築物を新築する場合は新法に適合するようにしなければなりません。

既存不適格建築物には次のようなものがあります。

① 用途地域内の用途制限に関するもの
② 容積率制限に関するもの
③ 防火地域内の構造制限に関するもの
④ 準防火地域内の構造制限に関するもの　等

図１は指定容積率が建築当初300％であったものが，200％に変更され，対象建物の３階の半分と４階の全部に相当する床面積（▭）が既存不適格となってしまった容積率制限に関する既存不適格建築物の例です。

ただし，既存不適格建築物であっても一定範囲で増改築ができます。増改築できる要件は既存不適格建築物の種類により異なりますが，用途地域内の用途制限に関するものについては，指定建ぺい率および指定容積率の範囲内で改築は可能です。また，増築・増設は基準時の床面積等の1.2倍まで（1.2倍を超えないこと）可能です。

たとえば図２では，新築時に用途地域が準住居地域であり，営業用倉庫が許されていましたが，その後用途地域が第二種住居地域に変更になったために不適合になってしまいました。

しかし，基準時の延べ面積に対し，指定建ぺい率・指定容積率の範囲内で1.2倍未満まで増築できますので，19㎡（100㎡×1.19倍－100㎡）分の増築が可能になります。図２では▭部分が該当します。

担保評価にあっては，容積率制限に関する既存不適格建築物の場合に，指定容積率のオーバー部分（図１▭部分）をどう考えるかにより，担保建物の評価額を算出するための補正率が異なってきます。用途地域内の用途制限に関する場合についても同様です。

評価額

ここでは，事案の多い容積率制限に関する場合と用途地域内の用途制限に関する場合について解説します。

①容積率制限に関する場合

担保建物の評価額 ≒ 担保建物の積算単価 × （担保建物の床面積 − 容積率オーバー部分の床面積 × ＊補正率）

＊容積率オーバー部分の床面積は，担保建物の建替時には設けることのできない部分ですが，担保建物が滅失・朽廃するまでは利用できますので，ここでの補正率は0.5とします。ただし，安全性を重視してゼロ評価とすることも可能かと思われます。

②用途地域内の用途制限に関する場合

担保建物の評価額 ≒ 担保建物の積算単価 × 担保建物の床面積 × 補正率

＊担保建物が滅失・朽廃後，建替後の建築物は用途制限に適合する用途でなければなりませんが，滅失・朽廃時まで現用途として利用できることから，ここでの補正率は0.5とします。ただし，安全性をみて担保建物全体をゼロ評価とすることも可能かと思われます。

（補足）

ここでの建物精算単価は，再調達原価に経年減価等の減価修正を施した後の単価とします。

◆具体例◆

図1のように担保建物（床面積300㎡）は，容積率制限に関する既存不適格建築物です。現在の指定容積率からすると100㎡がオーバーしています。担保建物を通常どおり評価しますと積算単価は151,000円／㎡です。

この場合の担保評価額は次のように算出します。

担保建物の積算単価 151,000円／㎡ ×（担保建物の床面積 300㎡ − 容積率オーバー部分の床面積 100㎡ × 補正率 0.5）

評価額 ≒ 37,800,000円

（126,000円／㎡）

第3

私法的規制

case 62

借地権

担保土地の一部が借地権の場合
（借地借家法または旧借地法にもとづく借地権）

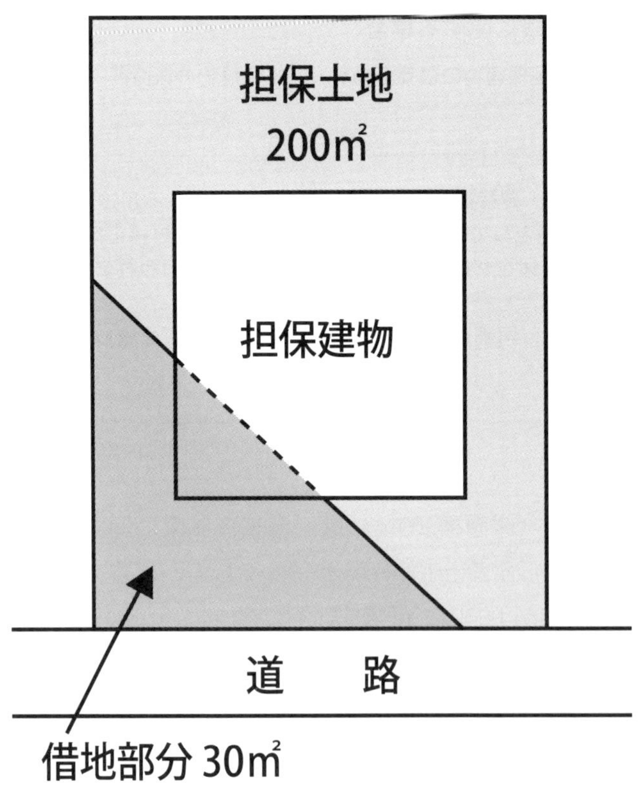

評価ポイント

借地権とは,「建物の所有を目的とする地上権および土地の賃借権をいう」(借地借家法1条)とされており,地上権と土地の賃借権があります。

地上権は物権で,土地所有者(地主)の承諾なしに,自由にその地上権を第三者に譲渡したり,地上権に抵当権を設定したり,自分が地上権をもっている土地を第三者に賃貸したりすることができ,登記請求権もあります。

一方,賃借権は債権であり,譲渡・転貸は地主の承諾が必要とされ,登記請求権もありません。

このように,権利としては地上権のほうが賃借権より強いわけですが,地上権は借地人の権利が強すぎるがゆえに地主が地上権設定を避ける傾向があり,多くの場合は賃借権となっています。また,賃借権はあまり登記されることがないため,建物の登記があれば土地賃借権の登記がなくても借地権の効力を主張できるとされています(同法10条)。

なお,建物登記があり,建物に抵当権の設定登記がなされていれば,抵当権の効力は当該賃借権にも及ぶものとされています。

担保評価における借地権の評価で一般に行われている方法は,借地権割合によるものです。これは,更地の評価額に近隣地域の借地権割合を乗じて借地権価格を算出します。

ここで用いる借地権割合は,相続税財産路線価図や倍率表(以下「路線価図」という)に記載されている借地権割合を使うことが多いですが,路線価図に記載されている借地権割合が必ずしも取引の際に適用される借地権割合とは限りません。担保評価の場合は路線価図等に記載されている借地権割合に対し一定の補正が必要と思われます。この補正は,経験則ではありますが,借地権の市場性の程度に応じて0%~50%程度の範囲が多いと思われます。

一般的には,都心の商業地や住宅地では借地権に市場性が認められ,地方の郊外は市場性が見いだせないということが多いでしょう。

また,賃借権たる借地権の譲渡に関しては,地主の承諾にあたり譲渡承諾料が支払われることが一般的で,譲渡承諾料の額は借地権価額の10%程度とされることが多いようです。譲渡承諾料は借地権を譲渡しようとする者が支払いますので,借地権価額から譲渡承諾料を控除した額が借地人の手取り額となり,評価に際してもこの点を考慮します。

なお,路線価図等に記載されている借地権割合は,賃借権たる普通借地権の割合ですので,地上権の場合は権利の強さ等を勘案し,10%程度上乗せするとよいでしょう。

評価額

建物の敷地の一部が借地権の場合
（自用地部分の価格＋借地部分の価格）

評価額 ≒（標準的画地の時価単価 × 担保土地の地積（自用地部分））＋（標準的画地の時価単価 × 借地部分の地積 × [賃借権たる借地権割合 ×（100% − 譲渡承諾料割合）]）

◆◆ 具体例 ◆◆

図のような担保土地（地積200㎡）上に担保建物があり，その敷地の一部が借地権（地積30㎡）となっています。標準的画地の時価単価は150,000円／㎡であるとすると，この担保土地の評価額は次のようになります。

なお，路線価図における借地権割合は50%，譲渡承諾料割合は10%とし，担保建物の敷地の一部が借地権であること以外に補正はないものとします。

（150,000円／㎡〔標準的画地の時価単価〕 × 170㎡〔担保土地の地積（自用地部分）〕）

＋（150,000円／㎡〔標準的画地の時価単価〕 × 30㎡〔借地部分の地積〕 × [50%〔賃借権たる借地権割合〕 ×（100%－10%〔譲渡承諾料割合〕）]）

＝25,500,000円＋2,025,000円≒27,500,000円〔評価額〕

（担保土地の単価：137,500円／㎡）

case 63

底　地

担保土地の一部に他人の借地権が設定されている場合

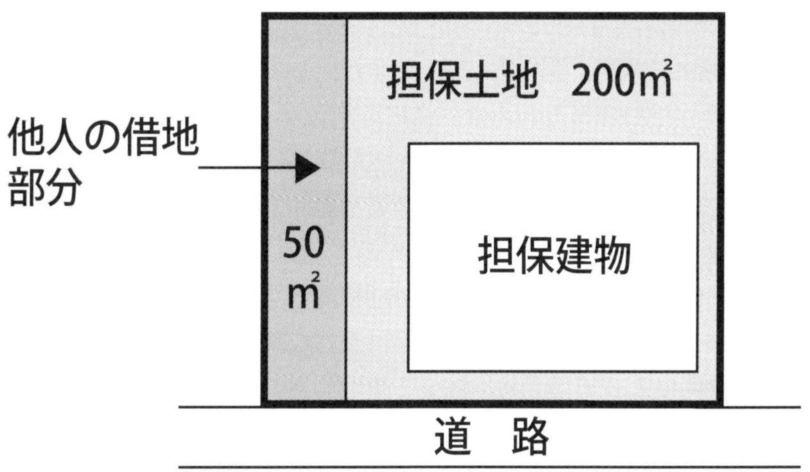

評価ポイント

底地とは，借地権が設定されている土地のことをいいます。

土地の所有権は所有者に帰属していますが，利用権は借地権者に帰属し，所有者（底地人）は自分の土地を自由に使うことができないわけです（譲渡や抵当権の設定は可能）。

借地権は借地借家法の保護のもと，強い権利として存続し続け，存続期間が満了したとしても，借地権者が契約の更新を請求する限り，地主は正当事由があると認められなければ更新を拒むことができません。また，底地の価値は地代徴収権にもとづくものですが，地代が低廉な場合は，価値としては低くならざるを得ず，市場性としては低い場合が多いでしょう。

このように，底地は利用権の制限と地代の低さにより市場性に問題がある場合が多いので，保守的に評価せざるを得ないのです。

なお，担保土地の一部に他人の借地権が設定されている場合には，借地権設定契約書に記載されている借地権の設定範囲を確認し，設定範囲について底地評価を行うことになります。

広大な一筆の土地の全体が借地契約の対象となっているものの，借地人の所有する建物はそのうちの一部しか利用しておらず，他の部分は未利用の場合であっても，借地権の及ぶ範囲は当該一筆全体と考え，一筆全体を底地評価とするのが安全性の見地から妥当かと思われます。

底地と借地権の関係を図示すると，図・底地①のようになります。概念的には，更地価格が借地権価格と底地価格に分かれますが，借地権と底地は，各々単独では図・底地①のような概念の価値のまま取引されることはなく，借地権は前述したように評価の過程で補正がなされ，底地も単独での評価は補正されますので，各々単独の価格を合計しても更地価格とはならないわけです（図・底地②）。

底地の評価は割合方式によるのが一般的ですが，その割合が路線価図等に記載された借地権割合を控除した割合（たとえば，借地権割合が60％の場合，これを100％から控除した40％）をもって底地割合とし，これを更地価格に乗じて底地価格を算出しているケースが多いのが現状です。しかし，底地は第三者間で取引されることが少なく，市場性の観点から担保不適格といわざるを得ません。

したがって，評価する場合には，地域の借地権割合を控除して得た底地割合に▲20％～▲50％程度の補正を施し，これを更地価格に乗じて算出することが必要になるでしょう。また，金融機関によっては，底地は全て更地価格の10％としているところもあるようで，かなり保守的なスタンスに立っているといえます。

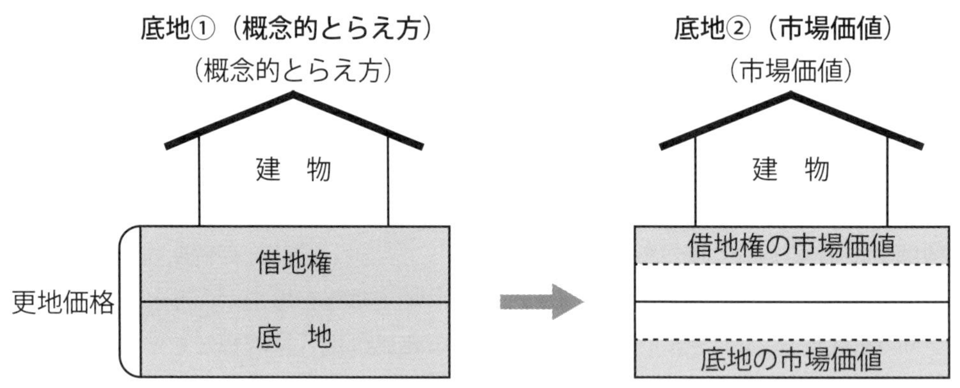

概念上は，更地価格＝借地権価格＋底地価格となりますが，各々の市場価値的には，更地価格＝借地権価格＋底地価格とはなりません。

評価額

①担保土地全体に他人の借地権が設定されている場合

評価額		標準的画地の時価単価		担保土地の地積
	≒		×	

		賃借権たる借地権割合		＊調整率	
×［（100％ −		）×		］

＊調整率は底地の取引市場の状況を地元不動産業者等に聴取して決定します。通常0.5〜0.8の数値を採用します。

②担保土地の一部に他人の借地権が設定されている場合

評価額		標準的画地の時価単価		担保土地の地積		借地権設定部分の地積	
	≒		×（		−		）

	標準的画地の時価単価		借地設定部分の地積
＋		×	

	賃借権たる借地権割合		＊調整率	
×［（100％ −		）×		］

＊調整率は底地の取引市場の状況を地元不動産業者等に聴取して決定します。通常0.5〜0.8の数値を採用します。

◆◆具体例◆◆

図のような担保土地（地積200㎡）の一部に他人の借地権（地積50㎡）が設定されています。地元不動産業者に聞き込みした結果，近隣地域での底地の取引のうちこの１年間で第三者が底地を購入した案件は１，２件程度とのことで，底地の第三者間取引市場はそれほど発展しているものとはいえません。

標準的画地の時価単価を150,000円／㎡とすると，この担保土地の評価額は次のようになります。なお，路線価図における借地権割合は60％とし，担保土地の一部に他人の借地権が設定されていること以外に補正はないものとします。また，第三者間における底地の取引市場は，取引数は多くないものの一応存在していることから，調整率を0.5と判断したものとします。

標準的画地の時価単価　　担保土地の地積　借地権設定部分の地積
150,000円／㎡　×（　200㎡　－　50㎡　）
標準的画地の時価単価　借地設定部分の地積　　賃借権たる借地権割合　＊調整率
＋　150,000円／㎡　×　50㎡　×［（100％　－　60％　）×　0.5　］
評価額
＝　24,000,000円
（120,000円／㎡）

補足説明●

＜地代徴収権に基づいた底地評価の考え方（収益還元法）＞

この場合は，年額地代にもとづく収入から費用を控除して純収益を求め，この純収益を還元利回りで還元して求めます。

対象地：200㎡，地代：年額150万円，借地上の建物は店舗とする

総収入：150万円，総費用：60万円（固定資産税・都市計画税），純収益：90万円（150万円－60万円），還元利回り：９％，底地の収益価格：1,000万円

これはあくまで考え方であり，底地の還元利回りは事例も少なく査定が非常に難しいので，適用する場合は不動産鑑定士などの専門家に相談するとよいでしょう。

case 64

法定地上権

法定地上権が潜在化している場合

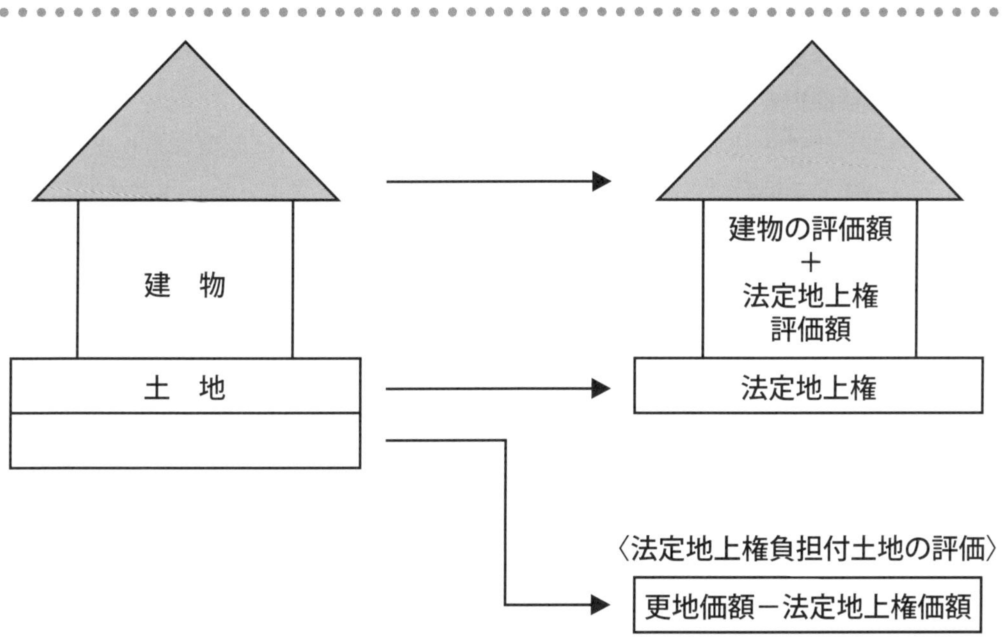

評価ポイント

法定地上権も借地権であり，しかも地上権ですので，地主の承諾を得なくとも譲渡が可能であり，登記請求権も有します。その点で，賃借権たる借地権よりも強い権利であるといえます。したがって，法定地上権価額相当額の評価は，借地権の評価に準じて行うのが妥当かと思われます。

なお，法定地上権の成立要件は次のとおりです。

① 抵当権設定当時，土地の上に建物が存在していること
② 抵当権設定当時，同一人が土地・建物を所有していること
③ 土地・建物の一方または双方に抵当権が設定されていること
④ 競売の結果，別々の所有者に属することになったこと

法定地上権の成立要件のうち，①から③までの要件がすでに備わっている場合，これを「法定地上権が潜在化している状態」といい，これに④の要件が具備されると法定地

上権が顕在化することになります。

法定地上権は土地・建物双方に抵当権が設定されている場合，すなわち共同抵当権の場合でも，要件を満たせば成立します。

共同抵当の場合，処分の容易さ，経済的価値等の理由から，競売にあたっては土地・建物が一体処分されることがほとんどですが，その配当は法定地上権が顕在化していなくても，土地は「更地価格から法定地上権価額相当額を控除して」，建物は「建物価格に法定地上権価額相当額を加算して」なされます。

したがって，土地・建物双方の抵当権の順位が同順位であれば問題はありませんが，順位が異なっている場合は，配当に影響を受けることになります。

なお，法定地上権が潜在化しているかどうかは，第１順位の抵当権により判断されます。第１順位抵当権の判断および法定地上権の潜在化の判断手順は次のとおりです。

A．土地・建物それぞれの登記簿の乙区欄を比較し，設定年月日が最も早いものを第１順位の抵当権とします。
B．第１順位の抵当権が土地にある場合，建物登記簿の新築年月日と比較し，建物の新築年月日が早いことを確認します。
C．第１順位の抵当権が建物にある場合，抵当権設定当時，土地の上に建物が存在していることになります。
D．第１順位の抵当権の設定当時に，土地・建物の所有者が同一であることを登記簿より確認します。

評価額

法定地上権の評価額		標準的画地の時価単価		法定地上権の及ぶ土地の面積		＊法定地上権割合 賃借権たる借地権割合	
□	≒	□	×	□	×（	□	＋ 10％ ）

＊法定地上権は地上権であり，賃借権に比べて強い権利ですので，賃借権たる借地権割合に10％程度加算したものを法定地上権割合とします。
＊＊一体処分の可能性が高い共同抵当の場合，その土地の担保評価は，更地価額から上記算式にて算出した法定地上権価額相当額を控除して求めることになります。

◆具体例◆

担保不動産（土地地積200㎡，建物延べ面積120㎡）の土地・建物双方に抵当権の設定を受け，それらは共同抵当となっています。また，法定地上権は潜在化していることが確認されています。この場合の担保土地，担保建物の評価額は以下のとおりです。

なお，標準的画地の時価単価を150,000円／㎡，担保建物の積算単価は120,000円／㎡，路線価図における借地権割合は60％とし，担保不動産は法定地上権が潜在化していること以外に補正はないものとします。

A　担保建物（法定地上権付建物）

a．法定地上権価額相当額

標準的画地の時価単価		担保土地の地積		＊法定地上権割合 賃借権たる借地権割合			
150,000円／㎡	×	200㎡	×（	60％	＋	10％	）

法定地上権価額相当額
＝　21,000,000円
（105,000円／㎡）

b．担保建物評価額（法定地上権付）

担保建物の積算単価		担保建物の延べ面積		法定地上権価額相当額		担保建物評価額（法定地上権付）
120,000円／㎡	×	120㎡	＋	21,000,000円	＝	35,400,000円

B　担保土地（法定地上権負担付土地）

標準的画地の時価単価		担保土地の地積		法定地上権価額相当額		担保土地評価額（法定地上権負担付）
150,000円／㎡	×	200㎡	－	21,000,000円	＝	9,000,000円 （45,000円／㎡）

case 65

未登記建物 1

担保土地上に未登記建物のみが存する場合

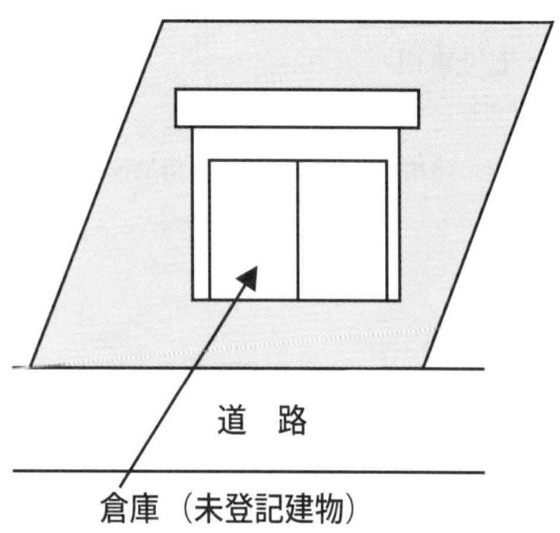

評価ポイント

未登記建物であっても競売の結果，土地と建物が別の所有者に属することになった場合には当該未登記建物のため法定地上権が成立します。

担保土地上に未登記建物のみが存する場合には，法定地上権成立要件（ケース64）を満たせば，法定地上権が潜在化していることになります。

したがって，未登記建物のみが存する担保土地における担保評価の場合には，当該未登記建物を登記してもらい，さらに抵当権の設定を受けるのでなければ，当該未登記建物に担保土地に設定を受けた抵当権の効力を及ぼすことはできません。当該未登記建物の建築年月日が建築確認書，固定資産税課税台帳，建築請負契約書等で確認でき，法定地上権が成立しないことがわかればよいのですが，実務ではわからない場合のほうが大半であり，この場合は担保土地の更地としての評価額から当該未登記建物に附従する法定地上権価額相当額を控除することになります。

担保土地に立ち入ることが可能であれば当該未登記建物の建築面積を巻尺等で実測しますが，不可能な場合も多く，そのような場合は，図上等で概測することになります。

ただし，当該未登記建物が登記ができない建物であるために，登記がなされていない場合（たとえば，ブロック基礎の上にただ単に建物が置かれているだけで，基礎に緊結していない等）もあり，その場合は第三者の物としての登記自体がなされることはありません。

また，法定地上権も登記ができない建物には成立しないとする見解が有力です。

未登記建物が登記可能かどうかの判断は非常に難しく，判断がつかない場合は，土地家屋調査士等の専門家の意見を聞くことをお勧めします。

評価額

担保土地の評価額 ≒ 標準的画地の時価単価 × 担保土地の地積

× ［ 100％ －（ 賃借権たる借地権割合（＊法定地上権割合） ＋ 10％ ）］

＊法定地上権は地上権であり，賃借権に比べて強い権利ですので，賃借権たる借地権割合に10％程度加算したものを法定地上権割合とします。

◆◆ 具体例 ◆◆

担保土地（土地地積200㎡）に抵当権の設定を受けていますが，建物登記簿がないことから担保土地は更地と考えていたのですが，現地調査の結果，担保土地上には未登記建物（倉庫，建築面積120㎡）が１棟存していました。また，懇意にしている土地家屋調査士からは当該未登記建物は登記することは可能との判断を得ています。建築年月日が不明ですが，安全性を考え法定地上権が潜在化しているものとして評価したいと思っています。この場合の担保土地，担保建物の評価額は以下のとおりです。

なお，標準的画地の時価単価を150,000円／㎡，路線価図における借地権割合は60％とし，担保不動産は当該未登記建物に関する法定地上権が潜在化しているものと評価する以外に補正はないものとします。

標準的画地の時価単価 150,000円／㎡ × 担保土地の地積 200㎡ × ［ 100％ －（ 賃借権たる借地権割合（＊法定地上権割合） 60％ ＋ 10％ ）］

評価額 ≒ 9,000,000円（45,000円／㎡）

case 66

未登記建物２

担保土地上に未登記建物以外に既登記建物が存する場合

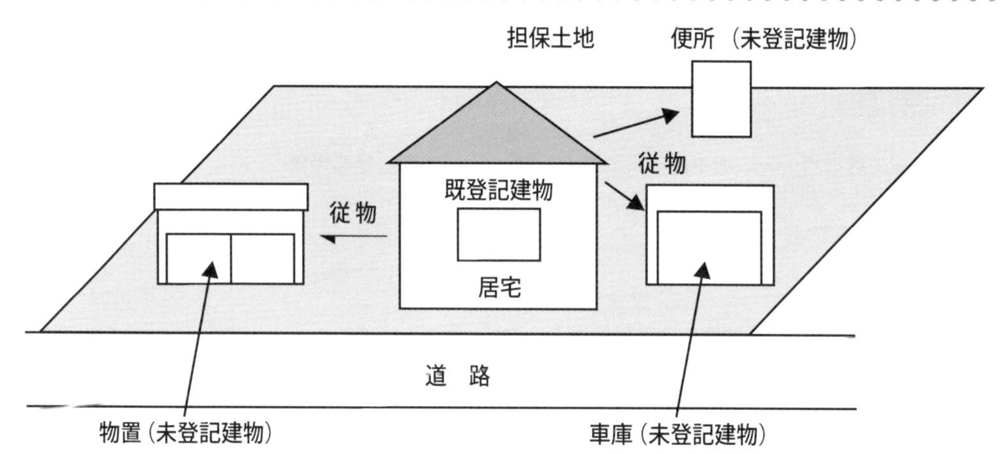

評価ポイント

担保土地上に未登記建物が存するも，すでに登記された建物（既登記建物）も存在し，当該未登記建物が既登記建物の従物と位置づけられる関係にある場合には，既登記建物の設定された抵当権の効力は当該従物にも及びますので，当該未登記建物独自の潜在的な法定地上権が成立するものとして，担保土地の評価補正を行う必要はありません。

図のように物置，車庫，便所といった既登記建物の居住者の生活に必要な建物であり，客観的に見て既登記建物の用に供する関係にあると認められる場合には従物と判断される可能性が高いようです。しかし，倉庫，寄宿舎等といった種類で規模もある程度存する未登記建物の場合には，主たる建物として登記することも可能ですから，これら未登記建物の存する場合には，担保評価の安全上，潜在的な法定地上権価額相当額を控除する形で担保評価を行うのが妥当かと思われます。

なお，主たる建物として登記できる未登記建物が存する場合には，その建築面積を測っておく必要があります。そして，当該建築面積を指定建ぺい率で除して算出された土地面積に法定地上権が成立するものとして，法定地上権価額相当額を評価することになります。

また，未登記建物が主たる建物として登記できる建物かどうか不明の場合には，この場合も安全性を考え，主たる建物として登記できるものとして評価しておくのが無難かと思われます。

評価額

●未登記建物が主たる建物として登記できる場合

担保土地の評価額		標準的画地の時価単価		担保土地の地積
□	≒	□	×［	□

	未登記建物の建築面積		指定建ぺい率		＊法定地上権割合 賃借権たる借地権割合			
－	□	÷	□	×（	□	＋	10%	）］

＊法定地上権は地上権であり，賃借権に比べて強い権利ですので，賃借権たる借地権割合に10%程度加算したものを法定地上権割合とします。

◆◆ 具体例 ◆◆

担保土地（土地地積300㎡）に抵当権の設定を受けていますが，地上には登記された担保建物（建築面積70㎡）があります。また，現地調査の結果，未登記の倉庫（建築年月日不明，建築面積100㎡）が存在しているのがわかりました。上物が基礎に緊結しており，登記は可能かと思われます。

なお，指定建ぺい率は60%で，標準的画地の時価単価は150,000円／㎡，路線価図における借地権割合は60%で，担保不動産は当該未登記建物に関する法定地上権が潜在化しているものとして評価する以外に補正はないものとします。

標準的画地の時価単価		担保土地の地積		未登記建物の建築面積		指定建ぺい率
150,000円／㎡	×［	300㎡	－	100㎡	÷	60%

	＊法定地上権割合 賃借権たる借地権割合					評価額
×（	60%	＋	10%	）］	≒	27,500,000円 （91,700円／㎡）

case 67

未登記建物３

担保土地上に登記不可の未登記建物が存する場合

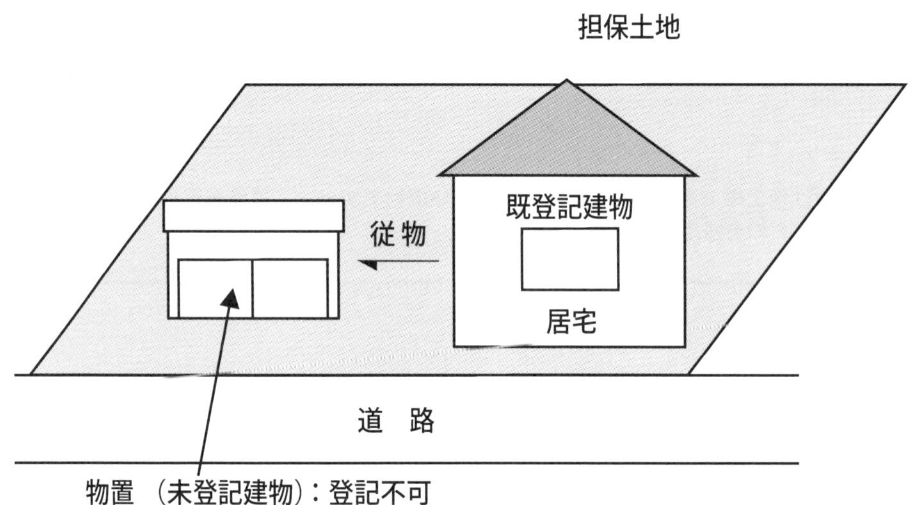

評価ポイント

担保土地上に未登記建物のみがあって，登記不可の可能性がある場合であっても，それが明らかに登記ができないと判断できる場合以外は，安全性を考え登記ができるものとして扱い，法定地上権が潜在化している場合には，ケース65「未登記建物１」と同様に評価すべきかと思われます。あきらかに登記できないと判断できる場合には，取壊し費用を担保土地の更地評価額から控除することになります。

また，既登記建物以外に登記不可の可能性のある未登記建物が存する場合は，それが明らかに登記不可と判断できる場合以外は，やはり安全性を考え，登記できるものとし，ケース66「未登記建物２」と同様に評価すべきかと思われます。明らかに登記できないと判断できる場合には，取壊し費用を担保土地の建付地の評価額から控除することになります。

case 68

未登記建物４

未完成建物が存する場合

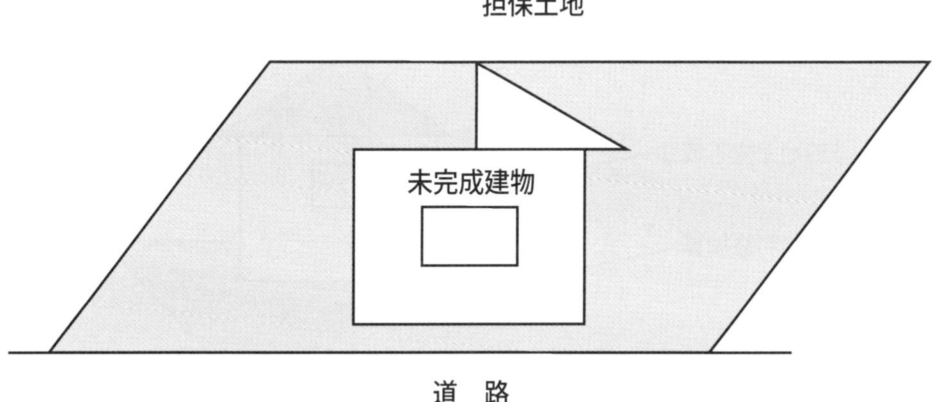

評価ポイント

建物が建築途上の場合で，まだ骨組みが完了しておらず，将来特定の不動産として認められるだけの特定が生じていない段階では，抵当権設定予約契約で対応し，骨組み完了後は停止条件付抵当権設定契約もしくは譲渡担保設定契約等にて対応することになります。しかし，停止条件付抵当権設定にあっては建物として完成していない以上，建物登記簿すら作られることのない状況ですから，それを公示することができません。譲渡担保であれば法人が譲渡人に限定されるものの，動産譲渡登記ができます。ただし，建築途上の建物を動産と判断されるならばそれも可能ですが，土地に附合するとの判断がなされる場合にはこの登記も公示力はないものといえます。

いずれにしても安全性の観点から，登記可能となった段階で第三者が抵当権を設定する前にただちに「表示の登記」「所有権保存の登記」「抵当権設定登記」を行うことが必要です。

担保評価は，抵当権の設定登記が完了した段階ではじめて行うのが安全性の観点から妥当と思われます。また，担保土地上に未完成建物のみが存し，建物の完成よりも先に土地に抵当権が設定されている場合には，法定地上権の問題は生じません。一方，当該未完成建物以外にも既登記建物等が存する場合にはケース66「未登記建物２」にもとづき担保評価を行うことになります。

case 69

場所的利益

借地借家法13条１項・14条，不法占拠等における建物評価の場合

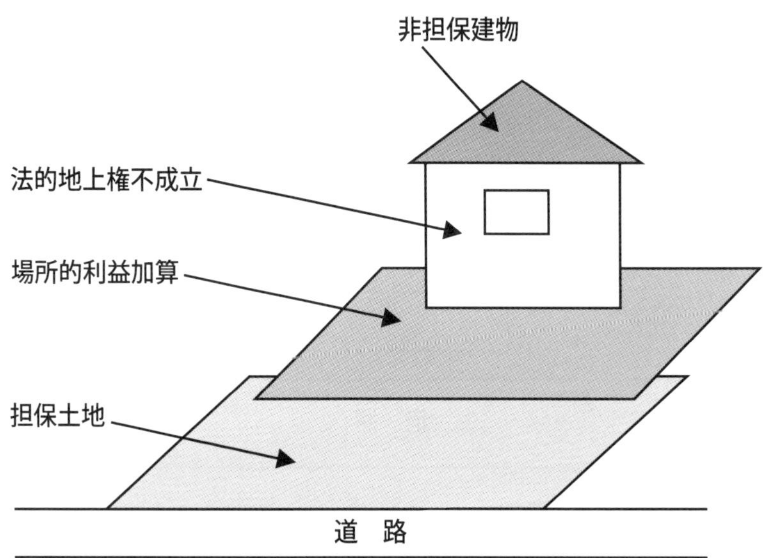

評価ポイント

借地権の期間満了において更新がない場合には借地人は建物を収去し，土地を賃貸人に明け渡さなければなりません。このとき，建物にまだ使用価値や処分価値がある場合には，その取壊しは社会経済的に見た場合，非常に不経済です。そこで，借地借家法13条１項では建物を収去しなくてもよいように借地人から賃貸人に対し建物を時価で買い取るように請求することができる旨（建物買取請求権）が定められています。また，借地人が借地権を譲渡したものの，賃貸人の承諾を得られない場合には，譲受人は建物を取り壊し，土地を賃貸人に返還しなければなりませんが，このような場合にも借地借家法14条に建物買取請求権が定められています。

このときの建物時価は，従たる権利である借地権は存在していませんので，建物だけの価値となるはずです。しかし，実際には場所的利益と称して建付地価額の一定割合が土地価額から控除され，建物に加算されるのです。

「場所的利益」は，「収去されない利益」，「敷地占有利益」とも称され，建物が撤去されにくいという（建物収去の困難性）事実状態について何らかの価値を認めるものといえます。

場所的利益の評価においては，法律的な権利性を考慮した価格もさることながら，実際の市場で成立するであろう市場実態に即した経済価値の判定が重要となります。

また，場所的利益は，建物の構造・規模・性質，すなわち，堅固・非堅固，規模の大小，新築か老朽化等による収去困難度，すなわち，収去されない利益（事実上の利益）および法的な保護の期待や慣行的な裏付けの有無によって加算額が異なります。

東京競売不動産評価事務研究会『競売不動産評価マニュアル』には次のような記述があります。

「従来の東京地裁の実務においても，ビルディングなどの堅固建物の場合には，撤去するためには膨大な費用と時間が掛かるのが通常であって，場合により，土地所有者として当該建物を買い取った方が安くつくこともあり，場所的利益とは，このような建物所有者の優位ないし収去されない利益を意味し，無権原等の占有者といえども，土地所有者との交渉の余地があり，土地利用権を設定しうる特別な事情が認められる場合も同様であるとの立場に立ち，建物を評価する場合に，場所的利益の問題を検討していた。」(84頁)

東京地裁では，このように土地利用権のない場合の建物評価においてもこの場所的利益が勘案されているのです。

「競売不動産評価マニュアル」には，評価方法について以下のように記載されています（同84頁)。

・建物買取請求権が成立する場合：借地権価格の20％～30％

・同一所有者の土地建物について法定地上権は成立しない場合：建付地価格の0～20％

・無権原または不法占拠により建物が建築された場合：建付地価格の0～10％

競売における場所的利益の評価の有無は，地方裁判所によって異なりますので，担保物件がどの管轄の裁判所に存在しているか，管轄裁判所では場所的利益を評価しているかどうかにつき調査する必要があります。

調査の結果，場所的利益の評価が行われている場合には，法定地上権が潜在化していない場合で，非担保建物の存する担保土地を評価する場合など，場所的利益を考慮する必要があります。

なお，場所的利益の建付地価額に対する割合は，地元不動産鑑定士等に聴取するなどして把握することが必要です。

評価額

場所的利益を考慮する場合は次のように算出します。

①担保土地上に非担保建物のみが存する場合

担保土地の評価額 ≒ 標準的画地の時価単価 × 担保土地の地積 × （100％－ ＊場所的利益の建付地価額に占める割合 ）

②担保土地上には担保建物および非担保建物があり，非担保建物が担保建物の従物でないと判断される場合

担保土地の評価額 ≒ 標準的画地の時価単価 ×（ 担保土地の地積 － 非担保建物の建築面積 ÷ 指定建ぺい率 × ＊場所的利益の建付地価額に占める割合 ）

◆◆ 具体例 ◆◆

担保土地（土地地積200㎡）に抵当権の設定を受けていますが，地上には登記された非担保建物（建築面積70㎡）のみがあり，建物登記簿から判断するに法定地上権の潜在化はありません。

なお，標準的画地の時価単価は150,000円／㎡，担保土地は場所的利益を勘案すること以外に補正はないものとします。また，地元不動産鑑定士に聴取した結果，場所的利益の建付地価額に対する割合は10％であるとのことです。

標準的画地の時価単価		担保土地の地積			＊場所的利益の建付地価額に占める割合			評価額
150,000円／㎡	×	200㎡	×（	100％ －	10％	）	＝	27,000,000円 （135,000円／㎡）

case 70

事業用定期借地権

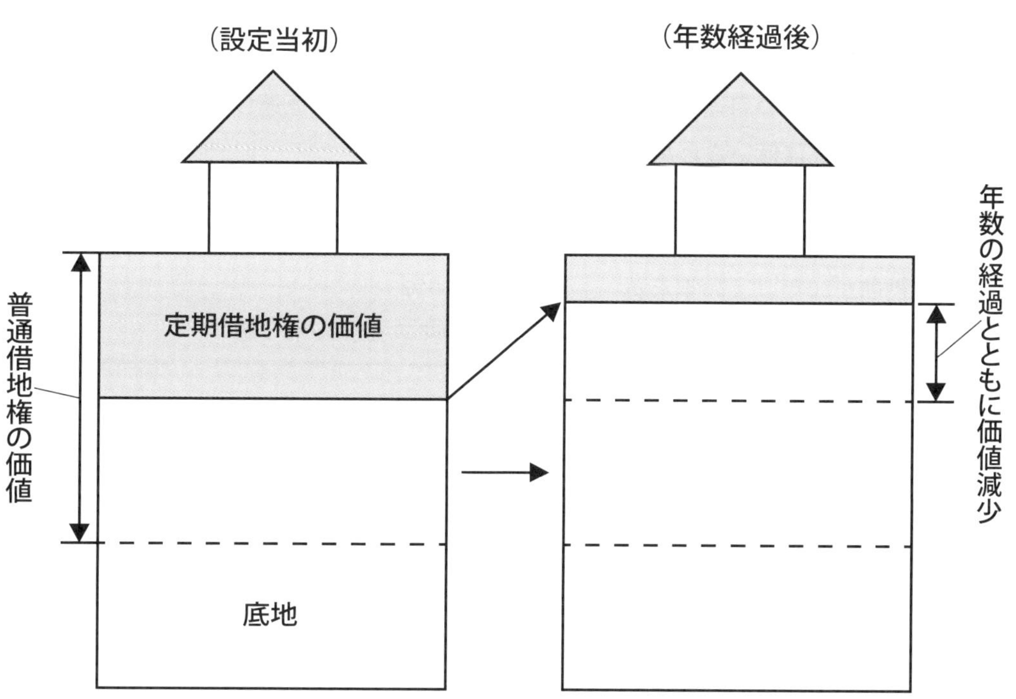

評価ポイント

担保評価において近年増加しているのが事業用定期借地権付建物です。建物の用途はロードサイド店舗が中心で，コンビニエンスストア，ファミリーレストラン，ガソリンスタンド，パチンコ店など，建築コストもあまりかからず，比較的短い事業期間で投下資本を回収する事業者の店舗展開に活用されています。

地主としても，一般定期借地権のように長期間の拘束を受けないこともあり，また事業者から得られる地代もかなりの水準が期待できることから，事業リスクの少ない土地活用として認められているようです。

個々の定期借地権は，設定期間，地代の額，保証金等の一時金の有無等の組み合わせにより個別性が強いものとなるので，担保評価にあたっては賃貸借契約書の読み込みが必須となります。

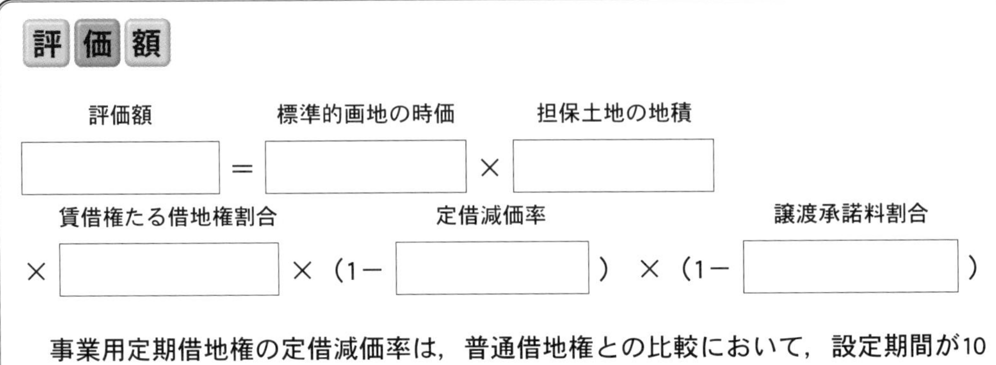

事業用定期借地権の定借減価率は，普通借地権との比較において，設定期間が10年～50年で，建物の用途が限定されるうえに，更地化して返還しなければならないことから市場性は低いことが考えられます。

減価率は以下の数値を参考にします。

設定期間が10年以上30年未満　：　50％～100％

設定期間が30年以上50年未満　：　30％～100％

参考）別冊判例タイムズ30・競売不動産評価マニュアル第３版

◆◆具体例◆◆

担保土地には事業用定期借地権が設定されており，公正証書に記載された契約内容では，設定期間は20年で契約満了までの残存期間は10年，地代の額および保証金の額は標準的なものとします。

標準的画地の時価は150,000円/㎡，地積は1,000㎡，相続税路線価における借地権割合は60%で，標準的画地と同様な整形土地であり特に補正すべき要因はありません。なお，定借減価率は75%，譲渡承諾料割合は10%とします。

標準的画地の時価		担保土地の地積		借地権割合		定借減価率		譲渡承諾料割合
150,000円／㎡	×	1,000㎡	×	60％	×	（1 － 0.75）	×	（1 － 0.1）

評価額

≒　20,300,000円

（20,300円／㎡）

補足説明

定期借地権には，本ケースで取り上げた事業用定期借地権のほかに，一般定期借地権および建物譲渡特約付借地権があります。主な内容は下表のとおりです。

<table>
<tr><th></th><th>一般定期借地権</th><th colspan="2">事業用定期借地権</th><th>建物譲渡特約付借地権</th></tr>
<tr><td>根拠条文</td><td>借地借家法22条</td><td>借地借家法23条１項</td><td>借地借家法23条２項</td><td>借地借家法24条</td></tr>
<tr><td>存続期間</td><td>50年以上</td><td>30年以上50年未満</td><td>10年以上30年未満</td><td>30年以上</td></tr>
<tr><td>利用目的</td><td>用途制限なし</td><td colspan="2">事業用建物所有に限る
（居住用は不可）</td><td>用途制限なし</td></tr>
<tr><td>契約方法</td><td>公正証書等の書面で行う</td><td colspan="2">公正証書による設定契約をする</td><td>制約なし，口頭でも可</td></tr>
<tr><td>内　容</td><td colspan="2">①契約の更新をしない
②存続期間の延長をしない
③建物の買取請求をしない
という３つの特約を付ける</td><td>契約の更新，期間の延長，建物買取請求権に関する規定が自動的に排除される</td><td>30年経過した時点で建物を相当の対価で地主に譲渡することを特約する</td></tr>
<tr><td>借地関係の終了</td><td colspan="3">期間満了による</td><td>建物譲渡による</td></tr>
<tr><td>契約終了時の建物</td><td colspan="3">原則として借地人は建物を取り壊して土地を返還する</td><td>①建物は地主が買い取る
②建物は収去せず土地を返還する
③借地人または借家人は継続して借家として住まうことができる</td></tr>
</table>

case 71

民法上の借地権

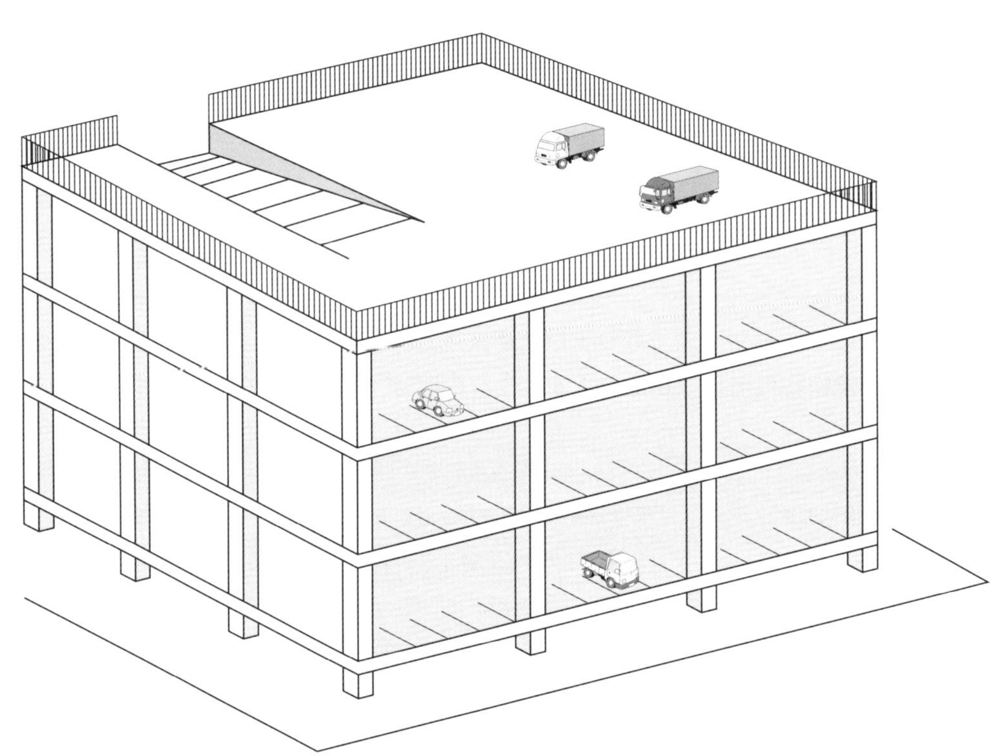

評価ポイント

民法上の賃借権とは，建物所有を目的とするもの以外の土地賃貸借契約にもとづく権利をいい，借地借家法（旧借地法含む）の適用を受けない土地の賃借権のことです。第三者への対抗要件は登記ですが，登記されていない場合が多いように思われます。期間は当事者の契約によって定まりますが，民法により最長20年に制限されています。

対抗力がある場合の賃借権の付着した担保土地の場合は，契約の内容，存続期間，更新の可能性，利用の態様，撤去の容易性等を考慮して借地権割合の範囲内で減価を行います。

対抗力のない賃借権が付着した担保土地の場合は，当該賃借権の権利性よりも構築物を物理的に撤去するという経済的負担を減価の対象として把握することになるため，それらを考慮した補正を行うことになります。

評価額

評価額		標準的画地の時価		担保土地の地積			補正率	
□	≒	□	×	□	×	（1 −	□	）

補正率

使用状態	補正率	撤去の容易性
資材置き場，モデルルーム	０％～10％	１年から数年にわたる使用
露天駐車場	０％	解約随時
自走式立体駐車場	０％～20％	構築物あり，数年単位の利用
ゴルフ練習場，テニスコート	０％～10％	構築物の有無，契約内容考慮

参考）別冊判例タイムズ30・競売不動産評価マニュアル第３版

◆◆ 具体例 ◆◆

担保土地には第三者所有の自走式立体駐車場が建っています。建物としての登記要件を満たしていないため未登記で，賃借権の登記もありません。土地賃貸借契約書によると，契約期間は５年，更新はなく，鉄骨造の簡易な造りのため，撤去は容易と思われます。

標準的画地の時価は100,000円/㎡，担保土地の地積は500㎡，賃借権付着以外に補正する要因はないものとします。なお，補正率は20％とします。

標準的画地の時価		担保土地の地積			補正率		評価額
100,000円／㎡	×	500㎡	×（	1 −	0.2	）＝	40,000,000円
							(80,000円／㎡)

補足説明

最近話題のメガ・ソーラー設備（ソーラーパネル，発電用設備など）を土地を賃借して設置する場合，これらの設備は建物ではありませんので借地借家法の適用はなく，民法上の賃借権と考えられます。よって「民法上の賃借権が付着した土地」としてとらえ，賃借権の登記がある場合とない場合に分け，本ケースに記載した補正率を参考に補正を行うことが妥当と思われます。

第４

収益還元法

case 72

賃貸ビル

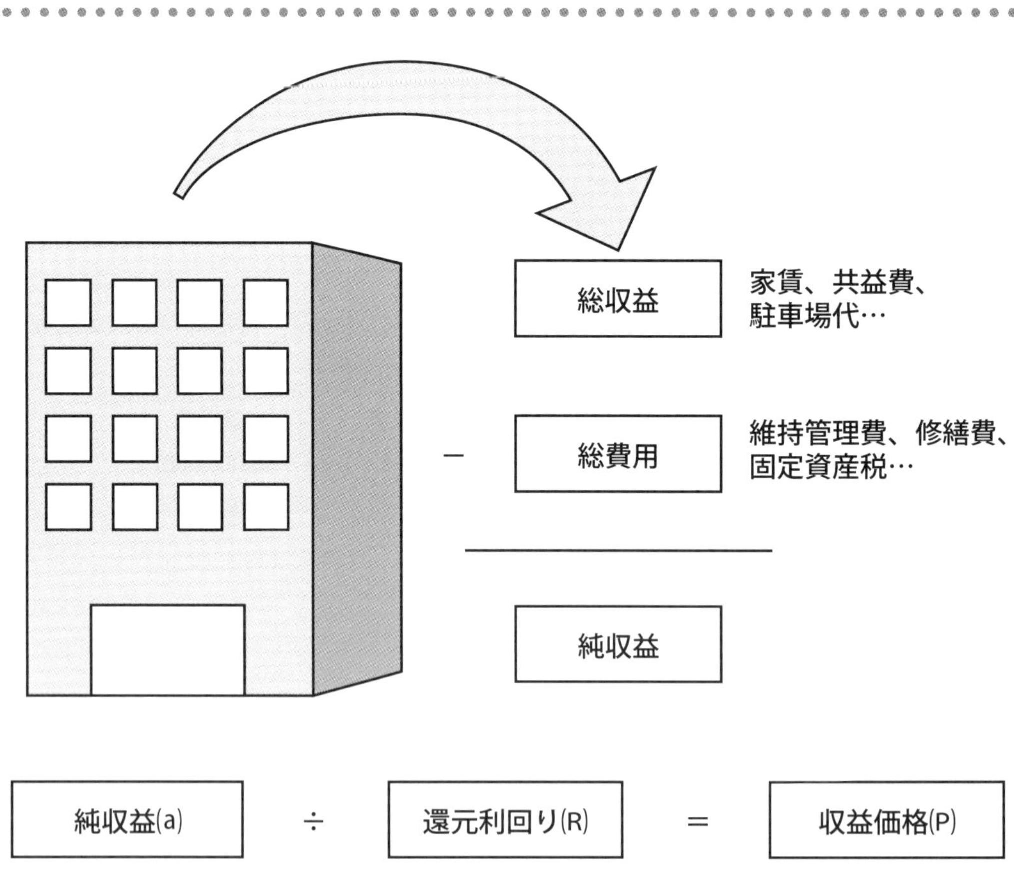

評価ポイント

担保不動産が賃貸用不動産の場合，収益還元法を用いて収益価格を試算する方法があります。収益還元法とは，対象不動産が将来生み出すであろうと期待される純収益の現価の総和を求める手法であり，直接還元法とＤＣＦ法（Discounted Cash Flow法）に大別されます。賃貸用不動産以外にも事業用不動産の価格を求める場合にも用います。

ここでは直接還元法について説明します。

直接還元法は，還元対象となる一期間の純収益を求め，この純収益に対応した還元利回りによって当該純収益を還元することにより対象不動産の収益価格を求める方法です。

評価額

$$P\,\boxed{} = \frac{a\,\boxed{}}{R\,\boxed{}}$$

P：求める不動産の収益価格，a：一期間の純収益，R：還元利回り

純収益は一般に１年を単位とし，以下のように求めます。

運営収益－運営費用＝運営純収益（NOI・Net Operating Income）

実務ではこの運営純収益に敷金等の運用益を加え，さらに予想される資本的支出を控除して純収益（NCF・Net Cash Flow）を求めますが，ここでは単純化のため運営純収益ベースで話を進めます。

◆◆具体例◆◆

担保不動産の概要は以下のとおりであり，これらにもとづき，収益価格査定表のとおり担保不動産の収益価格が試算されました。

対象不動産：賃貸用オフィスビル

延床面積：1,400㎡

レンタブル比：80％

賃貸面積：1,120㎡（1,400㎡×80％）

平均賃料：3,000円/㎡・月（共益費込）

空室率：10％

経費率：可能貸室賃料収入の25％

還元利回り：７％

収益価格査定表

項　　目	金　　額	査定根拠
可能貸室賃料収入	40,320,000円	3,000円×1,120㎡×12ヶ月
空室損失（控除項目）	4,032,000円	40,320,000円×10%
運営収益	36,288,000円	
運営費用	10,080,000円	40,320,000円×25%
運営純収益（NOI）	26,208,000円	運営収益－運営費用
還元利回り	7%	政令指定都市/事務所
収益価格	374,000,000円	26,208,000円÷7%

補足説明

具体例に表示した以外の項目としては，以下のようなものがあります。

・運営収益では貸室賃料収入の他に駐車場収入，水道光熱費収入，更新料収入等を計上する場合もあります。

・運営費用について具体例では経費率を用いましたが，実務では維持管理費，修繕費（資本的支出を除く），水道光熱費，公租公課，PM（プロパティマネジメント）フィー，テナント募集費，損害保険料等を計上します。

・敷金等の運用益は，敷金等の総額に運用利回りを乗じて求めます。

・資本的支出は，対象不動産にかかる建物，設備等の修理，改良等のために支出した金額のうち当該建物，設備等の価値を高め，またはその耐久性を増すこととなると認められる部分に対応する支出です。実務ではエンジニアリング・レポート（建物詳細調査）を活用する場合もあります。

・還元利回りを求める方法には，①類似の不動産の取引事例との比較から求める方法，②借入金と自己資金に係る還元利回りから求める方法，③土地と建物にかかる還元利回りから求める方法等がありますが，①により求めるのが一般的です。

　還元利回りを求める際には，対応する純収益がどのような性格のものかに注意する必要があります。本ケースの具体例ではNOIに対応する還元利回りを用いましたが，NCFを使う場合はNCFに対応した還元利回りを求める必要があります。また，不動産の流通市場では総収入に対する利回り（粗利回り，グロス利回り）も使われています。

なお，担保評価においては，担保不動産関する敷金等の一時金の額が判明している場合，当該一時金の返済債務が新所有者に継承されるものとして，収益価格から当該一時金を控除した額を担保価格として把握することが多いようです。

case 73

事業用不動産（ホテル・旅館）

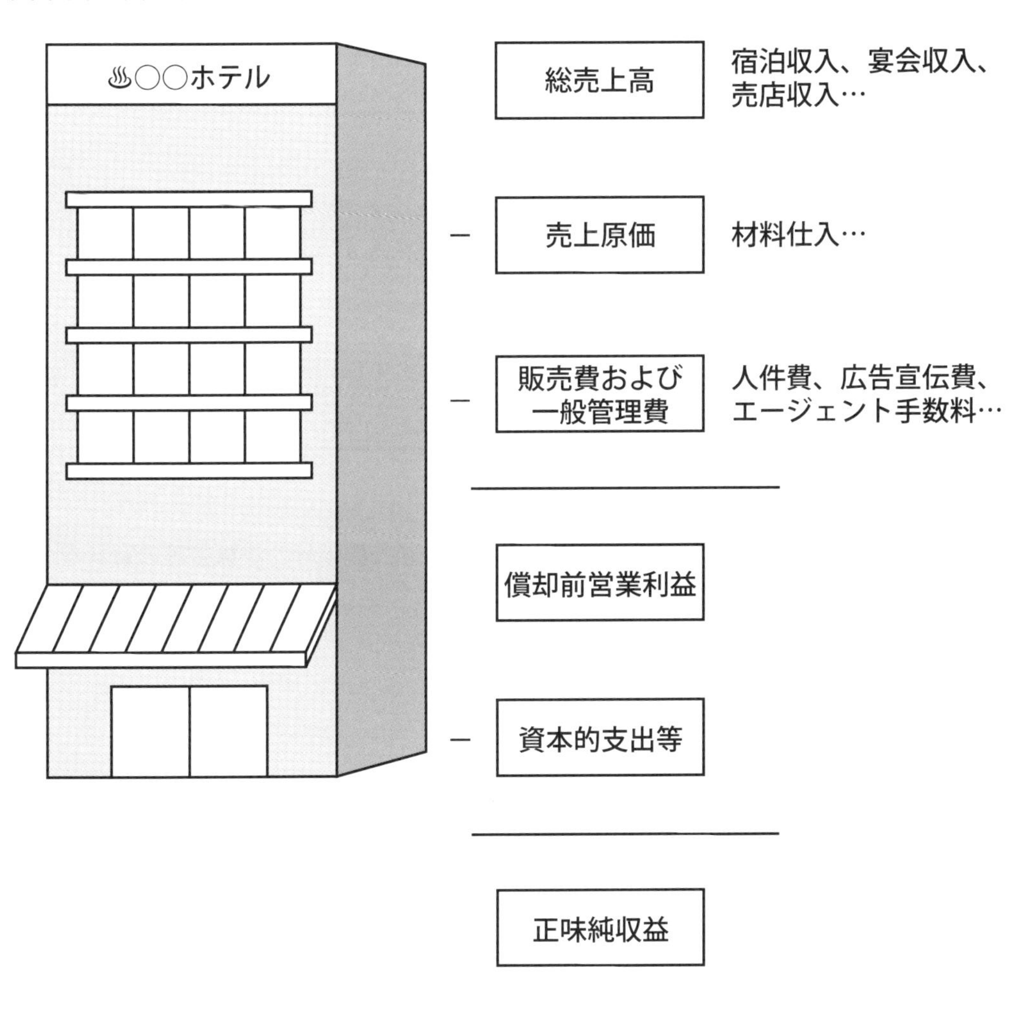

正味純収益(a) ÷ 還元利回り(R) ＝ 収益価格(P)

評価ポイント

担保不動産がホテル・旅館等の事業用不動産の場合，収益還元法を用いて事業収益にもとづく収益価格を試算する場合があります。その場合は，対象不動産の総売上高から売上原価，販売費および一般管理費を控除して償却前営業利益を求め，これにもとづく正味純利益を還元利回りで還元して対象不動産の収益価格を試算します。

担保不動産は旅館ですので，宿泊収入が売上の中心となります。

$$P \boxed{} = \frac{a \boxed{}}{R \boxed{}}$$

評価額を求める式は賃貸用不動産と同様です。

◆◆ 具体例 ◆◆

担保不動産は西日本の地方にある温泉旅館です。過去数年分の決算書等の資料を分析の結果，以下のような査定結果が出ました。

客室単価：30,000円/室

稼働客室数：50室

稼働日数：365日

客室稼働率：68％

宴会等売上：22,000,000円

売上原価：総売上高の25％

販売費および一般管理費（減価償却費は除く）：総売上高の64％

これらにもとづき，収益価格を試算します。

項　目	金　額	査定根拠
A．総売上高	394,300,000円	
宿泊収入	372,300,000円	30,000円×50室×365日×68％
宴会等収入	22,000,000円	過去の実績より査定
B．売上原価	98,575,000円	394,300,000円×25％
C．販売費および一般管理費		
（減価償却費除く）	252,352,000円	総売上高の64％
人件費	110,404,000円	（総売上高の28％）
その他の販管費	141,948,000円	（総売上高の36％）
D．償却前営業利益	43,373,000円	A－B－C
E．資本に属する収益	3,943,000円	総売上高×１％
F．資本的支出	12,000,000円	エンジニアリング・レポートより
G．不動産に属する正味純収益	27,430,000円	D－E－F
H．還元利回り	10％	地方温泉旅館の取引利回りより査定
I．収益価格	274,000,000円	G÷H

補足説明●

・総売上高

旅館の売上には，宿泊収入のほかに宴会収入や土産品等の販売収入などもあります。

・販売費および一般管理費

人件費には役員報酬を含めてしまうことが多いようです。また，通常の損益計算書では減価償却費が計上されていますが，ここではそれを除いた処理をしています。

・資本に属する収益

ここでは，内装工事を除いた客室インテリアに帰属する収益を計上します。

〈ホテルの売上指標〉

ＡＤＲ（AverageDaily Rate＝平均客室単価）と，Ｒｅｖ ＰＡＲ（Revenue Per

Available Room＝販売可能な部屋当たりの収入）
ＡＤＲ：客室部門の総売上を「販売客室数」で割ったもの
Ｒｅｖ ＰＡＲ：客室部門の総売上を「総客室数」で割ったもの

（例示）
総客室数100のホテルで，50室稼働し，50万円の売上の場合
ＡＤＲ：50万円÷ 50室＝　１万円
Ｒｅｖ ＰＡＲ：50万円÷ 100室　＝　５千円
※→Ｒｅｖ ＰＡＲは稼働率を考慮した指標
※→Ｒｅｖ ＰＡＲ＝ＡＤＲ× 稼働率

ＧＯＰ（Gross Operating Income）：不動産経費控除前の営業利益
ＧＯＰ比率の目安（ＧＯＰの売上高に対する比率）

	東京などの大都市圏	地方都市
宿泊特化型ホテル	40%～50%	30%～40%
フルサービスホテル	20%～30%	10%～20%

ＦＦ＆Ｅ（Furniture, Fixture & Equipment）：ホテルの家具や什器備品など

最近のホテル評価は，ホテル事業にもとづく負担可能賃料をベースに求められた正味純収益を還元利回りで還元する方法が多く採られています。この方法では，賃料収入にもとづく純収益に対応する還元利回りを採用するため，オフィスなどの還元利回りとの比較が可能となります。

実務的には，過去の実績等に基づきＧＯＰを査定し，そのＧＯＰからＦＦ＆Ｅ積立金，マネジメントフィー，ホテル経営会社の収入（賃借人利益）を控除した金額が，賃借人が負担できる賃料の上限となります。

【著者略歴】

神山　大典（かみやま　だいすけ）

昭和40年生まれ。栃木県足利市出身。平成16年 不動産鑑定士登録。令和２年 昭和アセットリサーチ株式会社設立 代表取締役就任。

不動産鑑定士、MRICS（英国不動産鑑定士）、宅地建物取引士、日本不動産鑑定士協会連合会会員、東京都不動産鑑定士協会会員、国土交通省地価公示鑑定評価委員、東京都地価調査鑑定評価委員。

【主な参考文献】

『【新版】これだけは知っておきたい不動産調査実務マニュアル』（プログレス）、『別冊判例タイムズ30競売不動産評価マニュアル第3版』（判例タイムズ社）、『都市・建築・不動産企画開発マニュアル2011～2012』（エクスナレッジ）、『新・要説不動産鑑定評価基準（改訂版）』（住宅新報社）、『土地価格比準表（六次改訂）』（住宅新報社）、『土地価格比準表の手引き』（住宅新報社）、『改訂8版不動産評価ハンドブック』（大成出版社）、『詳細 土地評価事例』（第一法規）、『改訂版 建物の鑑定評価必携』（建設物価調査会）、『建物の鑑定評価必携 外構・工作物実例データ集』（建設物価調査会）、『民法Ⅲ 債権総論・担保物権』（東京大学出版会）

三訂　図解でわかる　不動産担保評価額算出マニュアル

2007年７月10日　初版第１刷発行
2008年10月10日　初版第２刷発行
2013年５月１日　新版第１刷発行
2017年６月15日　改訂第１刷発行
2022年８月30日　三訂第１刷発行

著　　者　　神山　大典
発 行 者　　志茂　満仁
発 行 所　　㈱経済法令研究会
〒162-8421　東京都新宿区市谷本村町3-21
電話　代表 03(3267)4811　制作 03(3267)4823
https://www.khk.co.jp/

営業所／東京03(3267)4812　大阪06(6261)2911　名古屋052(332)3511　福岡092(411)0805

カバーデザイン／清水裕久　制作／船田　雄　印刷・製本／富士リプロ㈱

　ISBN978-4-7668-2485-8

☆　本書の内容等に関する追加情報および訂正等について　☆
本書の内容等につき発行後に追加情報のお知らせおよび誤記の訂正等の必要が生じた場合には、当社ホームページに掲載いたします。
（ホームページ　書籍・DVD・定期刊行誌　メニュー下部の　追補・正誤表　）